本著作获国家社会科学基金西部项目资助

国家社科基金丛书
GUOJIA SHEKE JIJIN CONGSHU

北京冬奥会背景下中国传统冰雪运动文化研究

A Research on China’ s Traditional Ice and Snow Sports Culture in the Context of Beijing Winter Olympics

张宝强 著

人民出版社

序

我国是一个历史悠久的文明古国，拥有广袤的疆土和多样的地理环境资源。在北方地区，由于独特的地理环境，我国人民在冰天雪地的条件下，创造出了丰富多彩的冰雪运动文化。其中既有以冰嬉、雪戏为代表的冰雪体育游艺，亦有包括冰雪典故、冰雪艺术在内的冰雪民俗，同时还包括了众多与冰雪活动相关的各种器械与设施，以及由此形成的相关活动规则、制度和相应的观念、思想等。它们共同组成了中国传统文化中一类独特的形态体系，在为弘扬中华优秀传统文化提供丰厚文化积淀的同时，也为发展我国冰雪运动和冰雪产业、拓展当代全民健身文化打造了雄厚的历史基础。

近年来，随着北京和张家口 2022 年冬奥会的申办、筹办与举办，关于中国传统冰雪运动文化的研究出现了一个勃兴的局面。各类研究论文纷纷刊发，研究论著不断付梓，并出现了许多关于中国传统冰雪运动研究的硕士、博士论文。尤其值得提及的是，关于中国新疆阿勒泰人类滑雪起源地的探讨，更将中国传统冰雪运动文化的研究与传承推向了一个新的高度。正是在此基础上，咸阳师范学院张宝强教授，历时数载，通过多方田野调查以及对大量中外相关文献资料的查考，全面、准确、客观地掌握了历史上与传统冰雪运动相关的众多活动形式、风俗习惯、典章制度，乃至传统冰雪文化在民族迁移、跨境文化传播中的历史与现状，为中国传统冰雪文化的整体研究奠定了基础。

张宝强教授博士毕业于福建师范大学，现任教于咸阳师范学院体育学院，并将被公派加拿大做访问学者，从事加拿大冰雪运动历史与文化研究。自2010年起参加了我主持的国家社科基金重大项目《中国古代体育项目志(汉民族部分)》，完成了该项目中冰雪活动子课题的研究。丰富的学术阅历和研究背景，为其从事中国传统冰雪运动文化的全面研究积累了经验与理论基础。他先后在《体育科学》《北京体育大学学报》《武汉体育学院学报》《体育学刊》《西安体育学院学报》《成都体育学院学报》《首都体育学院学报》等学术刊物上发表研究论文60余篇，在中国社会科学出版社出版专著1部，主持并完成了国家社科基金、教育部人文社科基金、陕西省科技研发计划软科学项目等8项课题。张宝强教授丰富的知识积累与科研阅历，为其在《北京冬奥会背景下中国传统冰雪运动文化研究》一书中对中国传统冰雪运动文化的全面分析与探讨奠定了坚实的基础。

本书是张宝强教授2018年立项的国家社科基金西部项目的最终成果。在该书中，通过对中国古代冰雪运动文化历史沿革与近代民间冰雪运动游戏和习俗的梳理，就中国传统冰雪运动文化的特征和价值、传承与发展做出了全面探讨。同时还通过对冬奥会的主题作品、文化标识、大型活动的分析，较为全面地诠释了历届冬奥会主办国对本国文化的推介。本书还特设三章，以北京冬奥会举办前与举办期间的传播为分析基础，对北京冬奥会与中国传统冰雪运动文化的传播、北京冬奥会后中国传统冰雪运动文化的展望给予了研究。值得提及的是，张宝强教授利用自己的知识积累，在本书的附录"中国古代冰雪运动文化资料汇编"中，按照历史类、文学类、绘画类、文物类及其他类等划分，对中国古代冰雪运动文化的相关资料做了梳理性汇编，为学术界的进一步研究提供了资料基础。

纵观本书的整体设计和研究内容，我认为作者在学术贡献方面至少有以下三点应予以关注。

首先，通过对中国传统冰雪运动文化即中国人自己创造的在冰雪活动中的各种器械、设施，在冰雪上开展的各种游戏、习俗，以及由此形成的规则、制度和相应的观念、思想等的分析，将中国传统冰雪运动文化分为古代冰雪运动文化、近现代民间传统冰雪游戏、冰雪运动习俗三部分内容，为明确中国传统冰雪运动文化的基本概念和内容奠定了基础。

其次，本书通过对史料、文学作品等资料的梳理，分析了远古时期至清代前期的冰雪运动文化，揭示了中国古代冰雪运动文化的基本脉络；对我国近现代形式多样、内容丰富的民间冰雪运动游戏和习俗的总结，展示了中国传统冰雪运动文化的民族特色和文化内涵。

第三，本书研究的理论价值和现实意义较为突出，如在学科发展方面丰富了体育史的研究内容，在民族情怀上有助于民族传统体育文化的认同和保护，在国家需要上为北京冬奥会的举办及其遗产的继承、中国冰雪运动的全面发展提供了历史与文化支持；从国际视野方面来看，将有利于加强中外体育文化的互鉴与交流。

总之，通过对中国古代、近代以及当代中国传统冰雪运动文化的分析和展示，观察不同视角下冰雪文化事项的传播与传承，加深对传统冰雪文化价值的认识与了解，进而带动相关领域学者对传统冰雪文化的思考与研究，是本书所要达到的主要目的，也是张宝强教授贡献给学术界颇有特色的一项成果。无论是史料价值还是学术价值，本书均堪称一部对中国传统冰雪运动文化做出整体探索的力作，值得一读。

中国传统冰雪运动文化是中华民族传统体育文化研究的重要领域，而冰雪运动项目的独特体系、冰雪运动习俗的独有特点乃至冰雪运动文化蕴含的深厚内涵，在整个中华民族传统体育文化体系中极具代表性，且呈现出独特的地域性、民族性与民俗性特征。通过大量资料的分析与整理，对其传承、传播及其时代价值做出全方位探讨，将为中华民族传统体育文化的多视角研究提供新的参照、展现新的视野。我想，这也应该是张宝强教授撰写本书的目的所在。

承蒙作者的信任，有幸在本书付梓之前得以通览全文，受益很大，也希望更多的冰雪运动文化爱好者和学者能够在阅读本书时分享这份乐趣。

是为序。

崔乐泉

2023年10月28日于北京

目　　录

第一章　绪　论 …………………………………………………………… 001

第一节　文献综述 ……………………………………………………… 002

第二节　研究意义、研究对象、研究方法和总体框架 ……………… 006

第二章　中国古代冰雪运动文化的历史沿革 ……………………… 010

第一节　中国古代冰雪运动文化发展情况 ………………………… 010

第二节　中国古代冰雪运动文化的个案研究(一):冰嬉 ……… 016

第三节　中国古代冰雪运动文化的个案研究(二):雪戏 ……… 029

第三章　中国近现代民间冰雪运动游戏和习俗 …………………… 035

第一节　中国近现代民间冰雪运动游戏和习俗概述 ……………… 035

第二节　中国近现代民间冰雪运动习俗和游戏的个案研究(一):滚冰 ………………………………………………… 040

第三节　中国近现代民间冰雪运动习俗和游戏的个案研究(二):背冰 ………………………………………………… 050

第四章　中国传统冰雪运动文化的基本特征和时代价值 …… 064

第一节　中国传统冰雪运动文化的基本特征 ……………………… 064

第二节　中国传统冰雪运动文化的个案研究:独特的“冰文化” …… 068
第三节　中国传统冰雪运动文化的时代价值 …… 073

第五章　中国传统冰雪运动文化的传承与发展 …… 081
第一节　中国传统冰雪运动文化传承与发展的原则 …… 081
第二节　中国传统冰雪运动文化传承与发展的场域 …… 086
第三节　中国传统冰雪运动文化传承与发展的策略 …… 092

第六章　历届冬奥会主办国对本国文化的推介 …… 104
第一节　冬奥会的主题作品 …… 105
第二节　冬奥会的文化标识 …… 115
第三节　冬奥会的大型活动 …… 130

第七章　北京冬奥会与中国传统冰雪运动文化的传播（一）:北京冬奥会举办前的传播 …… 144
第一节　提出特色鲜明的冬奥会赛事理念 …… 144
第二节　设计具有民族风格的冬奥会文化标识 …… 153
第三节　开展蕴含传统文化的宣传活动 …… 168

第八章　北京冬奥会与中国传统冰雪运动文化的传播（二）:北京冬奥会举办期间的传播 …… 198
第一节　做好东道主,体现东方待客之道 …… 198
第二节　办好开幕式,展现华夏文明睿智 …… 201
第三节　开好艺术节,凸显中国文化特色 …… 212

第九章　对北京冬奥会后中国传统冰雪运动文化的展望 …… 221
第一节　民族文化更加自信 …… 222
第二节　体育运动更加均衡 …… 224
第三节　民族体育更加繁荣 …… 227

第十章　结　语 …… 240

附　录　中国古代冰雪运动文化资料汇编 …… 243
（一）历史类 …… 243
（二）文学类 …… 250
（三）绘画类 …… 257
（四）文物及其他类 …… 258

主要参考文献 …… 259
后　记 …… 279

第一章　绪　论

我国传统冰雪运动文化历史悠久，源远流长，是中华民族优秀文化的基本组成部分。北京和张家口成功举办2022年冬奥会，为全面研究中国传统冰雪运动文化提供了机遇。习近平总书记指出："文化是一个国家、一个民族的灵魂。文化兴国运兴，文化强民族强。没有高度的文化自信，没有文化的繁荣兴盛，就没有中华民族伟大复兴。"①我国是历史文明古国，拥有广袤的疆土和多样的地理环境资源。特别是在面积广大的北方地区，我国人民在冰天雪地的环境下，创造出丰富多彩的冰雪文化，包括冰雪典故（如囊萤映雪、啮雪吞毡、粤犬吠雪、袁安卧雪、程门立雪、挑雪填井、夏虫语冰、钻冰求火、以冰致蝇、抱冰握火、卧冰求鲤、春冰虎尾等），冰雪艺术（如冰雪诗词、冰雪绘画、冰雪雕塑等），以及冰雪运动等。其中，传统冰雪运动文化是我国冰雪文化的重要组成部分。

中国传统冰雪运动文化，即中国人自己创造的在冰雪上活动的各种器械、设施，在冰雪上开展的各种运动、习俗，以及由此形成的规则、制度和相应的观念、思想等的总和，主要包括古代冰雪运动文化、近现代民间传统冰雪游戏、冰

① 《决胜全面建成小康社会　夺取新时代中国特色社会主义伟大胜利——在中国共产党第十九次全国代表大会上的报告》，人民出版社2017年版，第23页。

雪运动习俗三部分内容①。通过对中国传统冰雪运动文化的基本概念、主要内容、基本特征、时代价值、传承发展以及对外传播等进行全面探讨,为发展我国冰雪运动和冰雪产业、弘扬中华优秀传统文化提供借鉴。

第一节 文献综述

一、国外研究情况

中国传统冰雪运动文化历史悠久,但国外对中国古代冰雪运动文化的研究较少,主要是对中国北方地区少数民族冰雪运动的考察。早在公元前5世纪,古希腊史学家希罗多德(Herodotus)在其《历史》第四卷中记载了新疆阿勒泰地区的滑雪活动:"住在阿勒泰地区的人们拥有山羊角,冬季在雪中奔驰。"②13、14世纪之交的波斯人拉施特(RashidDin),在其所著的《史集》中有对蒙古族所辖部落从事滑雪活动的记载③。20世纪80年代苏联出版的《滑雪运动教科书》在其"滑雪运动史"部分认为,最早采用滑雪板作为代步工具的是生活在西伯利亚地区从贝加尔湖到阿勒泰地区的人们。近年来,美国学者尼尔·拉尔森(Neil Larsen)曾连续多次率团队到新疆阿勒泰地区进行广泛、深入的访问和考察,对古老毛滑雪板的历史、制作程序、功能进行了研究④,协助中国学者单兆鉴等人,提出了"新疆阿勒泰地区是人类滑雪起源地"的论断。

当代对世界冰雪运动历史研究影响较大的是美国学者约翰·艾伦(E. John B. Allen),他出版的两部代表性著作 *From Skisport to Skiing: One Hundred*

---

① 张宝强:《滚冰民俗的文化内涵与价值》,《咸阳师范学院学报》2021年第1期。

② 单兆鉴编著:《滑雪运动指南》,人民体育出版社2004年版,第244页。

③ [波斯]拉施特:《史集》,余大钧等译,商务印书馆1982年版,第204页。

④ 单兆鉴等主编:《人类滑雪起源地——中国·新疆·阿勒泰》,人民体育出版社2011年版,第52—55页。

Years of an American Sport (1840—1940) (1996)、*The Culture and Sport of Skiing: From Antiquity to World War Ⅱ* (2007)分别对美国和欧洲的滑雪运动历史进行了系统研究，是了解西方冰雪运动史的重要资料。目前国外关于冰雪运动的研究多集中于冰雪运动与气候、旅游的关系及其产业开发等方面，如斯科特(Scott D.)等人对加拿大南安大略地区气候变化与滑雪产业关系的研究，沃尔特(Walter R.)对法国和美国滑雪旅游市场的研究等。

总之，除"新疆阿勒泰地区是人类滑雪起源地"这一成果外，中国古代冰雪运动文化的研究在国际上还未引起重视。

二、国内研究情况

1919年郭希汾先生完成的《中国体育史》一书由商务印书馆出版，标志着我国古代体育史研究的正式开始。但在新中国成立前，很少见到专门研究我国古代冰雪运动文化的著述。现将新中国成立后国内关于古代冰雪运动文化学术史梳理如下：

新中国成立后，特别是在20世纪50年代，国家体委设立了运动技术委员会，着重开展体育史料的搜集整理和研究工作，众多研究成果刊载于人民体育出版社陆续出版的九辑《中国体育史参考资料》之中。在该书第四辑和第七、八辑中，唐豪、范生等人分别对有关清代的滑冰运动、冰嬉图、冰上足球的资料进行了仔细的搜检与整理，这是关于我国古代冰雪运动文化研究的奠基之举。

20世纪70年代末，冰雪运动研究的专业期刊——《冰雪运动》杂志问世。该杂志汇集了大量关于我国冰雪运动文化的研究成果，对推广现代冰雪运动、传播我国古代冰雪运动文化做出了积极努力。

20世纪80年代初随着国内"文化研究热"的兴起，我国古代冰雪运动文化研究也有了初步发展，主要表现在两个方面：一是这一时期出版了多部体育史著作，其中至少有三部对清代的冰嬉进行了简要介绍(谷世权、杨文清的《中国体育史》；吴文忠的《中国体育发展史》；李季芳、周西宽、徐永昌的《中国古代体育史简编》)；二是以《冰雪运动》《哈尔滨体育学院学报》《沈阳体育学院学报》等为代表的学术期刊发表了较多的研究论文，对古代冰雪运动、清代冰嬉进行了初步研究。

20世纪90年代，我国第一部冰雪运动史著作——《中国滑雪运动史》出版(张彩珍主编)，该书为通史著作，对古代滑雪进行了简要论述。这一时期学者韩丹对中外冰雪运动历史、冰雪器材、清代冰嬉、冰嬉赋等进行了较为深入的研究，奠定了在冰雪运动历史和文化研究中的权威地位。

进入21世纪，古代冰雪运动文化研究迎来了热潮。主要表现在以下四个方面：一是出现了一大批研究论文。2000年至2015年底，各类学术期刊发表的与古代冰雪运动文化研究相关的论文70余篇，研究内容涉及我国古代冰雪运动历史(如姜广义《我国古代冰雪运动发展分析》2012)、古代北方少数民族冰雪运动(如姚世庆《中国古代丁令民族滑雪活动初考》2007)、清代冰嬉文化(如齐震《〈冰嬉图〉中满族传统体育文化意蕴的解读》2009)、地方冰雪民俗(如任亚娟《山西运城市"背冰亮膘"的研究》2012)，以及古代冰雪运动文化的传承与开发(如刘易呈和于立强《冰雪文化的传承与发展》2014)等方面。二是出现了系列著作。这一时期出版相关著作近10部(如2003年王石安的《冰雪运动百科》、2006年冯建中的《中国滑冰运动史》、2006年徐文东和朱志强的《中国冬季运动史》、2007年王景富的《世界五千年冰雪文化大观》、2011年王清海的《冰雪文化学》、2011年单兆鉴等人的《人类滑雪起源地——中国·新疆·阿勒泰》等)，其中徐文东和朱志强的《中国冬季运动史》是我国第一部冬季运动通史，单兆鉴等人的《人类滑雪起源地——中国·新疆·阿勒泰》论证了新疆阿勒泰地区是人类滑雪起源地，成为我国古代冰雪运动文化研究的最重要的成果之一。三是出现了部分研究冰雪运动文化的学位论文。如王立国2010年完成的博士学位论文《东北滑雪产业发展问题研究》中有对古代滑雪的简要论述，姚世庆2008年完成的硕士学位论文《中国古代北方民族滑雪活动研究》则对丁令、黠戛斯、室韦等古代少数民族滑雪活动的起源、发展及演变进行了探索，是研究我国古代滑雪运动的创新之作。四是专业博物馆的建立。中国崇礼冰雪文化博物馆（2015 年）、崇礼华侨冰雪博物馆（2022 年）先后建成，为该领域的研究奠定了资料、文物和组织基础。

三、研究成就、发展前景与研究不足

通过上述学术史的梳理可以看出，经过几代学者的努力，我国古代冰雪运动文化的研究取得了积极、丰硕的成果：一是发表了一批学术论文，研究内容涉及我国古代冰雪运动文化的基本沿革、主要器材和活动形式，特别是对清代冰嬉进行了较为全面的研究；二是出版了通史性质的冰雪运动文化研究著作，揭示了我国冰雪运动发展的历史过程和基本脉络；三是创立了专业刊物，建立了专题博物馆，形成了研究队伍，基本形成了较为稳定的冰雪运动文化研究领域。这些研究成果，为后续的研究提供了资料来源，奠定了研究基础，指引了努力方向。

随着我国在冬奥会上成绩的不断突破、大众冰雪运动和冰雪旅游的日益发展以及 2022 年冬奥会的承办，我国古代冰雪运动文化研究方兴未艾，并且前景良好。

但是，由于各种原因，在我国古代冰雪运动文化研究方面存在一定的不足：第一，众多体育史著作或与中国冰雪运动史有关的著作，多着墨于近代与现代冰雪运动，尤其是从西方引进的现代冰雪运动，对中国古代冰雪运动文化或略而不谈，或一笔带过，或简单重复。第二，在论及中国古代冰雪运动文化时，对清代冰嬉研究多，对其他朝代冰雪运动的探讨少；对器材、活动方式研究较多，对制度、精神方面的分析较少。第三，缺乏对中国古代冰雪运动文化全面、系统的研究，缺乏对中外冰雪运动文化的对比研究，尤其是对中国古代冰雪运动文化的发展特点、重要价值及传承问题论述不多。第四，在研究资料使用上，对历史文献依赖较多，对考古文物、文学作品及民俗资料运用不够。特别是，许多作者在引用、分析古代文献时，未能查阅、核对原始资料，存在引用轻率、考证不严的现象。如几乎近一半的论文、著作在论及冰嬉的起源时，出现了误用史料、以讹传讹的现象。

总之，由于诸多原因，目前学术界对中国古代冰雪运动文化尚未进行专门、整体的研究，1997—2015 年获批的国家社会科学基金项目中也未出现该领域的专题研究。在多年来该领域研究成果以及相关历史资料、考古资料、文学资料积累的基础上，以国家课题的形式，适时地对具有数千年发展历程的古代冰雪运动文化进行全面、系统、深入的发掘、整理和研究，具有一定的必要性，也是体育史学界的光荣责任。

第二节　研究意义、研究对象、研究方法和总体框架

一、研究意义

第一，从学科发展来看，本书可以丰富体育史的研究内容。如前所述，目前国内出版的众多相关著作，多侧重于近代与现代冰雪运动，尤其是重点介绍从西方引进的现代冰雪运动项目，对中国古代冰雪运动文化关注不够。本书将对中国古代冰雪运动文化进行专门研究，发掘材料，裨补缺漏，丰富体育史研究内容。

第二，从民族情怀来看，本书有助于民族传统体育文化的认同和保护。以“冰嬉”为代表的中国古代冰雪运动文化，是世界冰雪运动文化发展历程中的一朵奇葩，是中华民族对世界体育文化的重要贡献，但年轻一代对此了解不多，甚至常常出现“言必称希腊”“数典而忘其祖”的现象。目前尚存的“雪地走”“背冰亮膘”“滚冰”等民间冰雪运动习俗，是古代冰雪运动文化遗留至今的自然形态，也是濒临消亡的体育非物质文化遗产。本书的研究，对民族传统体育文化的认同和保护将起到积极作用。

第三，从国家需要来看，本书可以为北京冬奥会及中国冰雪运动的发展提供历史与文化支持。国家体育总局2015年11月下发的《关于进一步做好运动项目文化建设的通知》指出，要充分认识运动项目文化建设的重要性，挖掘运动项目文化和历史，提升运动项目的文化内涵。本书的研究，可以提升我国冰雪运动的历史厚度和文化蕴涵。

第四，从国际视野来看，本书有利于加强中外体育文化交流。习近平总书记曾指出："在5000多年文明发展进程中，中华民族创造了博大精深的灿烂文化……把跨越时空、超越国度、富有永恒魅力、具有当代价值的文化精神弘扬起来，把继承传统优秀文化又弘扬时代精神、立足本国又面向世界的当代中国文化创新成果传播出去。"①在北京冬奥会筹备、举办期间以及后冬奥时代，本书的研究有利于传播中华民族独特的冰雪运动文化，扩大中国传统体育文化在国际上的话语权。

二、研究对象和研究方法

本书的研究对象为中国传统冰雪运动文化，不包括由西方传进来的近现代冰雪运动。

中国传统冰雪运动文化是指中国人创造的适合在冰雪上活动的各种器械、设施，在冰雪上开展的各项运动、习俗，以及由此而形成的规则、制度和相应的观念、思想等的总和。

本书以历史唯物主义和辩证唯物主义基本原理为指导，具体采用以下方法：

（1）文献资料法：在阅读基本史学著作的基础上，结合中国古代历史文献数据库等电子资源，搜集相关历史文献；查阅各类工具书、学科史著作，搜寻中国古代文物、艺术、文学领域的相关资料；完成《中国古代冰雪运动文化研究

① 《习近平谈治国理政》第一卷，外文出版社2018年版，第161页。

资料汇编》。

(2)口述史研究方法:在有“轱辘冰”“雪地走”“打冰马”等冰雪习俗的地方走访知情者,获取口头资料,做好记录。

(3)实地调查法:深入常年举行“滚冰节”(黑龙江省木兰县)、“背冰亮膘”(山西省永济县)等传统冰雪表演仪式的地方进行调研,搜集音像等资料。

(4)专家访谈法:走访或电话访问冰雪运动史、体育史以及民俗学等领域的专家,获得理论支持和方法指导。

(5)个案研究法:以“雪戏”“冰嬉”为个案,对古代冰雪运动文化进行具体分析;以“背冰”“滚冰”为个案,对我国冰雪运动习俗进行分析。

(6)逻辑分析法:对通过上述途径获得的所有材料进行综合分析,按照设计目标开展研究。

三、总体框架

第一,对中国古代冰雪运动文化的历史沿革进行梳理。通过史料、文学作品等资料,对远古时期至清代以前的冰雪运动文化进行分析,揭示中国古代冰雪运动文化的发展脉络和演变规律。

第二,对中国古代冰上运动文化的发展巅峰——清代“冰嬉”文化进行个案分析,从器物、制度、精神三个层面,重现其宏大场景,揭示其重要意义;结合古代雪上运动的特点,提出“雪戏”的概念,并进行个案分析,进一步揭示我国古代冰雪运动文化“冰强雪弱”的演变特征。

第三,对中国近现代民间冰雪游戏与习俗进行分析。以“滚冰”“背冰”为个案,分析民间冰雪游戏与习俗的发展历史和现状,展示中国传统冰雪运动的民族特色和文化内涵。

第四,对中国传统冰雪运动文化的基本特征进行总结,并以独特的“冰文化”为个案进行具体分析。在此基础上,结合历史沿革和现实需要,全面阐述中国传统冰雪运动文化的时代价值。

第五,对中国传统冰雪运动文化的开发与利用进行研究。结合 2022 年北京冬奥会的举办、大众冰雪运动及其产业的发展等现实,提出中国传统冰雪运动文化传承与发展的原则、场域和策略。

第六,分析历届冬奥会主题作品、主要标识、大型活动的基本情况和特点,总结各届冬奥会传播主办国文化的做法和经验,为北京冬奥会等大型运动会传播中国传统冰雪运动文化提供借鉴。

第七,结合历史上各届冬奥会主办国的优秀案例和我国冰雪运动的发展实际,从赛事理念、文化标识、宣传活动等方面,对北京冬奥会举办前如何传播和发展中国传统冰雪运动文化进行分析。

第八,结合前面的论述,从做好东道主、办好开幕式、开好艺术节等方面,对北京冬奥会举办期间如何传播中国传统冰雪运动文化进行分析。

第九,根据历届冬奥会主办国的经验、北京冬奥会的筹备情况以及我国冰雪运动的开展情况,从民族文化未来趋势、体育运动发展特征、民族体育今后走向等方面,对北京冬奥会后中国传统冰雪运动文化的前景进行展望。

第二章　中国古代冰雪运动文化的历史沿革

2007年1月，“大世界吉尼斯之最”认证了“新疆阿勒泰地区是人类滑雪起源地”这一论断，向全世界展现了中国悠久的冰雪运动历史与文化①。本章从雪上运动文化、冰上运动文化两个方面简要梳理中国古代冰雪运动文化的历史沿革，并以“冰嬉”和“雪戏”为个案，探讨中国古代冰雪运动文化发展的规律和特点。

第一节　中国古代冰雪运动文化发展情况

一、我国古代雪上运动文化

据国内及部分国外学者的研究，截至目前，中国最早记载雪上活动的资料出自成书于战国至西汉之间的《山海经》。据《山海经·海内经》记载：“有钉灵之国。其民从膝下有毛。马蹄，善走。”有专家认为，“钉灵之国”即今天的新疆阿勒泰地区，“膝下有毛”说的是他们穿着类似于一种毛朝向外面的长筒

---

① 单兆鉴等主编：《人类滑雪起源地——中国·新疆·阿勒泰》，人民体育出版社2011年版，第25—26页。

皮鞋，“马蹄”即脚穿的一种滑雪器具①。

隋唐时，滑雪常见于狩猎、行军、游戏等活动中。据《隋书》记载：“南室韦北行十一日至北室韦，……气候最寒，雪深没马。……地多积雪，惧陷坑阱，骑木而行。”②“骑木而行”，是一种以木作为工具的滑雪活动。唐代杜荀鹤的“野老祷神鸦噪庙，猎人冲雪鹿惊林”（杜荀鹤《送僧赴黄山沐汤泉兼参禅宗长老》）这句诗，描写了当时的人们在雪中打猎的情景。唐代时在雪天也行军打仗，据史料记载，唐代“贞观中，苏定方率兵讨突厥。贺鲁大雪，平地二尺”，苏定方“勒兵凌雪，昼夜兼进，所经收其人众”。③ 唐代人也在雪中游玩，许多唐诗对此进行了描绘，如白居易的“水南水北雪纷纷，雪里欢游莫厌频”（白居易《洛下雪中频与刘李二宾客宴集》），路德延的“嫩苔车迹小，深雪履痕全”（路德延《小儿诗》）等。

宋代时的雪上活动以赏雪、玩雪为主。宋人周密《武林旧事》卷三《赏雪》记载：“禁中赏雪，多御明远楼。后苑进大小雪狮儿，并以金铃彩缕为饰，且作雪花、雪灯、雪山之类，及滴酥为花及诸事件，并以金盆盛进，以供赏玩”④，描写的是宫中赏雪活动，颇具皇家气派。宋代民间也多有此项活动。宋人吴自牧《梦粱录》卷六中记载：“豪贵之家，如天降瑞雪，则开筵饮宴，塑雪狮，装雪山，以会亲朋，浅斟低唱，倚玉偎香，或乘骑出湖边，看湖山雪景，瑶林琼树，翠峰似玉，画亦不如。诗人才子，遇此景则以腊雪煎茶，吟诗咏曲，更唱迭和”，“遇大雪亦有富家玩雪船”⑤，则描写了当时临安人赏雪、玩雪、宴饮、吟诗的情景。

元明时期，文献所反映的雪中活动依然以赏雪为主。元人张国宾的杂剧

---

① 单兆鉴等主编：《人类滑雪起源地——中国·新疆·阿勒泰》，人民体育出版社 2011 年版，第 34—40 页。

② （唐）令狐德棻等：《隋书》卷八十四，中华书局 1973 年版，第 923 页。

③ （宋）李昉：《太平御览》第二册，中华书局 1960 年版，第 1336 页。

④ （宋）周密：《武林旧事》，山东友谊出版社 2001 年版，第 56 页。

⑤ （宋）吴自牧：《梦粱录》，三秦出版社 2004 年版，第 87、183 页。

《相国寺公孙合汗衫》以赏雪开端，其中张员外一曲《混江龙》专门描述了雪景之美。明代人张岱在《陶庵梦忆》一书中记述了自己和朋友在冬季赏雪、玩雪的过程："天启六年十二月，大雪深三尺许。晚霁，余登龙山，坐上城隍庙山门，……马小卿、潘小妃相抱从百步街旋滚而下，直至山趾，浴雪而立。余坐一小羊头车，拖冰凌而归。"①"马小卿、潘小妃"玩的是一种滚雪、滚冰之类的游戏。

到清代，出现了有关雪戏活动的记载。宫中每逢冬日下雪，皇帝和后妃们常在养心殿嬉戏。清人吴振棫《养吉斋丛录》中云："冬日得雪，每于养心殿庭中堆成狮、象，志喜兆丰，常邀宸咏。乾隆壬申、乙酉，以雪狮、雪象联句。嘉庆戊寅，又堆为卧马二，东西分列，有与内廷翰林联句诗。"②清代光绪年间颜缉祜的《汴京宫词》描写了开封行宫的雪地游戏："瑞雪缤纷盛上天，堆狮持象戏阶前。"可见，玩雪塑、吟诗句是古人无比高雅的一项雪上活动。《红楼梦》中"撕扇子作千金一笑，因麒麟伏白首双星"一回中，林黛玉说："……前年正月里接了他来，住了两日，下起雪来……他就拿了条汗巾子拦腰系上，和丫头们在后院子里扑雪人儿玩。一跤栽倒了，弄了一身泥！"③林黛玉说的"他"指的是史湘云，反映了当时孩子们的堆雪人游戏。清代宫廷画家郎世宁等画的《弘历雪景行乐图》，反映了下雪天乾隆皇帝在圆明园与妃嫔子女游乐嬉戏的情景④。

二、我国古代冰上运动文化

我国古代很早就有"弄冰"的记载。所谓"弄冰"，就是把冰拿在手中把玩的意思。西汉刘安的《淮南万毕术》记载："削冰令圆，举以向日，以艾承其影，

① （明）张岱：《陶庵梦忆》，吉林文史出版社2001年版，第156页。

② （清）吴振棫：《养吉斋丛录》（卷十四），浙江古籍出版社1985年版，第164—166页。

③ （清）曹雪芹、高鹗：《红楼梦》，人民文学出版社2022年版，第426页。

④ 万依等：《清代宫廷生活》，商务印书馆1985年版，第278页。

则火生”①，描写的是用冰块聚光生火的游戏。古人把屋檐等处的流水冻成的冰条，形象地称为“冰箸”（即冰筷子），并用来玩要。五代时王仁裕的《开元天宝遗事》卷下《冰箸》记载：“冬至日大雪，至午雪霁，有晴色，因寒，所结檐溜，皆为冰条。妃子使侍儿敲下二条看玩。帝自晚朝视政回，问妃子曰：‘所玩何物耶？’妃子笑而答曰：‘妾所玩者，冰箸也。’帝谓左右曰：‘妃子聪惠，此象可爱也。’”②这是关于“冰箸”的较早记载。宋代陈德武的《西江月·疏散履穿东郭》曰：“铁瓮成银瓮出，金山做玉山看。无知儿女不知寒，冰箸掌中争看”，描写了儿童手持冰箸玩赏的情景。古代的小孩把冰块当作乐器敲打着玩。宋代杨万里的《稚子弄冰》云：“稚子金盆脱晓冰，彩丝穿取当银钲。敲成玉磬穿林响，忽作玻璃碎地声。”清代章炳兰的《明湖冶春词》云：“拖肩红帽绿叉裤，放学儿童闹满村。弟打冰锣哥觱篥，刍龙盘过贴邻门。”③这些诗句均描写了儿童玩冰时淘气、可爱的形象。

相对于“弄冰”，有关古代冰上运动的历史记载出现的比较晚。根据目前掌握的文字资料，关于冰上运动的史料不晚于《新唐书》关于“拔野古”等部族的记载。《新唐书》云：“拔野古一曰拔野固，或为拔曳固，漫散碛北，地千里……俗嗜猎射，少耕获，乘木逐鹿冰上……”，表明当时是脚踩着一种木制的器具滑行，在冰上打猎。该书又说道：“东至木马突厥三部落，曰都播、弥列、哥饿支，其酋长皆为颉斤。桦皮覆室，多善马，俗乘木马驰冰上，以板藉足，屈木支腋，蹴辄百步，势迅激……”④，说明当时人们脚踩木板滑冰而行，腋下由木棍支撑，便于更快地向前滑动。这些史料显示，至少在唐代，北方民族已在冰上进行狩猎活动。

宋代已经出现冰上运输工具——“凌床”。北宋沈括的《梦溪笔谈》记载：

---

① （清）郑文焯：《医故》，中医古籍出版社2015年版，第64页。
② 范之麟主编：《全宋词典故辞典》（上），湖北辞书出版社2001年版，第810页。
③ 赵杏根选编：《历代风俗诗选》，岳麓书社出版社1990年版，第400页。
④ （宋）欧阳修等：《新唐书》，中华书局1975年版，第6140—6149页。

“信安、沧景之间……冬月作小坐床,冰上拽之,谓之凌床。”①北宋江休复的《江邻几杂志》写道:“雄、霸沿边塘泊,冬月载蒲苇,悉用凌床,官员亦乘之。”②由此可知,在宋代的雄州、霸州等与北方少数民族毗邻的地区,冬季使用人力牵挽的凌床,以之作为冰上运输工具,官民皆用。宋朝时期,女真族在黑龙江地区建立的金也开展了冰上活动。公元 1114 年冬季,金太祖阿骨打攻打辽国,看到小孩子脚蹬乌拉滑子在冰面上快速滑行,受到启发。阿骨打于是让 3000 多名士兵穿上乌拉滑子,突袭宾州城,最后一举攻下该城。“乌拉滑子”是在乌拉鞋底加上滑条或绑上木板,用双手持杖在冰上滑行的一种简易滑冰运动器具③。

元代时出现了冰上交通工具——“站车”(用狗作为役力),类似于今天的狗拉雪橇,区别在于“站车”是在冰上行进的。元代在东北设有“狗站”④,即为以狗作为役力的“站车”服务的驿站。元代陶宗仪的《南村辍耕录》云:“高丽以北名别十八……其地极寒,海亦冰,自八月即合,至明年四五月方解,人行其上,如履平地。征东行省每岁委官至奴儿干给散囚粮,须用站车,每车以四狗挽之。”⑤

明朝时,“凌床”又称作“拖床”,成为宫廷、民间较为普遍开展的一项冰上活动。明代刘若愚的《酌中志》曰:“是河(指护城河)也……至冬冰冻,可拖床。以木板上加交床或藁荐,一人前引绳,可拉二三人,行冰如飞。积雪残云,点缀如画。世庙晚年尚玄修,多居西内。嘉靖壬寅正月十六日,皇太子自宫中往见,绝河冰而过……”“藁荐”即草垫,“世庙”是指明世宗嘉靖帝,说明皇室

---

① (宋)沈括:《梦溪笔谈》,吉林摄影出版社 2004 年版,第 150 页。

② (宋)江休复:《江邻几杂志》,载《宋元笔记小说大观》(一),上海古籍出版社 2001 年版,第 582 页。

③ 韩丹:《冰上运动文化史述略——人在冰面上争得自由活动权史述》,《哈尔滨体育学院学报》1996 年第 1 期。

④ 付奋奎:《近代的冰雪运动工具——冰床》,《咸阳师范学院学报》2012 年第 2 期。

⑤ (元)陶宗仪:《南村辍耕录》,载《宋元笔记小说大观》(六),上海古籍出版社 2001 年版,第 62 页。

成员乘坐冰床往来于冰上的情景。该书还记载："每于河冰冻后，近京贫民于皇城内外，凡有冰处，拉拖床以糊口。遇雪满林皋，坐拖床者艳素杂遝，交拉如织，亦有兴豪乘醉，而频往来者。"①由此可以看出，冰床对富贵之家来说是一种休闲嬉戏的工具，对贫苦百姓而言就成为一种养家糊口的手段。明朝时期，女真族在东北地区建立的后金，多有冰上活动。据《清语择抄》记载，后金天命年间（1616—1626），努尔哈赤被巴尔虎特部落围困在墨尔根城，其部将费古烈所属兵士"皆着'乌拉滑子'，善滑行，以炮驾爬犁，沿脑温江冰层驰往救，一日行七百里。满兵至，巴尔虎特尚弗知。及炮发，群疑兵自天降，围始解"。② 如前所述，这里所说的"乌拉滑子"，就是在乌拉鞋底嵌有滑条，可在冰上滑行，即后世所说的滑冰鞋。滑冰技术在战争中的作用可见一斑。

到了清代，特别是乾隆一朝，我国古代的冰上运动达到了鼎盛时期。清朝的建立者满族，其先世生活于遍布林海雪原的东北地区，冰雪活动环境优越。满族入关前，乌拉滑子是冰上活动的主要工具。入关后，清代继续开展冰上活动，尤其是宫廷冰嬉大典形式多样，技艺精湛，趣味盎然，标志着我国古代冰雪运动文化达到高峰。清代冰嬉的基本形式主要包括抢等、抢球、转龙射球、摆山子、花样滑冰、打滑挞、冰上杂技等③。具体内容在下一节进行详细分析。

三、我国古代冰雪运动文化的发展特点

从对上述相关文献的梳理和分析来看，我国古代冰雪运动文化的发展具有以下特点：（1）从目前发现的考古资料来看，雪上运动要早于冰上运动，我国新疆阿勒泰成为世界滑雪运动发源地；（2）雪上活动的器械比较简单，冰上活动出现冰床、冰鞋、狗车等器械；（3）雪上运动形式较为单一；以冰嬉为代表的冰上运动形式多样，具有明显的表演性、竞赛性。总之，我国古代冰雪运动

① （明）刘若愚：《酌中志》，北京古籍出版社 1994 年版，第 141 页。

② 黄聪：《中国古代北方民族体育史考》，人民出版社 2009 年版，第 191 页。

③ 张宝强、陈彦：《清代冰上运动文化研究》，《武汉体育学院学报》2014 年第 12 期。

文化表现出明显的“冰强雪弱”特征。这一现象可能与冰、雪的物理性质,冰上、雪上运动的惊险和刺激程度,以及人们对冰上、雪上运动的偏好等因素有关。

第二节　中国古代冰雪运动文化的个案研究(一):冰嬉

文化圈层理论认为,广义的文化可以分为器物、制度、精神三个层面。器物层是文化的物质外壳,制度层是文化的组织和规范,精神层是文化所蕴含的观念或思想①。在清代特别是乾隆一朝,全国政局基本稳定,经济继续发展,人们文化生活需求也大为增长;加之乾隆本人又是一个喜于游乐的皇帝,特别重视冰嬉并着力倡导。因此,大约在乾隆十年(18 世纪 40 年代)正式把冰嬉规定为每年一次的国家盛典②,从而出现了我国古代冰上活动的黄金时代。以下从器物层、制度层、精神层三个方面,全面分析清代冰嬉这一我国古代冰上运动文化的典型代表。

一、冰嬉的器物文化

器物层是文化的最外层部分,是构成文化的骨架。我国古代冰雪运动所用的物质材料经过了漫长的发展过程。自古以来,我国北方各族人民冬季生活在冰天雪地的艰苦环境中,在长期的生产和生活实践中逐渐掌握了驾冰驭雪的技能,创造出一些可以在冰雪上狩猎、运输、游乐的工具。这些工具在我国历史上大体出现过五种形态:一是早期靠人力滑行的简单用具——雪板;二是靠人力滑行的较完善的冰上用具——冰鞋;三是用狗牵拽的狗车;四是用马

① 张宝强:《中国古代击壤文化初论》,《成都体育学院学报》2013 年第 3 期。

② 韩丹:《论我国古代滑冰的巅峰——清代冰嬉活动盛衰考述》,《哈尔滨体育学院学报》1997 年第 1 期。

或牛挽引的爬犁；五是以人力牵挽或撑动的冰床。这些是我国劳动人民在器物层方面创造的冰雪运动文化成果。

清代冰嬉用的器具主要是冰鞋。在古代，我国东北的女真族和满族都使用过“乌拉滑子”。“乌拉”是指“乌拉鞋”，又叫“靰鞡鞋”，是东北人普遍穿的防寒鞋，以牛皮或猪皮制成，内絮乌拉草，可起保暖作用①。据学者考证，“乌拉滑子”出现于11—12世纪之间，是一种把嵌有滑条的木板缚于乌拉鞋底下、手持木杖撑动冰面、在冰上快速滑行的运动器具②，类似于现在的滑冰鞋。

在清代，出现了嵌有冰刀的铁质冰鞋。清代富察敦崇的《燕京岁时记》云：“冰鞋以铁为之，中有单条缚于鞋上，身起则行，不能暂止，技之巧者，如蜻蜓点水，紫燕穿波，殊可观也。”③乾隆帝在其《御制冰嬉赋》“序”中说：“国俗有冰嬉者，护膝以芾，牢鞋以韦。或底合双齿使啮凌而不蹶焉。或荐铁如刀，使践冰而步逾疾焉。”④学者唐豪认为，富察敦崇《燕京岁时记》中所说的“单条”指的是“冰刀”，是一种“单冰刀”滑冰鞋；乾隆帝《御制冰嬉赋》“序”中所说的“双齿”是“双冰刀”，类似于今天的“双冰刀”滑冰鞋⑤。《御制冰嬉赋》“序”中所说的“韦”是指熟皮，“芾”是指用韦制成的护膝。清代滑冰器具不但出现了铁质冰刀，而且还有“芾”等防护设备，由此可见清代的冰上运动器具已经相当先进了。铁质材料冰鞋的出现，是清代滑冰运动技术提高的重要基础。

二、冰嬉的制度文化

制度文化是文化圈层的中间部分，是构成文化的血脉，也是区别不同文化

① 王永强主编：《中国少数民族文化史图典》第一卷（东北卷），广西教育出版社1999年版，第193页。

② 唐云松、国梁：《满族传统体育项目——八旗冰嬉的历史考证》，《满语研究》2007年第1期。

③ （清）潘荣陛、富察敦崇：《帝京岁时纪胜·燕京岁时记》，北京古籍出版社1981年版，第1页。

④ 韩丹：《乾隆〈冰嬉赋〉及其它冰诗解读》，《哈尔滨体育学院学报》1999年第4期。

⑤ 唐豪：《我国兄弟民族古、近代体育史料》，载中华人民共和国体育运动委员会运动技术委员会主编：《中国体育史参考资料》第四辑，人民体育出版社1958年版，第12—23页。

的重要特征之一。在分析冰嬉的器物文化之后,以下从国俗、制度、形式、技艺等四个方面对清代冰嬉的制度文化进行解析。

(一)奇特的国俗

清代宫廷开展的冰上运动被称为“冰嬉”,逐渐发展成为前所未有的“国俗”,标志着我国古代冰雪运动文化达到顶峰。

该“国俗”源于前文所述的明朝与清朝的一场战争。清朝军队利用“皆着乌拉滑子”的士兵和“炮驾爬犁”的装备,飞速增援被围困在墨尔根城的努尔哈赤,最后攻下墨尔根城,救了努尔哈赤。滑冰技术的运用是努尔哈赤获胜的重要因素,在大清帝国的形成过程中起了一定的作用。

努尔哈赤倡导的冰上娱乐活动为清代冰嬉“国俗”的形成起了奠基作用。清代额尔德尼等人撰写的《满文老档》记载,天命十年(1625)正月初二,努尔哈赤在盛京(今沈阳)附近的太子河上举行了一次规模较大的冰上活动:

“汗(努尔哈赤)率众福晋、八旗诸贝勒、福晋、蒙古诸贝勒、福晋、众汉官及官员之妻,至太子河冰上,玩赏蹴球之戏。诸贝勒率随侍人等玩球二次之后,汗与众福晋坐于冰之中间,命于二边等距离跑之,先至者赏以金银,头等各二十两,二等各十两。先将银置于十八处,令众汉官之妻跑往取之。落后之十八名妇人,未得银,故每人赏银三两。继之,将每份二十两银置于八处,令蒙古众小台吉之妻跑往取之。落后之八名妇人,各赏银十两。继之,将每份银二十两、金一两置于十二处,令众女儿、众小台吉之妻、福晋及蒙古之众福晋等跑之,众女儿、众贝勒之妻及福晋等先至而取之,蒙古众福晋落于后,故赏此十二名女儿金各一两,银各五两。跑时摔倒于冰上者,汗观之大笑。遂杀牛羊,置席于冰上,筵宴……”① 从这段史料可以看出这次冰上活动的大致特点:(1)努尔哈赤亲自率领和组织,参加人数众多,有男有女,声势较大;(2)活动

---

① (清)额尔德尼等:《满文老档》,中国第一历史档案馆等译注,中华书局1990年版,第619页。

内容主要是冰上蹋球、冰上竞速；(3)采取比赛形式，以金银作奖励，按成绩分等次发奖，比赛落后者也有赏银；(4)活动效果良好，具有娱乐性，“汗观之大笑”；(5)赛后杀牛宰羊，设置宴席，表庆贺和慰问。因此，这是一场古代冰上运动竞赛，与现代的冰上运动会已十分相似。

到乾隆时期，冰嬉正式成为“国俗”(又称“冰戏”)。乾隆帝在其《御制太液冰嬉十二韵》中描写道：“顺时陈国俗，择地试雄观”；在其《腊日观冰嬉因咏冰床》注中解释说：“国俗有冰嬉之典，……岁于冬至后举行，亲临阅赏。……盖肄武习劳，不忘家法。”可见，冰嬉成为国家的一项重要庆典活动。从乾隆十年(1745)开始，冰嬉每年举行一次，整个乾隆朝几乎没有间断。乾隆帝退位后，嘉庆帝继续开展，一直到道光时期，延续了近百年时间①。

(二)完备的制度

乾隆时期，冰嬉已有十分完备的机构与制度。清朝专门设立冰上运动的统帅机构——“冰鞋处”，长官为“冰鞋大臣”；设立专门进行冰上训练的兵种——“技勇冰鞋营”，隶属“键锐营”(当时的特种部队)；士兵叫作“冰鞋”，教练称为“冰鞋教习”②。每年校阅期(农历十月、冬月、腊月、正月共四个月)，冰鞋处从键锐营选拔优秀溜冰者，组成“技勇冰鞋营”，集中进行训练。到规定时间参加冰嬉表演，接受皇帝校阅。校阅结束后返回键锐营③。“冰鞋处”类似现在的国家管理机构；“技勇冰鞋营”类似于今天的国家集训队；皇帝校阅前进行集中训练，校阅完后回到原来驻地，类似于现代的“举国体制”。

关于冰嬉的具体机制，清代乾隆年间编撰的《皇朝文献通考》进行了比较详细的说明：

“冰戏，每岁十月咨取八旗及前锋统领、护军统领等处，每旗照定数各挑

---

① 韩丹：《论乾隆创造了古代世界滑冰的辉煌》，《哈尔滨体育学院学报》1999年第3期。

② 黄聪：《中国古代北方少数民族体育文化研究》(下)，《体育科学》2008年第9期。

③ 徐玉良编著：《中国少数民族传统体育史》，民族出版社2005年版，第59—63页。

选善走冰者二百名，内务府预备冰鞋、行头、弓箭、球架等项。至冬至后，驾幸瀛台等处，陈设冰嬉及较射天球等伎。分兵丁为二翼，每翼头目十二名，服红、黄马褂，余俱服红、黄齐肩褂。射球兵丁一百六十名，幼童四十名，俱服马褂、背小旗，按八旗各色，以次走冰、较射。陈伎毕，恩赏银两，头等三名各赏银十两，二等三名各赏银八两，三等三名各赏银六两，其余兵丁各赏银四两，俱由内务府广储司支给。”①

从这段文献可以看出清代冰嬉的大体规制：(1)开展时间：每年十月挑选人员，在冬至后进行表演。(2)活动地点：在瀛台（后来也在五龙亭、阐福寺等处开展）。(3)参与人员：从每旗精选200名善于滑冰者，总人数至少1600人。其中兵丁分两翼，每翼头目12人；射球兵丁160名，幼童40名。(4)主要器具：包括冰鞋、行头、天球、球架、弓箭等，由内务府提供。(5)活动服装：射球兵丁、幼童身穿马褂，背插小旗；两翼的头目穿红、黄不同颜色的马褂；两翼的队员穿红、黄不同颜色的齐肩褂。(6)活动形式：主要包括走冰、较射天球等。(7)奖励方式：按表现优劣给予银两奖励或赏赐。奖励分三个等次，每个等次奖励三名。凡参加的兵丁均有赏赐。奖励和赏赐所需要的银两，由内务府开支。由此可见，清代冰嬉的管理、训练已常态化，所需经费、人员、物资均由国家承担。冰嬉已成为一项国家主办、规制健全、奖励分明、规模可观的大型庆典、竞技活动。

（三）多样的形式

清代冰上运动（包括宫廷冰嬉在内）的形式丰富多彩，争奇斗艳，有的形式与现代滑冰运动相似，有的技术与现代滑冰相比有过之而无不及。根据相关文献和众多学者的研究情况，清代冰上运动的内容和形式大体上分为以下六种：

---

① （清）张廷玉等：《皇朝文献通考》，上海古籍出版社1987年版，第823页。

（1）抢等（类似于现代的速度滑冰）。所谓“抢等”，即抢夺优等，比试滑冰的快慢。清代吴振棫的《养吉斋丛录》言：“岁十二月，西苑三海层冰坚沍，于是择令辰，圣驾御冰床临观焉。或五龙亭，或阐福寺，或瀛台等处，无定地。冰鞋以一铁直条嵌鞋底中，作势一奔，迅如飞羽。始曰‘抢等’。去上御之冰床二三里外，树大纛，众兵咸列。驾既御冰床，鸣一炮，树纛处亦鸣一炮应之。于是众兵驰而至。御前侍卫立冰上，抢等者驰近御座，则牵而止之。至有先后，分头等二等，赏各有差。”①士兵穿冰鞋进行冰上集体竞速，距离约1000—1500米，鸣炮后从“树大纛”处（起点）同时出发，按到达“近御座”处（终点）的先后顺序分等级给予奖励。这是我国古代的滑冰比赛，与现代的短道速滑特别相似。据学者研究，这些速滑比赛中常用的技术，叫作“官蹓子”八式，主要包括：①初手式；②小幌荡式；③大幌荡式；④扁弯子式；⑤大弯子式；⑥大外刃式；⑦跑冰式；⑧背手跑冰式等②。

（2）抢球（类似于冰上蹴鞠）。所谓“抢球”，就是两队士兵在冰上互相争抢皮球。清代潘荣陛的《帝京岁时纪胜》云：“金海冰上作蹙鞠之戏，每队数十人，各有统领，分位而立，以革为球，掷于空中，俟其将坠，群起而争之，以得者为胜。或此队之人将得，则彼队之人蹴之令远。欢腾驰逐，以便捷勇敢为能。将士用以习武。昔黄帝作蹙鞠之戏以练武，盖取遗意焉。”③由此可见，这是一种冰上分队踢球的游戏；获胜的标志是“便捷勇敢”；活动的目的是“用以习武”，继承“昔黄帝作蹙鞠之戏以练武”的“遗意”。这种冰上“蹙鞠之戏”来源于清朝入关前的“踢形头”游戏（一种足球比赛）④，这是我国古代蹴鞠活动在冰上的新发展，也是一种独特的蹴鞠运动或冰上游戏。

---

①　（清）吴振棫：《养吉斋丛录》卷十四，浙江古籍出版社1985年版，第164—166页。

②　唐豪：《我国兄弟民族古、近代体育史料》，载中华人民共和国体育运动委员会运动技术委员会主编：《中国体育史参考资料》第四辑，人民体育出版社1958年版，第12—23页。

③　（清）潘荣陛、富察敦崇：《帝京岁时纪胜·燕京岁时记》，北京古籍出版社1981年版，第38页。

④　杨英杰：《清代满族风俗史》，辽宁人民出版社1991年版，第244—246页。

(3)转龙射球(类似于冰上射箭)。所谓“转龙射球”,就是集体在冰上编队滑行的同时进行射箭表演。据辑录清代逸闻轶事的著作《清朝野史大观》载:“又继以转龙射球,走队时按八旗之色,以一人执小旗前导,二人执弓矢随于后。凡执旗者一二百人,执弓矢者倍之。盘旋曲折行冰上,远望之蜿蜒如龙。将近御座处设旌门,上悬一球,曰天球,下悬一球,曰地球。转龙之队疾趋至,一射天球,一射地球,中者赏。复折而出,由原路盘曲而归其队。其最后执旗者一幼童,若以为龙尾也。”①从“盘旋曲折”“蜿蜒如龙”“复折而出”“盘曲而归”“一射天球”“一射地球”“中者赏”等描写用词可以看出,这是一种集冰上滑行、队形变换、射箭比赛为一体的综合性运动形式,是清代人冰上运动的又一创造。

(4)摆山子(类似于冰上团体操)。所谓“摆山子”,即集体进行的队形变换和摆字表演。近人晋卿对“摆山子”描写如下:“御座前冰鞋大臣命旗一挥,响炮一鸣,则此两排百名‘冰鞋’,各循花纹内两线之隙地,沿径滑驰,一人左转,两队皆左转,一个向前翻身,两队皆翻身,伸腿张臂。五色战裙,上下掀腾,风驰电转,朱缨貂尾,左右荡摇。钢条所至,冰层剌剌作响,各个足下之威武铃,万事锵和,尤为奇观也。”左、右两队各一百人,按事先画好的“万字锦”“葫芦锦”等众多花纹组成的图形,在只能容下一人的纹线之间,整齐划一地表演洞宾背剑、燕子戏水、青龙回头、凤凰展翅、白虎摆尾等多种高难动作,没有任何混乱和差错,其表演难度可想而知②。这种冰上团队表演,其设计、气势、技艺及整齐程度,令人叹为观止。

(5)打滑挞(类似于现代的高山滑雪)。所谓“打滑挞”,即宫中开展的一种从高处滑向低处的滑冰游戏。清末陈康祺在其笔记《郎潜纪闻》中说:“禁中冬月,打滑挞。先汲水浇成冰山,高三四丈,莹滑无比。使勇健者着带猪皮

① 小横香室主人:《清朝野史大观》卷二,上海书店 1981 年版,第 11—12 页。

② 徐玉良编著:《中国少数民族传统体育史》,民族出版社 2005 年版,第 59—63 页。

履，其滑更甚，从顶上一直挺立而下，以到地不仆者为胜。”①可见，滑冰者穿着猪皮做的鞋子，从高达三四丈的人造冰山“挺立而下”，急速滑行，“以到地不仆者为胜”。这是一种相当精彩的滑冰活动，类似于现代的高山滑雪，但是在冰上开展，更加快速和惊险。

（6）花样滑冰和冰上杂技。除了上述样式外，清代冰上运动还有类似现代的花样滑冰以及新的形式——冰上杂技（滑冰运动与杂技的结合）。乾隆时宫廷画家张为邦、姚文瀚根据当时宫廷冰上表演盛况而绘制的《冰嬉图》（现陈列于故宫博物院绘画馆内），形象地描绘了八旗的花样滑冰和冰上杂技。根据学者分析，《冰嬉图》中反映的花样滑冰主要包括双飞燕、大蠍子、千觔坠、金鸡独立、哪吒探海等。冰上杂技主要有耍刀、弄幡、使棒、缘竿、盘杠、飞叉等。表演者在竿上、杠上、冰上、肩上、臂上、掌上展示倒立、直立（单双足）、扯旗等高难技艺。肩上、臂上表演的人数，自一人以至三人不等，参加者有儿童，也有成人②。冰上杂技是我国传统滑冰技术与杂技技艺的完美结合，是清代人创造的又一种新的运动技艺，展现了我国古代体育文化技巧性、表演性和观赏性的特点。

以上是清代冰上运动的主要形式。关于清代宫廷冰嬉的盛况，嘉庆帝曾作了精彩的描述：“万顷液池玉鉴凭，八旗劲旅竞超腾。雷轰三叠齐呈技，电掣千夫各奏能。飞矢射时全命中，彩球抛处又分堋。嘉平行赏羽林遍，习武昆明例事仍。”③“超腾”“呈技”“飞矢”“彩球”“行赏”“例事”等用词，集中揭示了该活动的场面及其目的，清代冰上运动的繁荣、精彩程度可见一斑。

（四）高超的技艺

上有所好，下必甚焉。由于清政府的重视和奖励，当时民间涌现出一大批

---

① （清）陈康祺：《郎潜纪闻》卷十二，中华书局1984年版，第254页。

② 唐豪：《我国兄弟民族古、近代体育史料》，载中华人民共和国体育运动委员会运动技术委员会主编：《中国体育史参考资料》第四辑，人民体育出版社1958年版，第18—20页。

③ 故宫博物院：《清仁宗御制诗初集》卷八，海南出版社2000年版，第18页。

冰上运动高手,也创造出一大批独特的冰上表演技艺。乾隆、嘉庆年间有一位叫海英的青年,独创了“倒流”技术,能倒滑数丈,成为当时滑冰高手。与海英同一时期的苗族青年喜桂,通过刻苦训练,创造出“燕子三点水”高难动作,被乾隆赐名“冰上燕儿”,被批准参加旗军①。道光、咸丰年间的尚星阶,滑冰时两膝向外弯曲呈蹲状,两手同时在空中反复做出各种高难动作,该技术被称为“骑马式”,后来尚星阶因此技术被提拔为翼长。与尚星阶同一时期的杨二立,掌握了“撞天钟”的特殊滑冰技巧:在滑冰时一手拿弹弓,另一手拿两粒泥丸。在滑到最快时,杨二立猛然弯下身子,持弹弓向后弹射。第一粒泥丸刚发,第二粒泥丸又赶到,两粒泥丸在空中相撞,只听砰的一声,泥丸撞为碎土纷纷落下,而杨二立继续向前滑行,速度只增不减,被时人称为神技②。据清代一位滑冰高手齐子林回忆,当时的滑冰样式除了他最初学习的“官踹子”八式外,其他的滑冰样式还有“猿猴抱桃、卧鱼、鹞子盘云、凤凰展翅、童子拜佛、卧睡春、香炉爪、朝天蹬、摇身晃”等。这些技术难度较大,没有良好的腰腿功夫和熟练的滑冰技术是很难掌握的③。可以说,在乾嘉时期我国冰上技艺达到相当高的水平,与西方国家相比绝不逊色。

总之,清代冰嬉达到我国古代冰雪运动文化的巅峰,也创造了世界古代冰雪运动史的一段辉煌。

三、冰嬉的精神文化

思想、观念是文化圈层结构中的核心,是构成文化的灵魂,对器物层、制度层具有一定的主导作用。清代冰嬉不但拥有先进的物质文化、完备的制度文化,也蕴含了琳琅满目、蕴意深远的精神文化。这些精神文化包括相关的文艺

① 韩丹:《论我国古代滑冰的巅峰——清代冰嬉活动盛衰考述》,《哈尔滨体育学院学报》1997年第1期。

② 吕春辉、张大伟:《满族传统体育活动——冰戏》,《兰台世界》2014年第6期。

③ 唐豪:《我国兄弟民族古、近代体育史料》,载中华人民共和国体育运动委员会运动技术委员会主编:《中国体育史参考资料》第四辑,人民体育出版社1958年版,第18—21页。

作品及其隐含的观念、精神、理想等。

(一)描写冰嬉的文艺作品

清代涌现了大量与冰嬉有关的诗歌、绘画等文艺作品。

清代专门描写冰嬉的诗歌,如乾隆帝的《观护军冰技行赏诗》《御制太液冰嬉十二韵》《御制冰嬉赋》《嘉平廿一日于西苑觐年班各部并台湾生番示以冰嬉即事得句》等,嘉庆帝的《御制观冰嬉诗》,道光帝的《观冰嬉应制诗》,清人梁诗正的《恭和御制太液冰嬉元韵》,宝竹坡的《冰嬉》等。这些诗歌中,代表作是乾隆帝的《御制冰嬉赋》。该赋全文1300余字,几乎涉及与冰有关的所有领域,如与冰嬉相关的天文、气象、地理、政治、军事和娱乐,相关的神话、传说和典故,以及作者的精彩描写、评论和感想等。乾隆帝的《御制冰嬉赋》可以说是古今中外历史上第一篇从宏观文化视野描述运动竞技大会的珍贵文献,也是唯一的一篇把冰上运动纳入宏观文化中进行审视的奇文①。

清代也出现了一批描绘冰嬉的画作。如沈源的《御制冰嬉赋图》,金昆、程志道、福隆安的《冰嬉图》,张为邦、姚文瀚的《冰嬉图》,金廷标的《冰戏图》,姚文瀚的《紫光阁赐宴图》等。尤其是,乾隆年间宫廷画家张为邦、姚文瀚的《冰嬉图》形象地描绘了当时宫廷冰上表演的盛况,成为我国传统绘画中比较独特的创作题材,表现了我国古代丰富多彩的体育文化。

通过对这些文艺作品特别是相关诗赋的分析,可以深入了解当时人们对冰雪文化的认识,进而可以管窥中国古代冰雪运动文化所蕴含的思想、观念与精神。

(二)冰嬉体现的浓厚军事色彩

古代冰天雪地的环境,虽然给人们生产生活带来不便,但是人们针对冰雪

① 韩丹:《论乾隆创造了古代世界滑冰的辉煌》,《哈尔滨体育学院学报》1999年第3期。

的特性开发出冰雪的有益功能，为人类所用，这是人类冰雪运动文化所体现出的实用色彩。清代冰嬉主要用于军事活动。前述清太祖努尔哈赤的部下利用“皆着乌拉滑子”的士兵和“炮驾爬犁”，长途奔袭获得战争的胜利。据文献记载，清代宫廷冬月在西苑太液池“陈冰嬉，习劳行赏，以简武事而修国俗”①。“国俗有冰嬉之典……盖肄武习劳，不忘家法。”（乾隆《腊日观冰嬉因咏冰床》诗自注）“以简武事”“肄武习劳”表明清代的“冰嬉”具有鲜明的军事训练目的。乾隆之子嘉庆帝则明确指出：“冰嬉之制，藉习武以行赏赉，示嘉惠兵丁之至意。每岁冬月，简八旗子弟角艺液池，皇父亲御冰床，第其高下，以次颁赏，勇者特旌，余皆均赐。所以鼓励而激劝之者，即一较技间仰见仁至而义尽焉。”②可见，冰嬉是校检八旗子弟冬季军事训练成果的最主要的方式之一。

（三）冰嬉折射的人类游戏特质

中国冰雪运动文化的产生，与当地特定的冰雪环境是分不开的。在严寒条件下，解决生计问题就成为人们的第一需求。但生产、生活并不是冰雪运动文化的唯一诉求，古人的冰雪运动早已超越了谋生这一层面。在冰天雪地的寒冷环境中，人们依然进行各种有意或无意的嬉戏。

清代人滑冰，或结队，或嬉笑，或围观，情景饶有趣味。如“朔风卷地河水凝，新冰一片如砥平……闲人游手恣戏谑，年年结队戏郊坰。”（清·宝竹坡《偶斋诗草·冰鞋》）“金鳌玉栋画图开，猎猎西风卷地回。冻合琉璃明似镜，万人围看跑冰来。”（清·杨米人《都门竹枝词》之六）“往来冰上走如风，鞋底钢条制造工。跌倒人前成一笑，头南脚北手西东。”（清·李静山《增补都门杂咏·冰鞋》）

清代的冰上蹴鞠，富贵者可以为之，贫贱者亦可为之。如皇宫冰上蹴鞠时，“每队数十人，各有统领，分伍而立，以皮作球，掷于空中，俟其将堕，群起而争

① （清）于敏中等：《钦定日下旧闻考》卷二十一，北京古籍出版社1981年版，第271页。

② 故宫博物院：《清仁宗御制诗》第十六卷，海南出版社2000年版，第19—20页。

之，以得者为胜。或此队之人将得，则彼队之人蹴之令远，喧笑驰逐……"①，清代"十月以后，寒贱之子，琢石为球，以足蹴之，前后交击为胜……"②。明清时期的冰床，由运输工具变为娱乐器具。清人"更将拖床结连一处，治酌陈肴于上，欢饮高歌，两三人牵引，便捷如飞，较之坐骥乘车，远胜多矣"。③ 上述"滑冰""冰上蹴鞠""冰床"等活动，显然已超越狩猎、运输、军事等功利性活动，而完全成为一种游戏。荷兰学者赫伊津哈曾说："文明是在游戏中并作为游戏而产生和发展起来的。""真正的文明离开游戏乃是不可能的。"④德国学者席勒认为，游戏状态是一种克服了人的片面和异化的最高的人性状态，是自由与解放的真实体现⑤。正如西方学者所言，我国古代的冰嬉活动，反映了人类即使在冰天雪地环境下也进行游戏的本性与特征。

（四）冰嬉寄托的太平治世理想

从努尔哈赤到乾隆皇帝，封建统治者在清代冰嬉的发展中充当了重要的角色。他们把冰嬉作为奖掖部属、提高士气、展示国威的重要手段，旨在体现浩荡皇恩，巩固国家团结，实现盛世理想。

首先，冰嬉是奖掖部属、维护团结的重要手段。前文已述，天命十年（1625）正月，努尔哈赤在盛京附近的太子河上举行了一次冰上运动竞赛，对参加比赛的汉官之妻、蒙古众小台吉之妻、贝勒之妻及福晋等予以银两奖励，赛后还在冰上设置筵宴以示庆贺。乾隆帝在其所作的与冰嬉有关的诗中，多次表达了对部下的赏赐、恩施之意，如"勇者特旌，任者均赐。普被曰仁，有差

---

① （清）高士奇：《金鳌退食笔记》，北京古籍出版社1980年版，第118—119页。

② （清）潘荣陛、富察敦崇：《帝京岁时纪胜·燕京岁时记》，北京古籍出版社1981年版，第86页。

③ （清）潘荣陛、富察敦崇：《帝京岁时纪胜·燕京岁时记》，北京古籍出版社1981年版，第37页。

④ 赵庆伟等：《游戏风情》，湖北教育出版社2001年版，第35—36页。

⑤ ［德］席勒：《美育书简》，徐恒醇译，中国文联出版公司1984年版，第90页。

曰义”(乾隆帝《御制冰嬉赋》)等。每年冬季在八旗军中进行冰嬉比赛,成绩优异者给予特殊的赏赐,称为“有差曰义”;同时,所有参加冰嬉比赛的士兵都能得到适当的奖赏,以让他们过一个愉悦的新年,叫作“普被曰仁”。这种奖赏机制,既鼓舞了士兵在寒冬训练的士气,又团结了人心,对维护国家长治久安具有重要的作用①。

其次,冰嬉是展示军容、提高士气的重要形式。冰嬉由清朝当时的特种部队“键锐营”中的“技勇冰鞋营”承担,代表着清朝军队的实力。当时的诗歌揭示了清代冰嬉的水平,如“御风列应让,逐日夸无难,迅似岩飞电,温知犀辟寒。超群殊闪耀,作势更婆珊”(乾隆《御制太液冰嬉十二韵》);“闪如曳电,疾若奔星。蹂蹈云衢,扬挥玉京……杰者得帜,畴与比伦。遗者失志,第如逡巡”(乾隆《御制冰嬉赋》);“左足未住右足进,指前踵后相送迎,有时故意作欹侧,凌虚取势斜燕轻。飘然而行陡然止,操纵自我随纵横……”(清代宝竹坡《冰鞋》)等。这些精湛的冰上技艺,展示了清朝将士的素质,展现了军容和实力。

第三,冰嬉是招待外宾、展示国威的礼仪活动。自乾隆二十八年(1763)后,往往把腊月二十一日定为冰嬉举行的最后一天,这天通常会邀请藩部年班及朝鲜、安南、暹罗等国使臣观看,以共贺新春。如乾隆帝即兴赋成《嘉平廿一日于西苑觐年班各部并台湾生番示以冰嬉即事得句》一诗,其中写道:“贺正近远毕来同,抚谕凭舆言语通。西北新藩称旧仆,东南捕鹿学宾鸿。冰嬉仍寓诘戎训,苑觐都怀奉朔衷。众喜康强颂四得,独深虔望昊恩蒙。”该诗描写了盛大的外交场景,表达了前来恭贺新年的各民族首领维护祖国统一的共同心愿,展现了康乾时期国泰民安、兵强马壮、四夷来朝的盛世气象②。

---

① 费薇娜:《清朝乾隆时期的冰嬉运动》,《兰台世界》2013 年第 1 期。

② 姜广义:《我国古代冰雪运动发展分析》,《体育文化导刊》2012 年第 5 期。

第三节　中国古代冰雪运动文化的个案研究(二):雪戏

中国古代有各种各样的与冰雪有关的运动或游戏,简称为冰嬉雪戏。学界探讨比较多的是冰嬉,对雪戏的研究相对比较少。所谓雪戏,即与雪有关的运动、休闲或游戏。本节在搜集、整理相关历史、文学、艺术等文献的基础上,对我国古代部分朝代的雪戏进行初步论述,以管窥我国古代冰雪运动文化的特征和风貌。

一、雪戏的起源

关于雪戏的起源,目前没有确切的说法和研究。近年来,关于滑雪起源问题的研究成果,在一定程度上揭示了我国古代冰雪文化的较早源头。20世纪中叶,在新疆阿勒泰市汗德尕特蒙古族乡东北的一个沟谷中,发现了绘有滑雪狩猎内容的岩画。其中的一组人物画绘有许多动物与滑雪人的形象。这是目前已知的我国范围内较早反映滑雪内容的形象资料。经学者鉴定,该岩画属于旧石器时代晚期,距今1万年左右。① 因此,包括雪戏在内的我国古代冰雪文化的起源,至少不晚于这个时间。

二、唐代的雪戏

在唐代,出现了许多描写雪上活动的唐诗。这些唐诗反映了当时的雪戏主要有玩雪、雪夜泛舟、雪中打猎、雪中马技、儿童雪中游戏等。

赏雪、玩雪是唐代人比较常见的一项雪上活动。白居易的《洛下雪中频与刘李二宾客宴集》中"水南水北雪纷纷,雪里欢游莫厌频",《对火玩雪》中

① 崔乐泉、张红霞:《从传统冰雪到冬奥文化:跨越时空的文化对话》,《体育学研究》2019年第1期。

“银盘堆柳絮,罗袖抟琼屑”等诗句,反映了诗人在雪中畅游、玩雪的情景。刘庭琦的《奉和圣制瑞雪篇》描写了美女玩雪的形象:“美人含笑出联翩,艳逸相轻斗容止。罗衣点著浑是花,玉手抟来半成水。”

唐代人有雪夜泛舟的雅兴。韦庄的《夜雪泛舟游南溪》描写了诗人在下雪晚上乘船游玩的情景:“大江西面小溪斜,入竹穿松似若耶。两岸严风吹玉树,一滩明月晒银砂。因寻野渡逢渔舍,更泊前湾上酒家。去去不知归路远,棹声烟里独呕哑。”

唐代人在下雪天打猎也是比较常见的现象,有多首唐诗对此进行了描写。如李白的《送族弟凝至晏堌(单父三十里)》描写道:“雪满原野白,戎装出盘游。挥鞭布猎骑,四顾登高丘。兔起马足间,苍鹰下平畴。喧呼相驰逐,取乐销人忧。”杨巨源的《赠浑钜中允》描述道:“公子髫年四海闻,城南侍猎雪雰雰。马盘旷野弦开月,雁落寒原箭在云。”另外,雍陶的《僧金河戍客》、马戴的《射雕骑》、张祜的《猎》、杜荀鹤的《送僧赴黄山沐汤泉兼参禅宗长老》等,均描写了唐代人雪中打猎的威猛形象。

除了雪中打猎,唐代还出现了女子在雪中玩马上杂技的情况。白居易的《同诸客嘲雪中马上妓》写道:“珊瑚鞭亸马踟蹰,引手低蛾索一盂。腰为逆风成弱柳,面因冲冷作凝酥。银篦稳篸乌罗帽,花襜宜乘叱拨驹。雪里君看何所似,王昭君妹写真图。”唐代女子的勇敢形象跃然纸上。

下雪天是儿童们最欢乐的日子。西晋左思的《娇女诗》是较早描写女孩子在雪地游玩的古代文献。唐代诗人路德延《小儿诗》写道:“平岛夸趫上,层崖逞捷缘。嫩苔车迹小,深雪履痕全”,反映了小孩在雪地里玩耍、足迹踏遍深雪的情形。唐代诗人李咸用的《雪十二韵》中“童痴为兽捏,僧爱用茶煎”一句,说的是小孩用雪捏成了动物的形象。

三、宋代的雪戏

自宋代以后,有关雪上活动的记载逐渐增多。宋代的雪戏主要是赏雪、开宴塑雪、玩雪、堆雪狮等。

赏雪是宋代人常见的一项冬季活动。宋代周密《武林旧事》卷十记载，南宋时有个叫张约斋的人，给自己制定了一年四季赏心乐事的活动和去处。在十一、十二两个月，他的主要活动是“绘幅楼前赏雪”“南湖赏雪”“瀛峦胜处赏雪”①。宋代宫廷在赏雪的同时，往往还要用雪塑造花、灯、山以及狮子的形象，以供赏玩。周密《武林旧事》卷三对此进行了记载②。

宋人有逢雪开宴、雪地游乐的习俗。宋人孟元老的《东京梦华录》记载：“（十二月）此月虽无节序，而豪贵之家，遇雪即开筵，塑雪狮，装雪灯，以会亲旧。”③可见富贵人家遇到大雪则设宴相庆，用雪狮、雪灯作为迎接客人的装饰，营造欢快喜庆的气氛。宋人吴自牧的《梦粱录》中也有类似记载④。可以看出，逢雪开宴、赏雪玩雪在宋代富贵人家已成风气。

堆雪狮是宋代比较常见的一项雪上游戏。有多首宋诗描绘了人们堆雪狮的画面。宋代人胡仲弓《宫词》中“瑶花飞处忆瑶姬，一日倾杯十二时。青玉案前呵冻手，推窗自塑雪狮儿”，赵希逢《和雪狮儿》中“雪狮塑出对琼卮，玉笋纤纤露手儿。掩口樽前还笑我，指头皴破作霜皮”等诗句，均描述了人们忍着寒冷、冻着双手在雪中堆狮子的生动情景。宋代人杨公远的《雪十首》（其七）描述了堆雪狮的具体方法：“喧呼童稚塑狮儿，仿佛形模便有威。枯炭点睛铃用橘，酒杯叠叠印毛衣。”诗人和孩子们用枯炭装扮成雪狮的眼睛，用橘子充当雪狮脖子上的铃铛，用酒杯一个个印出雪狮身上的花纹，神气十足、威风凛凛的雪狮造型就产生了。张耒的《戏作雪狮绝句》写道：“六出装来百兽王，日头出后便郎当。争眉霍眼人谁怕，想你应无熟肺肠。”诗人用戏谑的手法，塑造了生动传神的雪狮形象：虽是百兽之王，但改变不了日出消融的命运；再怒

---

① （宋）周密：《武林旧事》，浙江人民出版社 1984 年版，第 162 页。

② （宋）周密撰，（明）朱廷焕补：《增补武林旧事》，当代中国出版社 2014 年版，第 78 页。

③ （宋）孟元老：《东京梦华录》，中国画报出版社 2013 年版，第 218 页。

④ （宋）吴自牧：《梦粱录》，浙江人民出版社 1984 年版，第 49 页。

目横眉,也无法令人畏惧①。

宋代人雪中娱乐,形式更加多样。项安世的《腊月一日咏雪二十韵简潘都干》对宋代人雪中娱乐的内容、细节进行了具体描绘:"忽见纷然堕,方惊甚矣衰。已拚蓬换鬓,其奈粟生肌。忆昔如黄犊,当轩塑白狮。踏模鞋透指,印貌面皴皮。衮作球行地,团成烛照帷。檐冰充铎振,盆冻当钲搥。壮岁身仍健,边城景又奇。高楼观乱落,平野看横吹。"②这首诗描写了人们塑雪狮、踩雪印、滚雪球、以冰作乐器等游戏,体现了虽是冰天雪地、依然弄雪玩冰的生活态度和志趣。

四、明代的雪戏

到了明代,赏雪、堆雪狮依然是雪戏的主要内容。

明末文学家张岱特别喜欢雪景。他在《陶庵梦忆》一书中详细描写了自己在西湖乘舟赏雪的情景:"崇祯五年十二月,余住西湖。大雪三日,湖中人鸟声俱绝。是日更定矣,余拏一小舟,拥毳衣炉火,独往湖心亭看雪。雾凇沆砀,天与云、与山、与水,上下一白。湖上影子,惟长堤一痕,湖心亭一点,与余舟一芥,舟中人两三粒而已。到亭上,有两人铺毡对坐,一童子烧酒,炉正沸。见余大喜,曰:'湖中焉得更有此人!'拉余同饮。余强饮三大白而别。问其姓氏,是金陵人,客此。及下船,舟子喃喃曰:'莫说相公痴,更有痴似相公者!'"③这段文字描写了崇祯五年(1632)十二月,作者在大雪天的夜晚,乘舟到西湖欣赏雪景、偶遇知音的情景。"西湖""大雪""俱绝""更定"说明湖中、雪天、寂静、晚上(更定即已进入一更,约晚上7—9点)等时空背景;"雾凇沆砀""上下一白""一痕""一点""一芥"等词,体现了"晴湖不如雨湖,雨湖不如月湖,月湖不如雪湖"的西湖盛景(明代嘉兴人汪珂玉之语),更反映了作者的

---

① 肖淑婷:《宋代咏雪诗研究》,硕士学位论文,湖南科技大学人文学院,2019年,第25页。

② 肖淑婷:《宋代咏雪诗研究》,硕士学位论文,湖南科技大学人文学院,2019年,第25页。

③ (明)张岱:《陶庵梦忆注评》,上海古籍出版社2014年版,第92页。

独特兴致和悠闲心境。

明代人也玩堆雪狮的游戏。有一首明代民歌《雪狮》写道:“把雪儿做一个雪狮来戏,千样妆,万样做,就是活的,冷心肠似把人调戏。今晚做一块,日出就分离。一片儿的真心也,化做东流水。”①雪狮的特点是冰冷且易化成水,这首民歌以雪狮喻人:情人无情,心冷如冰,且像雪狮化水一样容易流去。该民歌从另一个角度反映了当时的堆雪狮活动。

五、清代的雪戏

清代下雪天,宫中常常堆雪狮、雪象、雪马等,还常常以此吟诗联句。清代人吴振棫在《养吉斋丛录》卷十四中说:“冬日得雪,每于养心殿庭中堆成狮、象,志喜兆丰,常邀宸咏。乾隆壬申、乙酉,以雪狮、雪象联句。”②在雪狮、雪象、雪马塑成之后,皇帝还与宫中翰林学士以此为题吟诗作赋,可见其雅兴之浓。清代人创作出了大量的描写冰雪活动的竹枝词,其中有许多诗句形象地反映了人们雪天堆雪狮的情景,如颜缉祜的“瑞雪缤纷盛上天,堆狮持象戏阶前”(《汴京宫词》),朱馀庭的“飞雪成堆紧北风,削来狮子借人工。那知雄状殊难久,牙爪虚张怕火烘”(《海陵竹枝词》),沈兆禔的“玲珑剔透放光明,一片心同彻底清。仙佛镂空谁得似,美人狮象雪雕成”(《吉林岁时记》)等。意大利画家郎世宁和清代宫廷画家合作的《弘历雪景行乐图》,描绘了乾隆皇帝在雪天与家人共享天伦之乐的情景③:乾隆皇帝坐在亭子中间,周围是皇子们在玩耍,有的在放鞭炮,有的在堆雪狮子。

在民间,最热衷于堆雪人、打雪仗的,自然莫过于儿童。有一幅清代杨柳青年画《瑞雪丰年》,画中几个儿童在庭院中堆雪狮,个个不畏严寒,乐在其中④。

---

① 蒲泉等选编:《明清民歌选》(甲集),古典文学出版社1957年版,第97页。

② (清)吴振棫:《养吉斋丛录》(卷十四),浙江古籍出版社1985年版,第164—166页。

③ 卞秉利编:《中国美术鉴赏》,辽宁美术出版社2007年版,第98页。

④ 冯立:《话说经堂庙:杨柳青经典的历史人文建筑群落之三》,2018年1月25日,见http://blog.sina.com.cn/s/blog_6241925d0102xli6.html。

《红楼梦》第三十一回“撕扇子作千金一笑　因麒麟伏白首双星”中，黛玉讲了史湘云和一群姑娘在院子玩雪的情景①，前文已述，不再赘述。

六、古代少数民族的雪戏

作为中华民族大家庭重要成员的北方各少数民族，因地理环境因素的影响，形成了各种不同的雪上活动形式。例如，在满族萨满教古老、庄严的祭祀大典“雪祭”中，除了祈神仪式外，还有走雪迷宫、闯雪阵、跳冰雪滑板、堆雪人等活动②。再如，清代人傅恒、董诰等编纂的风土地理类著作《皇清职贡图》中，有描绘当时东北少数民族赫哲族人乘坐狗拉雪橇的插图③。

以上是通过史料、诗歌、小说、绘画等反映出来的我国古代雪戏的部分内容。可以看出，古人下雪天的生活还是比较丰富的。这些雪戏主要包括雪地游览、玩雪、用雪塑动物形象、雪天打猎以及少数民族的雪上运动等形式。这些雪戏，反映了古人冬季雪后休闲、游戏的场面。尤其是文人笔下的雪景、雪戏，描写了古人雪天的种种生活情趣，反映了古代文人闲适自得的生活风貌和对自然纯真、优雅高洁的尊崇。

但相对于冰上活动而言，古代关于雪戏的记载比较少，尤其是目前还没有见到关于滑雪、雪上竞技方面的记载和说明。这可能是我国古代雪上活动的内容和形式比冰上的少，也可能是相关的文献尚未发现。因此，古代雪戏是我国传统冰雪文化研究中值得关注、还需发掘的一块领域。

---

① （清）曹雪芹、高鹗：《红楼梦》，人民文学出版社 2022 年版，第 426 页。

② 郭淑云：《满族萨满教雪祭探析——兼论原始萨满教的社会功能》，《内蒙古社会科学》1992 年第 5 期。

③ 王永强主编：《中国少数民族文化史图典》东北卷，广西教育出版社 1999 年版，第 287 页。

第三章　中国近现代民间冰雪运动游戏和习俗

第一节　中国近现代民间冰雪运动游戏和习俗概述

一、中国近现代民间冰雪运动游戏

到了近现代,我国许多民族中还流传着各种各样的传统冰雪游戏。以汉族儿童为例,吉林省吉林市桦甸县的县志记载了儿童在冬季玩的冰雪游戏:“冬日,以寸许下锐上平圆木,在冰上鞭之团转,名‘冰猴’。以木板就坡坨雪冻,乘之下驰,名‘出溜坡’。于冰上去其积雪,宽尺余,长不等,使成一条直径,或立或蹲,作各种竞驰者,名‘打滑驰’。”①这段资料反映了儿童玩冰雪游戏的热闹场面。根据唐云松②、贾春佳③等学者的研究成果,本节对这些游戏活动进行了汇总,具体情况见下表。

---

① 丁世良等主编:《中国地方志民俗资料汇编》东北卷,书目文献出版社 1989 年版,第 294 页。

② 唐云松:《满族传统体育变迁及其价值》,《满语研究》2011 年第 2 期。

③ 贾春佳等:《我国冰雪体育文化的本源、特征与发展对策》,《哈尔滨体育学院学报》2017 年第 3 期。

表 3-1　我国部分民族的传统冰雪游戏

序号	民族	主要冰雪活动
1	满族	木马(滑雪板)、打冰嘎(冰陀螺)、滑冰车、打滑挞、雪爬犁、拖床、冰上抛球、冰上蹴鞠、冰上射球、冰上摔跤、打雪挞
2	蒙古族	雪地搏克(摔跤)、雪地通克(射箭)、马拉雪橇、驯鹿拉雪橇
3	达斡尔族	放爬犁、嘎嘎拉(抽陀螺)、滑雪
4	鄂伦春族	皮爬犁、格音那(滑雪)
5	鄂温克族	冬季狩猎、赛爬犁、伊满得西勒都仁(滑雪)
6	赫哲族	莫日根赛(类似高台滑雪)、玩冰磨、跳冰、滑冰、恰尔奇刻(滑雪)、打爬犁、赛狗爬犁
7	锡伯族	滑雪、打滑溜、撑冰车、打冰嘎
8	朝鲜族	雪橇、抽冰尜、坐爬犁
9	回族	滑冰、滑冰车

这些传统冰雪游戏和活动,主要存在于北方各少数民族。其中最常见的是滑冰、雪橇、爬犁以及冰陀螺等。同时,各民族又拥有独具本民族和地方特色的冰雪活动形式,如鄂伦春族的皮爬犁、满族的冰上射球、蒙古族的驯鹿拉雪橇、赫哲族的玩冰磨等。下面以赫哲族的玩冰磨、莫日根赛为例进行说明。

玩冰磨是老少皆宜的一种在冰上推磨的游戏。在冰上竖一根柱子作为磨心,在柱子上钻一个空,再找一根横木,把横木穿入柱子的孔中。游戏时,让横木长的一端着地,系上一个冰爬犁,坐上一到两个人。横木短的一端叫磨把,孩子们推动磨把,则横木另一端的冰爬犁开始转动。用力越大,则冰爬犁转的越快①。

莫日根赛是一种从山顶向山下滑雪的游戏。每个参赛者都要从山顶向山下滑雪三次。如果每次都成功,没有跌倒,便被称为“莫日根”(英雄)。如果跌倒一次,称为“莫日根堪”(准英雄);如果跌倒两次,则称为“滑雪手”;如果三次都跌倒了,则意味着将“灵魂”丢在了跌倒处;失败者需再滑行三次,从最

① 黄泽等主编:《赫哲族:黑龙江同江市街津口乡调查》,云南大学出版社 2004 年版,第 215 页。

后一次跌倒处抓起一把雪，如果没跌倒而成功了，这意味着又找回了自己的“灵魂”；如果失败者拒绝滑行三次，即拒绝找回自己的“灵魂”，他便被认为是没有灵魂的懦夫①。

我国近现代冰雪游戏，具有一定的民族性、实用性和趣味性，是中国传统冰雪运动文化的基本组成部分。

二、民间冰雪运动习俗

随着时代的变迁，脱胎于原始生产、生活的冰雪活动逐渐演变成民族的生存习惯，甚至演变成为一种民俗事项。通过对调查资料和部分学者研究成果的分析，我国与冰雪运动相关的民俗主要包括萨满教雪祭、查干淖尔冬捕、轱辘冰、雪地走以及背冰亮膘等。

（一）萨满教雪祭

雪祭是满族萨满教古老的祭祀大典之一，主要流传于满族先祖黑水女真部中，分布地域较为广阔，在黑龙江沿岸直至库页岛一带的原始部落，都有雪祭大典。在民国初年，满族富、吴等姓氏，还在举行雪祭典礼。满族萨满教雪祭的主要性质是敬雪、拜雪和娱雪。其中，娱雪活动主要包括走雪迷宫、闯雪阵、堆雪人、跳冰雪滑板、刻冰雕等。

满族萨满教雪祭仪式揭示了满族及其先祖对冰雪的崇拜，具有鲜明的北方文化特色。其中的娱雪活动，蕴含和保留了满族古老的冰雪运动因素②。

（二）雪地走

清代满族又称“旗人”。旗人妇女不裹脚，因此她们能跑能跳，性格泼辣，

① 张嘉宾主编：《赫哲族研究》，哈尔滨出版社2003年版，第289页。

② 郭淑云：《满族萨满教雪祭探析——兼论原始萨满教的社会功能》，《内蒙古社会科学》1992年第5期。

但显得不够文雅。为此，清代宫廷发明了“寸子鞋”。“寸子鞋”又叫“旗鞋”，是满族妇女穿的一种高木底鞋。鞋底中部上敞下敛，呈倒梯形，形似花盆，故称“花盆底鞋”①。宫廷妇女穿上旗袍，其身材显得比较苗条。她们再穿上“寸子鞋”，个子显得更高，但不便跑、跳和大步走，只能走“四方步”，所以姿态优雅，深受赏识。每年正月十五，满族宫廷妇女穿着“寸子鞋”，在雪地里“走百病”，玩耍取乐，既不溅湿鞋子，又咯吱作响，饶有趣味。她们在嬉戏中经常比谁走得快，后来逐步形成“雪地走”游戏②。

直到现在，雪地走已经发展成为满族的一种女子传统体育项目，并被列为少数民族传统体育运动会的正式比赛项目。

（三）查干淖尔冬捕习俗

查干湖位于吉林省西北部的前郭尔罗斯蒙古族自治县，其冬捕历史悠久，早在辽金时期就享有盛名。那时辽帝每年都要携群臣嫔妃来此凿冰捕鱼，大摆“头鱼宴”，“春尽乃还”。按照世代传承的习俗，查干淖尔冬捕习俗主要有四项活动：一是生产和祭祀的准备阶段，二是把头拜神和开网宴，三是“祭湖醒网”仪式，四是捕鱼作业。

其中，“祭湖醒网”仪式沿袭至今，场面壮观，颇具神秘色彩。该仪式主要有以下程序：喇嘛诵经；喇嘛戴面具按顺时针方向绕圣火跳查玛舞、族人领袖诵祭湖词；渔把头诵醒网词；族人领袖、喇嘛大师、渔把头等将供品向冰窟湖水中抛洒，同时蒙古族青年在场外跳安代舞；德高望重的族人为渔民赏赐壮行酒等。“祭湖醒网”仪式是冬季查干湖区的一种神圣的捕鱼祭祀、庆典活动，蕴含着湖区人们祭祀湖神、唤醒冬网、保佑万物、追求安康的美好愿望。其中在

---

① 王永强主编：《中国少数民族文化史图典》东北卷，广西教育出版社 1999 年版，第 192 页。

② 辽宁省民族和宗教事务委员会：《竞赛项目：雪地走》，2018 年 6 月 19 日，见 https://mzw.ln.gov.cn/mzw/ztzl/djjlnssmzcttyydh/bsxmzs/865B949BCD0F475A87A5F8C33B65100D/index.shtml。

冰上进行的查玛舞、安代舞等活动，是一种冰上舞蹈和运动①。

（四）滚冰

清代满族妇女中流行着“滚冰”的习俗，又称“轱辘冰”。据清代杨宾的《柳边纪略》记载：“十六日，满洲妇女，群步平沙，曰‘走百病’，或连袂打滚，曰‘脱晦气’，入夜尤多。”②在每年农历正月十六晚上，妇女们打着灯笼，来到旷野，躺在冰上，左右翻滚，同时不断地说：“轱辘轱辘冰，身上轻一轻”“轱辘冰轱辘冰，腰不痛腿不疼。”在民国年间，沈阳的《盛京时报》对该风俗进行了报道③。

“滚冰”又叫作“走白冰”“走百病”（“走白冰”的谐音）。老百姓认为，“滚冰”能滚走疾病和晦气，带来健康和好运，是属于一种禳疫祈福类民俗。

（五）背冰

在山西省永济市长旺村和运城市芮城县匼河村世代传承着一项民俗活动——“背冰亮膘”，简称“背冰”。所谓“背冰亮膘”，是指黄河汉子每年农历正月在严寒中仅着短裤，赤裸上身，背着冰块，敲锣打鼓，游街串巷。在场地表演时，还有下河、破冰、匍匐前进、刀枪不入等动作，场面气势宏大，令人震撼。

“背冰亮膘”主要存在于当地的社火和庙会两种场域中，是农耕信仰的集中体现，寄托了劳动人民祛邪避灾、请祥祈福的愿望④。

与其他民俗相似，上述这些民间冰雪习俗大都具有祛病禳疫、祈求丰收、

---

① 中国民族文化资源库：《查干淖尔冬捕》，2016 年 4 月 25 日，见 http://www.mzzyk.com/mzwhzyk/674771/682705/682707/717096/808649/index.html。

② （清）杨宾：《柳边纪略》，中华书局 1985 年版，第 68 页。

③ 白希智：《“轱辘冰”与滑冰运动》，载《满族风情录》，四川民族出版社 1994 年版，第 213—214 页。

④ 任亚娟：《山西运城市“背冰亮膘”的研究》，硕士学位论文，山西师范大学文学院，2012 年，第 16 页。

盼望平安、借机欢娱等功能。它们既是一种冬季民俗文化,也是一种有别于西方的独特的民族冰雪文化。

第二节　中国近现代民间冰雪运动习俗和游戏的个案研究(一):滚冰

北京冬奥会的举办,对促进现代冰雪运动在中国的发展,推动中国从体育大国迈向体育强国,增强国家软实力和国际影响力,实现中华民族伟大复兴的中国梦将起到积极作用①。民俗学专家万建中认为,在申办冬奥会、发扬奥运文化的同时,更应该加强对传统冰雪文化的宣传和保护,在有条件时应该复原一些已经只存在于古籍中的运动和文化活动②。滚冰是我国北方地区老百姓于每年元宵节晚上开展的一项在冰上滚动身体的活动,是一项独特的冰上民俗,也是一项典型的中华民族传统冰雪运动文化。本节对滚冰这一民俗的起源发展、基本特点、文化内涵以及重要价值进行初步分析,旨在进一步发展冰雪运动,弘扬中华民族传统文化,为举办冬奥会、发展冬季运动提供本土文化支持。

一、滚冰的起源与发展

(一)滚冰的起源

目前,至少有三则民间传说反映了滚冰的起源,即黑龙江省哈尔滨市木兰县关于滚冰的传说、黑龙江省齐齐哈尔市富拉尔基区关于滚冰的传说以及内蒙古自治区莫力达瓦达斡尔族自治旗关于滚冰的传说。其中,黑龙江省哈尔

① 张宝强、陈彦:《清代冰嬉文化及其时代价值》,《咸阳师范学院学报》2016 年第 1 期。

② 范博韬等:《民俗专家:少数民族将冰雪运动传入京城》,2015 年 1 月 21 日,见 http://www.chinanews.com/cul/2015/01-21/6991731.shtml。

滨市木兰县关于滚冰的传说具有一定的代表性①。

据说在很久以前，一个叫王小的男青年，长期侍候生病在床的母亲，直到30多岁还没有成家。有一年正月十五，王小去井沿打水，救了一只青蛙，并把它带回了家。这青蛙原本是龙女，到王小家后变成了俊俏的大姑娘。龙女不但为王小的母亲医好了病，还和王小结为夫妻。三年后，龙王发现了此事，强迫龙女必须回宫。在离别的时候，两人来到当初见面的井边，相拥而泣，泪落井台，结成了冰。龙女告诉王小，每年正月十五一定要背着母亲到这个井台的冰上滚一滚，一则可以祛百病，二则他们两人能够见面，说完龙女就不见了。第二年正月十五，王小到井台的冰上滚了滚，果然见到了龙女，并且王小的母亲在这里的冰上滚过后一直健康无恙。于是，每年正月十五，木兰县老百姓也学着王小和龙女的样子，到井边、江边、河边有冰的地方滚一滚，这个习俗一直流传到现在。

传说是一种民间口头文学，“是用来解释一些不可思议和值得纪念的事情，并把一些传统的知识和技能传授给那些年轻人和需要接受教育的人们；告诉人们在紧急关头应该怎么做，同时也提醒人们不要去做那些不应该做的事情”②。这些传说不一定能准确反映滚冰的来源，但反映了该民俗起源的基本信息，赋予了该民俗一定的传奇性和神圣性。

（二）滚冰的发展

根据目前掌握的资料推测，滚冰活动可能始于清代满族的“走百病”习俗。

黑龙江地区的满族人认为正月十五、十六是吉祥的日子，此时不该待在家里，应到外面走走，因此有“走百病”的风俗。人们一般到小河或水井旁的冰

① 高维国：《滚冰》，《神州民俗》2016年第1期。

② 王娟：《民俗学概论》，北京大学出版社2002年版，第71页。

上“连袂打滚”,也称“滚冰”。满族的这种“走百病”“脱晦气”的风俗逐渐被黑龙江各民族普遍接受,成为一种节日风俗。清代杨宾有一首诗写道:“销金罗帕粉花香,蟒幅齐眉锦绣装。百病年年行走惯,阿谁打滚到沙场。”①该诗反映了当地的滚冰风俗。

民国时期,这一风俗仍然存在。1938 年铅印本《西丰县志》记载,辽宁省铁岭地区西丰县把正月十五日称作“走百冰日”,“是日……,妇女多作滑冰戏,谓如此游行,可以不生百病也”②。另据 1921 年石印本《凤城县志》记载,辽宁省丹东市凤城县“(正月)十六日,近河泡者,妇孺驶行冰上,名曰‘走百病’(取‘白冰’同音)”③。

直到今日,在满族集聚的村子多有滚冰的习俗。如吉林省辉南县辉发城镇在正月十五、十六日,年轻妇女和儿童多到井旁或湖面上滚冰,当地叫作“轱辘冰”。他们一边轱辘一边念叨:“轱辘冰,去百病。”在该县杉松岗镇等地,每年正月十五,姑娘、媳妇们也到河面滚冰,据说不但能使她们脱去晦气,还能使她们一年四季洗衣服都洗得很洁净④。东北许多旅游区在冰冻的河面特意设置了一块开阔的场地,孩子们和不少成年人来到在这里滚上几回,意在“滚”出旧日的疲劳和不快,“滚”来新年的吉运和欢乐⑤。在黑龙江省木兰县,每年元宵节晚上老百姓到松花江畔或井边滚冰。这一晚的松花江畔,人流如潮,烟火漫天,欢声、笑声、滚冰声交织在一起,形成了一项独特的地方民俗。有一首现代竹枝词对这一胜景进行了描写:“上元佳节顺民情,满镇市民忙滚冰。祛病除灾灯火盛,人流尽向大江横。”⑥

---

① (清)杨宾:《柳边纪略》,中华书局 1985 年版,第 104 页。

② 丁世良等主编:《中国地方志民俗资料汇编》东北卷,书目文献出版社 1989 年版,第 130 页。

③ 丁世良等主编:《中国地方志民俗资料汇编》东北卷,书目文献出版社 1989 年版,第 176 页。

④ 宋抵:《东北岁时节俗研究·东北农谚汇释》,吉林文史出版社 1992 年版,第 90—91 页。

⑤ 高维国:《滚冰》,《神州民俗》2016 年第 1 期。

⑥ 柳成栋:《木兰竹枝词(外四首)》,《黑龙江史志》2005 年第 11 期。

二、滚冰的基本特点

根据目前所掌握的相关资料以及学者的研究成果,经综合分析,滚冰习俗的主要特点是:

第一,区域性。滚冰习俗主要流行于东北、华北等冬季下雪结冰的地区,以东北三省为代表。因为要进行滚冰,首先得有产生冰的气候条件,这是各种民俗产生的自然地理因素。

第二,节令性。传统的滚冰习俗一般在正月十五晚上进行,个别地方在正月十六晚上。部分地区举办的现代"滚冰节",一般从正月十五前后开始,持续几天甚至一个月。

第三,民族性。滚冰习俗主要在满族、锡伯族、蒙古族、达斡尔族等北方少数民族以及部分汉族中开展。例如,辽宁省沈阳市新民村锡伯族群众把正月十五、十六日称为"走百病日"。晚上月出时,全村老百姓都到村头或亲戚朋友家走一走,认为这样在新的一年内就不会得病。新民村人在这一天还要成群结队地到冰上打滚。锡伯族人认为"滚滚冰,腰不痛;吃点冰,牙不痛"①。

第四,举行的场地多在结冰的河面或井边。例如,在黑龙江地区,井是一个比较特殊的文化现象。每个村庄都以有几眼上好的甜水井而自豪。黑龙江地区冬天滴水成冰,打水时滴落的水转眼间便结成冰,井沿便形成了厚厚的冰层。每隔一段时间村长便要组织大家刨冰,只要喊一声"刨冰了",每家每户都自觉拿着铁镐到井沿刨冰。刨下的冰堆积在井旁,形成一座冰山。正月十五元宵节的夜里,人们来此滚冰,认为"滚流冰,腰不疼"②。

第五,在滚冰时一般要念口诀或歌谣。清代满族妇女每年在正月十六晚上三五成群去滚冰,同时口里不停地说:"轱辘冰轱辘冰,腰不痛腿不疼""轱

---

① 王皎等主编:《锡伯族:辽宁沈阳市新民村调查》,云南大学出版社 2004 年版,第 247—248 页。

② 宋德胤编著:《黑龙江民俗》,甘肃人民出版社 2004 年版,第 91 页。

辘轱辘冰，身上轻一轻。”接着在冰上嬉戏取乐，俗称为“脱晦气”①。时至今日，黑龙江省齐齐哈尔市富拉尔基区每年正月十五晚上放完鞭炮，无论男女老幼，都成群结队走上冰面，卧倒后翻滚，口中念念有词：“轱辘轱辘冰，腰不酸来腿不疼；轱辘轱辘冰，身子轻松去百病”“正月十五走一走，一年没病精神抖”等②。这些歌谣，谐音双关，通俗有趣，表达了人们对健康、吉祥的心理诉求。

三、滚冰的文化内涵

滚冰是我国北方地区的一项冰雪民俗，具有显著的区域特点和突出的民族特色，拥有质朴的活动形式和深厚的文化内涵。其文化蕴含和精神诉求主要表现在以下三个方面。

（一）祛病祈福

“中国古代年节与世界其他民族的古代年节之间存在着的一个显著差别，就是突出了敬神、畏鬼、辟邪方面的内容。”③滚冰是一种年俗活动，其首要目的就是“辟邪”，即祛病祈福。滚冰又称为“轱辘冰”“走白冰”，因“冰”与“病”同音，取“滚走疾病”“去掉邪气”之意，希望能保持平安和健康。据说东北地区元宵节这天，小孩等要从冰上滚过并吃一小块冰，可保新的一年“腰不疼、腿不酸、牙不倒”④。前述“轱辘轱辘冰，腰不酸来腿不疼”等口诀，即反映了老百姓这一愿望。在元宵节晚上，满族青年（尤以姑娘居多）成群结队地到村边的河里或村里的井沿旁，躺在冰上打滚。滚一阵之后，人们再刨些冰块用

---

① 学亮：《东北满族冰嬉雪趣》，《中国艺术报》2013年2月8日。

② 张守生：《“滚冰节”的由来》，2018年1月30日，见 http://blog.sina.com.cn/s/blog_e495f4270102xe5u.html。

③ 张君著：《神秘的节俗——传统节日礼俗禁忌研究》，广西人民出版社2004年版，第11页。

④ 乔继堂等主编：《中国岁时节令辞典》，中国社会科学出版社1998年版，第169页。

衣襟兜着，排着队将冰块扔到小河的冰窟窿里或村里的井里，意思是扔掉晦气和灾祸，迎接幸福和吉祥①。而大龄未婚的青年滚完冰，长辈还让他们动一动荤油大坛，俗称“动大荤（婚）”，预兆当年能完成婚配②。清代方拱乾的《冰河行》一诗在注释中说，黑龙江宁古塔地区“俗以正月十六日，女子无老少，率往冰河上卧起，如祓禊戏”。③ 祓禊是我国古代汉族的一种民俗，即每年春季上巳日（农历三月初三）在水边举行祭礼，洗濯尘垢，消除不洁。在每年农历三月，宁古塔地区气温还很低，江河仍在结冰，难以在流水边洗尘去垢，当地居民只能在元宵节进行滚冰等冰上活动④。该习俗与中原地区上巳节的祓禊活动具有异曲同工之妙，很可能是古代祓禊习俗在北方边疆和民族地区的一种演变。

（二）娱乐狂欢

元宵节也称灯节，自汉朝起，家家户户在这天都悬挂灯笼，男女老少都可以彻夜赏灯狂欢。到明、清时期，灯市仍经久不衰。“人类社会生活中，个体的生物本能在群体中必然受到一定程度的压抑。无论是肉体行为压抑，还是心理压抑，对人来说都是一种破坏性的力量，如果不在某种程度上得到宣泄，一旦积郁起来集中爆发，其后果不堪设想。”⑤在我国封建社会，女子平时很少出门，元宵节成为她们难得的一次露面机会。如明代元宵节期间，“妇人着白绫衫队而宵行”，“勋戚内眷登楼玩看，了不畏人”，妇女们打扮得花枝招展，成群结队，游走街市；清代诗人姚元之的《咏元宵节》云：“花间蜂蝶趁喜狂，宝马

---

① 马跃等：《满族民间文学与民俗文化研究》，东北林业大学出版社 2008 年版，第 96—97 页。

② 刘中平：《传统岁俗节日中的满族特色》，《满族研究》2009 年第 4 期。

③ 王胜楠、孙洪斌：《清代东北流人诗歌中的长白山风物民俗》，《现代交际》2019 年第 20 期。

④ 陆冰：《清代节日诗歌专题研究》，硕士学位论文，苏州大学文学院，2016 年，第 21 页。

⑤ 钟敬文主编：《民俗学概论》，上海文艺出版社 1998 年版，第 31 页。

香车夜正长。十二楼前灯似火，四平街外月如霜。”描写了元宵节期间女子观灯游玩的热闹景象①。前述清代方拱乾的《冰河行》诗曰：“满风春望拔河戏，燕支影落冰痕睡。女子联翩男子观，倾营穿灯摇鞭至。日高人散客来迟，冰床如马凌冰驰。掌大雪花接雪堆，耳寒酒热中流醉”，形象地描绘了满族女子在拔河、滚冰中潇洒欢快的情景②。看来，对久囿樊笼的女子而言，赏灯、游走、拔河、滚冰成为元宵节“狂欢”“宣泄”的重要方式。

（三）交友求偶

民俗学家齐守成认为，农历正月十五日可以说是中国的“情人节”，因为到了这一天，平时从不出门的女孩子都可以到闹市中观灯、看热闹，与自己的情人相会，送上定情之物③。辛弃疾的《青玉案·元夕》词云：“东风夜放花千树，更吹落，星如雨。宝马雕车香满路。凤箫声动，玉壶光转，一夜鱼龙舞。蛾儿雪柳黄金缕，笑语盈盈暗香去。众里寻他千百度，蓦然回首，那人却在，灯火阑珊处。”④形象地展现了元宵灯会之夜，情人急于约会的有趣场面。到了当代，北大荒地区老一辈传下来未婚男女双人滚冰的习俗。据说在元宵节，未婚男女在松花江冰面上一起滚冰，将会天随人愿，心想事成。滚冰时，两人要同时吟诵：“左滚一，右滚一，顺顺当当不惹气；左滚二，右滚二，年轻夫妻老来伴；左滚三，右滚三，生龙生凤抱金砖；左滚四，右滚四，事事随心得大志；左滚五，右滚五，五福临门全家福；左滚六，右滚六，亲脸亲嘴亲不够；左滚七，右滚七，当好丈夫当好妻；左滚八，右滚八，来年抱上胖娃娃；左滚九，右滚九，白头

① 陈凤军：《元宵节——沈阳历史上的“狂欢节”》，《沈阳日报》2012年2月6日。

② 王胜楠、孙洪斌：《清代东北流人诗歌中的长白山风物民俗》，《现代交际》2019年第20期。

③ 陈凤军：《元宵节——沈阳历史上的“狂欢节”》，《沈阳日报》2012年2月6日。

④ 肖向东等主编：《中国语文：艺术类专业版》，重庆出版社2007年版，第41页。

到老不分手。”①可以想象，此时的松花江冰面，宛如巨大的露天舞池，男女青年尽情地滚冰，滚去一年的烦恼和忧愁，留下来年的幸福和快乐……

四、滚冰的重要价值

美国民俗学家阿兰·邓蒂斯（Alan Dundes）认为，“民俗是保持文化稳定性的一部重要机器，它对青年人反复灌输风俗和伦理标准，对遵循社会习俗的成年人进行赞扬以示奖赏，反之，则批评以示惩罚”②。这句话揭示了民俗最基本的教化功能。除此之外，滚冰还具有以下重要价值。

（一）体育维度：丰富冰雪运动形式，实现“三亿人上冰雪”目标

滚冰具有一定的体育价值。（1）滚冰具有健身休闲的作用。东北的冬季漫长而又寒冷，俗云“三九四九家里因”。农历正月十五，春意萌动的季节日益临近。人们龟缩了一冬，在元宵节晚上借着月光、灯光到冰上去滚一滚，走一走，舒展一下身心，不能不说是一件惬意的事。《吉林通志》记载：“（正月）十五日为元宵节。以粉糍祀祖先，街市张灯三日，金鼓喧阗，燃冰灯，放花爆、陈鱼龙、曼衍、高跷、秧歌、旱船、竹马诸杂剧。是日男女出游，填塞衢巷，或步平沙，谓之‘走百病’或‘联袂打滚’。”③人们蛰居一冬后放松、休闲的盛况可见一斑。直到今天，长春元宵之夜“走百病”“脱晦气”之习未减，大家仍是出游看灯，填塞衢巷，主要目的在于放松、健身和祈福。（2）滚冰可以丰富冰雪运动形式。滚冰不同于西方的冰雪竞技运动，是一项风格独特、内涵丰富的民族传统冰雪活动，它拓展了冰雪运动形式，丰富了世界冰雪文化。（3）滚冰可

---

① 刘国林：《松花江上的滚冰节》，2017 年 5 月 8 日，见 http://www.wenzizhan.com/article/8542.html。

② ［美］阿兰·邓蒂斯编：《世界民俗学》，陈建宪等译，上海文艺出版社 1990 年版，第 418 页。

③ 长春市地方志编纂委员会编：《长春市志·民俗方言志》，吉林文史出版社 1995 年版，第 78 页。

以推动我国冰雪运动的发展。滚冰是一项冰雪民俗活动,形式简易,老百姓喜闻乐见,更容易接受。对滚冰的开展和开发,必将引起更多的人参与冰雪运动,有利于尽快实现“三亿人上冰雪”的目标。

(二)经济维度:助力冰雪产业,带动地方经济社会发展

2019年3月,中共中央办公厅、国务院办公厅印发的《关于以2022年北京冬奥会为契机大力发展冰雪运动的意见》指出,“加快发展冰雪健身休闲产业,推动冰雪旅游产业发展,促进冰雪产业与相关产业深度融合,提供多样化产品和服务”①。这为开发以滚冰为代表的民族传统冰雪文化资源指明了方向。要充分利用滚冰等民俗和文化资源,开发出形式、风格、内涵多样化的体育和旅游产品。具体开发举措为:(1)开展民族传统冰雪项目竞赛。如举办滚冰、拉爬犁、抽冰猴、雪地走、打滑挞、推冰磨、冰滑梯等比赛,增加冰雪运动的观赏性、趣味性和吸引力,推动冰雪竞赛产业的发展。(2)开办大型冰雪节日。黑龙江省哈尔滨市木兰县、哈尔滨市冰雪大世界、齐齐哈尔市富拉尔基区、鹤岗市萝北县,以及内蒙古自治区阿尔山市白狼镇、呼伦贝尔市莫力达瓦达斡尔族自治旗、呼伦贝尔市鄂伦春自治旗诺敏镇等地,组织了声势浩大、独具特色的“滚冰节”,产生了良好的经济和社会效益。例如,2019年2月,黑龙江省齐齐哈尔市富拉尔基区举行了第十一届滚冰节。节日期间游人如织,嫩江畔红岸公园内冰雪项目类、冰雪列车游乐区、马拉爬犁游乐区、冰车游乐区、雪地摩托卡丁车游乐区、冰雪体育运动体验区,以及秧歌会演、万家灯火、雪橇雪板大赛、冬泳表演赛等一系列冰雪文化活动,掀起了冬季运动和冰雪文化热潮。该滚冰节以冰天雪地自然生态环境为依托,借助民俗节庆活动的平台,打造旅游的新亮点,让游客充分体验冰雪民俗的乐趣和祝福。通过这届滚冰节,实现滚冰与文化、体育、旅游、商贸、惠民的五大融合,使滚冰节内涵更丰富、

---

① 中共中央办公厅等:《关于以2022年北京冬奥会为契机大力发展冰雪运动的意见》,2019年3月31日,见 http://www.xinhuanet.com/politics/2019-03/31/c_1124307852.htm。

外延更壮大、生命力更强,使其成为了老百姓的狂欢节①。这一节日,极大地提高了当地的影响力,推动了冰雪旅游产业的发展。(3)开发民族冰雪风情文创产业。可借鉴大型实景演出《印象刘三姐》《宋城千古情》《禅宗少林·音乐大典》《又见平遥》《大唐追梦》等作品,以少数民族关于滚冰的民间传说为素材,以东北地区冰天雪地的美丽风光作为背景,将地方的自然景色、民俗风情、民间歌舞、神奇传说完美结合,打造一部"滚冰·传说"主题实景演出作品,让旅游者领略优美的自然风景,体验精彩的冰雪生活,增加高雅的精神享受,提高冰雪产业的文化品位。

(三)文化维度:保护冰雪民俗,弘扬民族优秀传统文化

"多年以来,人们的研究重点大都放在精英文化和通俗文化之上,忽视了对民间文化的研究,这是中国传统文化研究中的一大缺憾。因为民间文化,无论是民间语言、民间艺术、民间建筑、民间风俗、民间信仰,还是民间服饰等,都是中国传统文化中不可或缺的一部分。忽视了民间文化,便不可能正确认识中国文化的全貌。"②滚冰是一种民俗活动,具有一定的文化价值。(1)开展滚冰活动,是对非物质文化遗产的保护和传承。滚冰目前主要在东北地区的满族等少数民族以及部分汉族中开展,许多自发的、民间形式的滚冰活动几近消亡,其主要原因是环境的变化。早些年新民村周边有很多水沟与水泡子,冬天结冰后村民们可以在冰上开展包括滚冰在内的各种活动。现在这些水面已被开垦成稻田,种上了庄稼,几乎没有地方可以"滚冰"了③,这是当今滚冰民俗现状的真实反映。因此,滚冰这一民俗急需保护、传承和开发。值得欣慰的

① 搜狐网:《齐齐哈尔富拉尔基区第十一届滚冰节打造旅游新亮点》,2019 年 2 月 21 日,见 https://www.sohu.com/a/296151279_120026469。

② 陈瑞林:《中国民间美术与巫文化》,新华出版社 1991 年版,第 1 页。

③ 王皎等主编:《锡伯族:辽宁沈阳市新民村调查》,云南大学出版社 2004 年版,第 247—248 页。

是，黑龙江省哈尔滨市木兰县、齐齐哈尔市富拉尔基区已先后把滚冰这一民俗开发成“滚冰节”，并成功获批黑龙江省省级非物质文化遗产。（2）发展滚冰活动，可以丰富冰雪运动文化内涵。2015年11月，国家体育总局在其下发的《关于进一步做好运动项目文化建设的通知》中指出，运动项目文化的传播和引领，是运动项目健康可持续发展的动力。要在不断提高竞技体育成绩的同时，注重运动项目文化的打造，挖掘运动项目文化和历史，弘扬中华体育精神①。滚冰是一种潜在的、急需开发的民族传统冰雪运动。我们要加强滚冰等传统冰雪运动的挖掘、整理和推广，丰富冰雪运动项目种类，挖掘其文化内涵，促进运动项目文化建设，提升中国体育文化软实力，发挥体育在社会主义文化强国建设中的作用。（3）开发滚冰等冰雪运动，有利于传播中华民族传统体育文化。奥运会历来是主办国传播本国特色风光、传统文化以及现代发展的重要舞台，而民族特色文化往往是主办国展示的重点。如第23届韩国平昌冬奥会开幕式上充满了韩国民族传统文化因素：韩国传统民歌《阿里郎》、朝鲜族的象帽舞等。我们要学习、借鉴其他国家传播本国文化的方式和经验，以北京冬奥会等大型赛事为契机，加强对冰嬉、滚冰、雪地走等民族传统冰雪运动文化的研究和推介，丰富冬季奥林匹克文化，提升中国传统体育文化在国际上的影响力。

滚冰作为一项急需保护和开发的非物质文化遗产，具有重要的体育、经济和文化价值。我们在大力开展现代冰雪运动、发展冰雪产业的同时，更应关注滚冰等民族传统冰雪运动文化的传承与发展。

第三节　中国近现代民间冰雪运动习俗和游戏的个案研究（二）：背冰

“背冰”，又称为“背冰亮膘”，是山西省运城地区永济市长旺村和芮城县

① 国家体育总局：《关于进一步做好运动项目文化建设的通知》，2015年11月17日，见 https://www.sport.gov.cn/xcs/n5088/c653216/content.html。

匼河村流传的一项冬季民俗活动。所谓"亮膘",是指黄河岸边的汉子在严寒的冬季只穿一条短裤,裸露上身,亮出雄健的身体和强悍的气魄;所谓"背冰",就是在亮膘的同时,把从黄河打捞上来的冰块背在赤裸的脊背上沿街游行,并按照鼓点表演原始的舞蹈动作。背冰是当地民间社火和庙会中的一项特殊表演内容,兼具民俗、舞蹈和体育的属性。它是黄河文化的一种表现方式,也是一项极具地方特色的民间传统体育活动,有"中国的狂欢节""黄河岸边的奥林匹克"之誉。本节在分析背冰的起源与发展、形式与特点的基础上,着重对其体育价值进行探讨,为开展冬季全民健身运动、丰富冰雪活动内容以及传承民族传统体育文化提供借鉴。

一、背冰的起源

在永济市长旺村和芮城县匼河村一带,关于背冰的起源至少有以下三种说法。

(一)"求神祈福"说

民间相传,东汉光武帝时,芮城县匼河村一带黄河水经常泛滥成灾,当地百姓流离失所,难以为继。后来幸遇东岳大帝、泰山神黄飞虎显灵,使黄河水向后退了数十里,百姓才得以避免水灾。为了纪念黄飞虎,匼河村及附近村子在每年农历二月初二"龙抬头"这天,都要举行祭祀活动,组织强壮的小伙子背冰、背碾,声势浩大,俗称"背冰"①。

(二)"争地显霸"说

古时,黄河水很容易泛滥成灾,黄河岸边很多滩地经常被淹。附近农民常因河边的土地争吵,甚至大动干戈。为解决土地问题,当地百姓想了一个办

① 马书岐等编著:《山西关隘大观》,山东画报出版社 2012 年版,第 321 页。

法，即进行力气比拼，谁力气大，土地就归谁。开始时用背石块、抱碌碡、扛檩条等进行力量的比试，后来变成在冬天光膀子背冰块来判断谁更为勇猛，这种活动就一直流传下来①。

（三）"背冰灭火"说

据传在清朝咸丰年间，洪秀全领导的农民起义一路进行北征。在起义军攻打蒲津渡时，清军采用了用火守城之策。清军守将强行拆掉民房，在城墙外用木头构筑了一道防御工事。若太平军攻城，清军守将就点燃木料，用火势来阻止进攻。太平军部将、长旺村人相福录提出了下黄河凿冰、背冰块灭火的攻城之计，最后获得成功。相福录解甲归田后，当地百姓创编民间舞蹈，反映起义军当时的战斗场景，并逐渐形成一种风俗②。

英国人类学家马林诺夫斯基认为，"科学的不断发展，可帮助人们克服很多困难，但并不能完全预测自然和社会中的偶变，消除意外和把握机遇。"③正因为如此，人们对背冰有了不同的解释。以上来源均属于传说性质，尚无十分确切、充分的依据。但是，这些传说在一定程度上反映了背冰的大致起因以及人们的精神慰藉——祈福、斗争和纪念。

二、背冰的发展

根据前述三种传说，背冰的产生不晚于清朝咸丰年间，即该活动至少存在了150余年。其发展过程可分为以下三个阶段④。

---

① 雒瑜：《永济背冰亮膘的艺术特色及传承发展研究》，硕士学位论文，山西大学音乐学院，2017年，第6页。

② 中国非物质文化遗产网：《中和节（永济背冰）》，2020年7月19日，见 https://www.ihchina.cn/project_details/15279/。

③ ［英］马林诺夫斯基：《文化论》，费孝通译，华夏出版社2002年版，第46页。

④ 雷旭婷：《山西背冰民俗的活态传承对策研究》，硕士学位论文，山西财经大学文化传播学院，2018年，第13—15页。

（一）20 世纪 40 年代末以前：民间祭祀活动

老百姓为了纪念当年长旺村人相福录率众背冰攻城事迹，在每年春节前后举办背冰活动。据老一辈村民介绍，小伙子们背的冰是由他们自己到黄河岸边凿出来的。大多数人会挑选大而重的冰，以此显示自己的勇气和力量。刚开始背冰只是少数勇敢者的挑战活动，到后来发展成为由 108 名青壮年汉子组成的集体表演形式——背着冰块，踏着鼓点，由最初的八卦阵不断变换出新的队形。活动时间也由春节改到了“龙头节”（农历二月初二）。这是因为，在古代，生产力比较落后，人们主要靠天吃饭。尤其是在“十年九旱”的长旺村，庄稼能否丰收，关键在于雨水是否充足，因而人们又把背冰作为迎春、祈雨的一种手段和形式。

（二）20 世纪 50 年代初至 20 世纪末：民间社火活动

20 世纪 50 年代以后，背冰活动仍保留了下来，但被赋予了新的内涵。一是举行目的有了变化。背冰不仅用来祭祀，还成为人们娱乐的一种方式。背冰以其独特的表演形式不但吸引了周围村庄的村民，还得到众多摄影爱好者、学者以及新闻媒体的关注。二是活动时间和形式发生了变化。活动时间定为每年的正月十五。活动形式进一步规范、统一，如对锣鼓、迎神、背冰以及其他各种表演等都有了一定的要求。背冰成为当地社火中的一项最具吸引力的内容，也是百姓春节期间的一项大型集体娱乐活动。

（三）21 世纪以来：体育健身活动

进入 21 世纪以来，人们更加注重身心健康，背冰又被赋予了另一层含义——体育健身活动。当地流传着“背冰亮膘，常年不病”的说法。严冬季节，赤身背冰、走街串巷进行表演，是对小伙子们体质、毅力的一种考验和锻炼。到现在，每逢正月十五，当地每家都派人加入背冰队伍中。他们背着冰块，敲着锣鼓，把自己的威武、豪迈在冬季严寒中表现得淋漓尽致。在当地每年的庙会上，还有背磨盘、背碌碡等比赛，背冰活动被赋予了体育竞技的意义。

三、背冰的基本形式

背冰是一种极具地域特色的民俗文化。传统的背冰是一种祭祀、迎春活动，具有特定的农事活动属性，包含下河、破冰、匍匐前进等特有的仪式。随着社会的发展，背冰原有的农耕环境和相关仪式逐渐淡化，原始的舞蹈形式也已消失。现在，背冰主要存在于永济市长旺村和芮城县匼河村的社火和庙会两种场域中。“社火”场域是指农历正月十五长旺村和匼河村举行的社火活动，“庙会”场域是指农历二月初二匼河村的泰山庙会和二月初五长旺村的寨神庙会。

（一）社火场域中的背冰

永济市长旺村的社火主要包括逗社火（社火正式开始前的敲锣鼓、抱公鸡、赶牛、拉犁等挑战活动）、背花锣鼓（当地特有的“撇锣鼓”表演）、背冰、背信子（大人背着化装成戏剧人物的儿童游行表演）、精沟轿（当地德高望重者打扮成各种历史人物乘坐的轿子）等内容。芮城县匼河村的社火主要包括背冰、旱船、秧歌等表演。

下面以芮城县匼河村为例进行说明。

2012 年正月，该村背冰队参加了芮城县城的社火活动。走在队伍最前面的是引旗，由一壮汉扛着长一丈、粗一尺的大檩，檩头插着一面龙旗。接着是匼河村背冰的版面介绍……版面再后面是身穿短裤、脚穿拖鞋、光着膀子、肚皮上写着“匼河人”的背冰方阵：最先走到管理台前的是由六人组成的背磨盘队，每个磨盘的重量都有二百多斤，匼河人背着磨盘在观礼台前表演，展示出他们的力量；后面是 16 人的背铡刀队，黄河汉子背着锋利的铡刀，在观礼台前尽情地表演；再后面是 20 人组成的背冰队，黄河汉子背着厚重的冰块，敲着锣鼓，向人们展示着他们不怕严寒的铁骨精神；紧接着是匼河村的大力士二赖背碌碡，二赖向现场的观众和领导拜年后，扛起了重六百斤的碌碡，并绕场转了好几圈，展示了他的力量……这些都彰显出了匼河人的力量和精神，表现出他们与大自然抗争时的坚强毅力①。

（二）庙会场域中的背冰亮膘

庙会又称“庙市”或“节场”，是中国民间广为流传的一种传统民俗活动，又是典型的文化空间②。背冰是当地民众祭祀神灵、祈求丰收的重要方式，也是长旺村寨神庙会和匼河村泰山庙会中的一项重要内容。永济市长旺村二月初五寨神庙会的仪式主要包括迎神、拜神、庙会等。芮城县匼河村二月二泰山庙会中游行队伍包括旗阵、土枪土炮队、东岳大帝的花轿、背冰、丑角表演、秧歌、背花锣鼓、背信子等方阵。

下面以永济市长旺村为例进行说明。

在该村二月初五庙会中的背冰活动中，背冰队员的平均年龄为65岁。这些汉子光着膀子，身穿裤衩，脚穿拖鞋，头上裹着头巾，身后背着厚重的冰块，中间有一人敲着大鼓，四周有十一个人敲着锣，一路上还不停地有观众往背冰者身上泼凉水……当时天气十分寒冷，黄河岸边寒风刺骨。背冰活动表现了黄河汉子粗犷、强悍、刚毅的大无畏气概。③

背冰是长旺村、匼河村社火和庙会中最热闹、最壮观的一项内容。多年来，尽管背冰的社会和文化环境发生了很大的变化，但其基本属性没有变，背冰依然是当地百姓展示生活、表达思想和抒发情感的重要方式。

---

① 任亚娟：《山西运城市“背冰亮膘”的研究》，硕士学位论文，山西师范大学文学院，2012年，第21页。

② 徐凤：《甘肃非物质文化遗产概论》，甘肃人民出版社2014年版，第16页。

③ 任亚娟：《山西运城市“背冰亮膘”的研究》，硕士学位论文，山西师范大学文学院，2012年，第20页。

四、背冰的主要特点

（一）农事性：农耕文化的产物

背冰与农业生产密切相关，是人们祈求丰收的一种民俗活动。长旺村和匼河村流传着“敲一年锣鼓背一次冰，今年肯定好收成”的俗语。这两个村子世代以种植小麦、棉花等为生，“十年九旱”的气候特点，使背冰被赋予祈雨的意义，寄托了人们对风调雨顺、年丰人寿的美好愿望。随着科学技术的进步，人们对各种自然灾害有了一定的应对办法，不再仅仅仰仗神灵，背冰的祭祀和娱神功能逐渐淡化，娱乐功能逐渐上升。匼河村和长旺村黄河岸边的自然环境孕育了背冰产生的土壤，农事活动推动着背冰不断地传承，敲锣鼓、抱公鸡、赶牛、拉犁等逗社火活动则提供了背冰的构成要素，体现出明显的农事气息和农耕属性。

（二）节令性：民俗文化的展示

岁时节令是中华民族长期积淀的一种民俗事象，是人们进行祭祀、庆典、休息、娱乐等活动的日子，有着特殊的文化意蕴和丰富内容，是历史时期社会生活与民俗风情的极好写照①。长旺村和匼河村的传统背冰活动在每年农历正月十五、二月初二和二月初五举行。农历正月十五是我国传统节日元宵节，是一个包括赏花灯、吃汤圆、猜灯谜、放烟花等欢庆、娱乐内容的重要年节；农历二月初二是青龙节，又叫龙头节、春耕节，是土地神诞辰“社日节”，同时是匼河村泰山庙会的日子，具有催耕、求丰的含义；农历二月初五又叫“送穷日”“财神日”，也是长旺村寨神庙庙会的日子，含有盼富、祈福的意义。每年在这些特定的日子，长旺村和匼河村举行背冰活动，是自然时间、农事活动、祭祀活动和娱乐活动的统一，体现了背冰这一民俗的时间性特征。

---

① 刘旭青：《文化视野下浙江歌谣研究》，浙江大学出版社2009年版，第251页。

（三）地域性：黄河文化的体现

美国人类学家弗兰兹·博厄斯（Franz Boas）认为，对人类行为起决定作用的不是遗传因素，而是文化因素，其对人类行为的影响是全方位的、无条件的，任何人都无法抗拒①。长旺村和匼河村隶属于山西省永济市和运城市，地处黄河中下游交汇处的河东地区。黄河沿岸的人们在世世代代的发展过程中，形成了由独特的地理环境、生产方式、生活习惯、民族个性、民俗风情等构成的地域文化——河东文化。背冰就是以河东文化为背景而诞生的一项独特的民俗活动，是黄河儿女倔强的性格、无畏的精神的生动反映。一代代黄河人在每年农历正月十五，以背冰的形式向世人显示自己的个性和魅力，是对古老黄河文化的充分展示，更是对中华民族威武不屈精神的生动诠释②。

（四）全民性：大众文化的展现

长旺村和匼河村每年举行的背冰，是一项全民参与的活动，每家每户积极参加，男女老少各尽所能。其中有一位大爷从年轻时就开始参加背冰，到现在已经 82 岁，仍然身体强壮，不畏严寒。有一个七八岁的小孩，也学着大人的装束，光着膀子，背着一块冰，肚子上写着“匼河接班人”的字样，十分威风③。除了赤身背冰以外，大多数活动都是男女共同参与。在背冰的编排、练习、演出过程中，服务者互相提醒，互相照应，做到不出现差错；表演者互相切磋，密切交流，探讨如何使节目更加精彩；观看者在观赏节目过程中，全情投入，鼓掌喝彩。背冰活动增加了全村欢庆的气氛，体现了活跃融洽的村风。

---

① ［美］弗兰兹·博厄斯：《原始人的心智》，项龙等译，国际文化出版社 1982 年版，第 26 页。

② 暴丽霞：《河东民间背冰运动的体育文化研究》，《河北体育学院学报》2010 年第 1 期。

③ 任亚娟：《山西运城市“背冰亮膘”的研究》，硕士学位论文，山西师范大学文学院，2012 年，第 33 页。

（五）独特性：冬季运动的凸现

背冰是一项十分独特的民俗活动。其特殊性主要体现在四个方面：一是“冷”。它是在北方寒冷的冬季举行的户外活动，表演者赤身上阵，游行表演，还有观众不时给表演者身上泼冷水，场面刺激、震撼，让人拍手惊奇。二是“冰”。在严寒时节，表演者几乎赤身裸体，还要在脊背上背一大块冰，并随着鼓点进行队形变换、舞蹈表演，堪称一绝。我国冬季与冰有关的运动，主要是滑冰（如冰嬉等）、滚冰（在冰面上滚动）、冰上游戏（如打冰嘎等）等，而把冰背在光着的身上进行活动，实属罕见。三是“力”。在整个背冰活动中还伴有扛檩木、背石磨、抱碌碡等力量比试活动，相对于其他冬季运动，背冰不但挑战寒冷，还挑战力量，俨然是一场冬季户外举重运动。四是“美”。背冰包括形体展示、队形变换、锣鼓助兴、舞蹈表演等因素，体现形体美、力量美和技艺美，是单调、沉闷的冬季里的一道奇异、靓丽的风景。

五、背冰的体育价值

由前述分析来看，背冰是和古代农事有关的一项民俗活动，是黄河流域民间社火和庙会中的一种特殊表演形式。下面从体育学角度，对其功能和价值予以初步分析。

（一）特殊的身体运动，有利于全民健身的开展

背冰表演风格独特，健身特色十分显著。在匼河村，其传统表演形式为：在寒冬里，表演者赤裸上身，腰系兽皮或野藤，用红绸绑着一块大冰背在背上或腰际，赤脚行走，手持锣或钹，一边敲打一边沿街游行，以示迎神送祟、震慑邪恶、张扬自我，时间长达一个小时以上。这种背冰表演，是对黄河汉子体质、力量、勇气以及抗寒能力的严峻考验，参与者若没强健的体魄是难以胜任的。自背冰活动产生起，参加表演的小伙子往往是当地农村望族挑选女婿的重要

人选。为此，许多青年为了能在寒冬里参加背冰，在夏季就开始每天凉水冲身，用自制的杠铃练习力量和肌肉。在长旺村，83 岁的郑法海老人在黄河岸边当了一辈子的艄公，从 16 岁起参加背冰活动，一背就是几十年，如今仍然要求报名参加。72 岁的相步高老人祖辈都是社火表演骨干，到了他这一辈，对社火仍是情有独钟①。

由此看来，通过背冰，能增强人们抵御寒冷的能力，培养自觉锻炼身体的习惯，提高参与者的身体素质、运动技能等，具有突出的健身价值。在民间推广这一运动，能有力地促进当地全民健身运动的开展。

（二）刺激的挑战活动，有利于尚武精神的重塑

"我们的祖先在与自然抗争的过程中，生存最艰难的日子便是冬季，因为冬季的严寒会夺去他们当中一部分人的生命。"②匼河村和长旺村的先祖在长期的繁衍生息过程中，一方面要与冬季严寒作斗争，另一方面还要与黄河水患作斗争。久而久之，形成了他们粗犷强悍的性格。从表演的季节和形式来看，背冰是对黄河汉子意志、品质的严峻挑战。最初，他们在脖子上套一个冰圈，在锣鼓声中昂然挺立，展示出不畏严寒的英勇气魄。后来，变化为赤身背冰块或背铡刀沿村而行。背冰的汉子们裸露着强健的肌肉，融化了的冰水顺着他们的躯体直往下滴，但汉子们依然雄赳赳气昂昂地奋勇前行，形成一道让人叹为观止的健与美的冬季风景。从具体运动动作来看，背冰中的动作主要集中在背冰锣鼓和背花锣鼓之中。动作虽简单古朴，但处处透着黄河汉子们的憨厚、耿直和黄河女子们的淳朴、热情，极具观赏性和艺术性。表演中的下河、破冰、匍匐前进、刀枪不入等动作从历史故事中提炼出来，经过历代艺人的传承发展，具有威风雄壮的气势。例如，破冰步伐夯实有力，再加上身体前俯后仰的体态，似在大河中凿取冰块，又像在田间劳作；背花锣者的颠跳步，展现了冲

---

① 王武民：《河东匼河背冰体育价值研究》，《体育文化导刊》2010 年第 6 期。

② 姚姬娥：《匼河背冰》，《文史月刊》2002 年第 9 期。

锋上阵的豪迈气势,而横移步、踩踩步则表现了胜利后的喜悦心情、乡村生活中的怡然自得……这些动作,展现了屡经磨难而形成的豪情万丈、勇往直前的黄河文化和民族性格①。

背冰是黄河人精神面貌的突出表现,代表着古老汉民族的个性特点和本地区的文化特征,体现了黄河流域人民勇敢刚毅、乐观豁达、协力奋进的民族精神。而这些尚武精神和斗争勇气,正是当前中华民族爬坡过坎、砥砺前行中宝贵的精神财富。

(三)珍贵的民俗活动,有利于民族传统体育文化的传承

民俗即民间的风俗习惯,是一个国家或民族在长期的历史演进中形成,并不断重复、传承下来的生活文化②。它是民族精神的基础和载体,具有增强民族认同、振奋民族精神、塑造民族品格的功能。随着社会的不断进步,人们的生活环境发生了巨大变化,导致民俗逐渐失去其依存的土壤,其本身原有的器物、仪式及魅力逐步衰退甚至消亡。

背冰是山西省运城地区永济市长旺村和芮城县匼河村所特有的,有着极强的地域文化特征。当地古人类的生产活动造就了匼河村和长旺村独有的生活方式,形成了相应的民俗活动,奠定了背冰活动古朴、彪悍、粗犷的精神基因。前文已述,背冰具有"冷""冰""力""美"四个具体特征,是一项特殊的冬季运动,更是一项奇异的民族传统体育文化。但是,如此特色鲜明的文化形式,却并未被其他地区的人们所知晓,没有得到进一步推广,更未得到学术界的充分关注和研究。近年来,随着经济社会的发展,农村许多青年外出上学、打工,加之网络和智能手机广泛普及,给村民提供了更多的娱乐选择,导致参与背冰的人数逐渐减少;同时,气候变暖使得黄河的冰更容易融化,每年要花

---

① 雒瑜:《永济背冰亮膘的艺术特色及传承发展研究》,硕士学位论文,山西大学音乐学院,2017年,第24页。

② 陈华文:《民俗文化学新修》,浙江工商大学出版社2017年版,第2页。

费较大成本用制冰机制作冰块……种种原因造成了背冰传承者相继减少，阵势不如以前庞大壮观。背冰若销声匿迹，将是民族文化遗产的重大损失。因此，进一步加强对背冰作为这项珍稀的文化资源的保护、传承和开发，将有利于民族传统体育文化的传承。

（四）奇异的冰雪运动，有利于冬季运动的开展

我国成功获得冬奥会的举办权，有力地推动了冰雪运动的开展，特别是一些民族民间传统冰雪运动也活跃起来。2018 年 8 月，北京市第十届民族传统体育运动会在北京市石景山区举行，本届运动会比往届新增了一项具有浓厚北京历史特色的民族冰雪体育项目——冰蹴球；2019 年 1 月，北京北海公园开展了传统冰嬉表演，再现清代八旗勇士在北海太液池上进行冰上运动的英姿；另据不完全统计，黑龙江省哈尔滨市木兰县、鹤岗市萝北县、齐齐哈尔市富拉尔基区，以及内蒙古自治区呼伦贝尔市鄂伦春自治旗诺敏镇、阿尔山市白狼镇等地，积极开展地方冰雪民俗——“滚冰”，并在此基础上举办了“滚冰节”。这些活动不仅推动了冰雪运动的发展，也为我国开展冬季运动奠定了民间基础。2019 年 3 月，中共中央办公厅、国务院办公厅印发的《关于以 2022 年北京冬奥会为契机大力发展冰雪运动的意见》指出，“大力开展冰雪运动进机关、进校园、进部队、进厂矿、进农村、进社区、进家庭等活动，鼓励各地依托当地自然和人文资源，发展形式多样、群众喜闻乐见的冰雪健身项目，推广民族民俗冰雪项目……努力实现带动三亿人参与冰雪运动的目标”①。“冰蹴球”是在冰上以脚蹴球的游戏，“冰嬉”主要是在冰面上滑动，“滚冰”是在冰面上滚动，而“背冰”则是寒冬时节赤身背着冰块进行表演，是更具观赏性、刺激性和吸引力的一项民间冰雪运动形式。这些民族民间冰雪活动，具有便于组织、

---

① 中共中央办公厅等：《关于以 2022 年北京冬奥会为契机大力发展冰雪运动的意见》，2019 年 3 月 31 日，见 http://www.scio.gov.cn/32344/32345/39620/41727/xgzc41733/Document/1664641/1664641.htm。

乐于接受、易于开展的特点，充分开发和利用这些项目，对丰富冰雪运动形式、推动冰雪运动普及、实现“三亿人参与冰雪运动”具有重要的现实意义。

（五）多彩的民族文化，有利于北京冬奥会本土文化的传播

在世界文化百花园中，往往存在两种常见现象：一种是以某一文化占据绝对主导地位，其他文化或沦为配角，或被视而不见；另一种是某一国文化常常被其他国家挪用或侵占。前者如以奥运会为代表的西方竞技运动风靡世界，由赛事发展为产业，而其他国家和地区的民族民间民俗体育文化或微不足道，或面临困境，难以登上世界体育文化舞台。后者如中韩两国关于端午节文化归属的争议，《三国演义》等中国传统文学名著被日本动漫抢先注册等[①]。北京大学中文系教授王岳川认为，欣赏差异性文化是一种高度的文化自觉，珍惜本土文化则是一种基本的文化自信[②]。中国传统冰雪运动文化历史悠久，内容丰富，形式多样，是对世界冰雪运动文化的有益补充。以冰上运动为例，中国至少有滑冰、滚冰、背冰、玩冰（如打冰嘎、推冰磨、冰蹴鞠等冰上游戏）等独特的运动形式。其中，背冰是一项十分奇特的冰雪运动，需要在国内和世界两个舞台进行推介和传播。

目前，国内对背冰的传承和推广做了一些工作。（1）申请“非遗”成效显著。背冰在 2006 年获批为山西省省级非物质文化遗产，在 2011 年获批为国家级非物质文化遗产。（2）现代媒体有所关注。如运城电视台、太原电视台、喜马拉雅电台等均对背冰进行了介绍。北京大学哲学系教授李中华认为，文化的复兴是自发的，可文化的传播则应该是自信、自觉的[③]。2001 年 8 月，韩

① 雷旭婷：《山西背冰民俗的活态传承对策研究》，硕士学位论文，山西财经大学文化传播学院，2018 年，第 1 页。

② 焦磊：《山西挠羊摔跤传播现状研究》，硕士学位论文，上海体育学院体育人文学院，2009 年，第 34 页。

③ 焦磊：《山西挠羊摔跤传播现状研究》，硕士学位论文，上海体育学院体育人文学院，2009 年，第 33 页。

国汉城举行了抱冰比赛,在炎热的天气,男女青年双手抱着大冰块贴于前胸,冷入肌肤,乐在心头①。这一赛事给了我们极大的启发,其他国家在积极举办独具特色的冰雪运动和比赛,我们应该做得更好。因此,我们提出以下两点建议:一是在全国广泛举办打冰嘎、推冰磨、雪地走等民族传统冰雪运动比赛,扩大其在国内的影响力,增加冰雪运动参与人数,掀起冬季全民健身运动高潮;二是在冬奥会举办前和举办期间,以东道主身份在北京地区举行冰嬉、滚冰、背冰等民族传统冰上运动表演,扩大其在国际上的影响力,丰富世界冰雪运动的内容和形式,传播中国传统体育文化。

总之,背冰历经岁月的洗礼,具有农事性、节令性、地域性、全民性、独特性等特征,保留着民族文化的原生状态和基因,架构起了与"冰"有关的集体记忆和文化认同。背冰蕴含着丰富的体育价值:赤身、背冰、泼水和负重等特殊形式的表演,展示了参与者健美的体形、强悍的性格和勇敢的品质,有利于全民健身的开展和尚武精神的重塑;激昂的锣鼓演奏、多样的队形变化和质朴的舞蹈动作,有利于民族传统体育文化的传承;独特的冰雪运动形式,多彩的民族民间文化,有利于国内冬季运动的发展和本土文化在国际上的传播。在贯彻全民健身战略和乡村振兴战略、发展冰雪运动和冰雪产业以及举办冬奥会的时代背景下,我们要讲好民族体育故事,扩大品牌效应,打造精品赛事,推进村落开发,充分发掘背冰等非物质文化所蕴含的时代价值。

---

① 王景富:《世界五千年冰雪文化大观》,黑龙江人民出版社 2007 年版,第 380—381 页。

第四章　中国传统冰雪运动文化的基本特征和时代价值

第一节　中国传统冰雪运动文化的基本特征

传统冰雪运动文化是中国传统文化的基本组成部分，是弥足珍贵的民族文化遗产。无论东方文化还是西方文化，无论是中国传统冰雪文化还是冬奥冰雪文化，其内在特质和外在价值会因时空因素的不同而呈现出不同的形态。中国传统冰雪运动因生产生活需要而肇始，因地理环境因素而迥异，因社会文化生活演进而发展，最终成为兼具文化休闲与民族表征的一种东方冰雪文化形态①。与其他国家冰雪运动文化相比较，中国传统冰雪运动文化具有时代的共性特征，也具有自身的个性特色。

一、环境特征：地域性和季节性

冰雪运动文化一般产生于具备天寒地冻、冰天雪地等环境的地区，存在于人们的生产和生活之中。同时，离不开当地勤劳、智慧的人民与严酷自然条件

① 崔乐泉、张红霞：《从传统冰雪到冬奥文化：跨越时空的文化对话》，《体育学研究》2019年第1期。

的艰苦抗争。这一切为冰雪文化的形成提供了根本基础。

形成冰雪文化最主要的自然环境条件，就是寒冷的气候和丰富的水资源。从地域上看，地球的南北两极、欧洲北部、东北亚次大陆、北美洲北部都是冬季冰雪资源比较丰富的地区。这些地区的大多数国家在冬季开展丰富多彩、形式各异的冰雪文化活动。典型的如美国的密尔沃基破冰节、加拿大的魁北克冰雪狂欢节、日本的札幌雪节等①。

我国季风气候十分鲜明，气候变化复杂多样，冬季冰雪覆盖的区域较为广阔。冬季冰雪面积达到 420 万 km^2 以上并能够为社会提供服务的地区，主要集中在东北、新疆北部和西部、内蒙古东部和北部以及青藏高原等区域。我国冰雪资源这一形成和分布特征，决定了对冰雪运动文化资源的开发与利用主要在这些特定的地域内进行②。冰嬉雪戏、冰雪民俗等冰雪运动文化的形成受到这一自然环境的限制，形成了较为明显的地域性、季节性特征。北方地区的冰天雪地，在给人们生产、生活带来众多挑战的同时，也为这些区域冰雪文化的发展提供了无限前景和动力③。

二、民族特征：民族性和民俗性

我国北方各民族在长期的生产、生活中逐渐适应了冬季严寒气候，在冰天雪地的环境下创造出了大体相同而又各具特色的冰雪运动文化，体现出了我国传统冰雪运动文化的民族性特征。如前所述，我国少数民族如满族、赫哲族、鄂伦春族、朝鲜族、鄂温克族、蒙古族、达斡尔族、回族、锡伯族等，在冬季多从事滑冰、滑雪、打冰嘎等活动，擅长使用雪橇、爬犁等工具。许多民族还形成了具有代表性、特色性的冰雪活动，如满族的打滑挞、赫哲族的推冰磨、蒙古族

① 刘阳：《浅议中国北方冰雪文化艺术》，《上海艺术家》2010 年第 4 期。

② 贾春佳、李双玲：《我国冰雪体育文化的本源、特征与发展对策》，《哈尔滨体育学院学报》2017 年第 3 期。

③ 王凤强、姜森森：《中国北方冰雪文化艺术及其发展》，《冰雪运动》2017 年第 2 期。

的雪地搏克、鄂伦春族的皮爬犁等。

我国一些少数民族及部分汉族，至今还存在许多与冰雪运动相关的习俗，如上文所述的萨满教雪祭、轱辘冰、查干淖尔冬捕、雪地走、背冰亮膘等。另外，有的民族还形成了自己独具特色的冰雪节日，如蒙古族的冬季那达慕大会、鄂伦春族的冬季狂欢节“伊萨仁”等①。这些活动是珍贵的民俗事项，也是特殊的非物质文化遗产，体现了我国传统冰雪运动文化的民俗性特征。

三、文化特征：娱乐性和技巧性

冰雪活动原来是人们在冰天雪地的艰苦环境下的一种生产、生活方式。随着生产力水平的不断提高，人类对于冰雪资源的认识逐步深化，冰雪资源的文化价值也逐渐被发掘出来。

游戏、娱乐是人类的本能之一。人在饱食食物、具备一定条件的时候，会进行各种无意识的嬉戏，这是在动物生理机制驱动下的“娱乐原欲”②。在气候严寒的冬季，经常会遇到大雪天气，在道路结冰、生产受阻、生活单调的情况下，人们往往会把冰雪活动当成一种娱乐的手段。如“水南水北雪纷纷，雪里欢游莫厌频”（唐代白居易《洛下雪中频与刘李二宾客宴集，因寄汴州李尚书》）、“稚子金盆脱晓冰，彩丝穿取当银钲”（宋代杨万里《稚子弄冰》）、“瑞雪缤纷盛上天，堆狮持象戏阶前”（清代颜缉祜《汴京宫词》）等诗句，《弘历雪景行乐图》（清代郎世宁等）、《冰嬉图》（清代张为邦等）、《紫光阁赐宴图》（清代姚文瀚）等画作，揭示了古人在雪地、冰上进行赏雪、嬉戏、娱乐的情景。

我国古代的冰雪运动具有较高的技术水平，充分体现了中华民族传统体育文化的技巧性特征。如前所述，乾隆时宫廷画家张为邦等人绘制的《冰嬉图》，描绘了当时宫廷流行的双飞燕、大蠍子、金鸡独立、哪吒探海等花样滑冰

---

① 贾春佳、李双玲：《我国冰雪体育文化的本源、特征与发展对策》，《哈尔滨体育学院学报》2017 年第 3 期。

② 张宝强：《中国古代击壤文化初论》，《成都体育学院学报》2013 年第 3 期。

造型，以及耍刀、使棒、盘杠、缘竿等冰上杂技技术，体现了高超的技巧性。同时，民间众多冰上运动好手创造了一些独具一格的冰上技艺，如乾隆、嘉庆时期苗族青年喜桂的高难动作“燕子三点水”、青年人海英的滑冰技术“倒流”；道光、咸丰年间杨二立的滑冰技巧“撞天钟”、尚星阶的独特技术“骑马式”等[①]，充分体现古时民间高超、精湛的冰雪运动技艺。

四、现实特征：濒危性和紧迫性

从世界范围来看，在当前，国际体育文化是以西方的竞技体育文化为主导的，东方民族传统体育文化在西方强势体育文化的影响下勉强地维持与发展着。如以奥运会、足球世界杯、美国篮球职业联赛、网球四大满贯、世界一级方程式锦标赛等赛事为代表的现代西方体育，在全球日益发展，风靡一时，而中华民族传统体育文化的生存空间被不断地压缩，一些边缘的民族传统体育项目逐步走向消亡。

冰雪是寒冷地区独特的物质形态，同时也是大自然赋予人类最珍奇、最绚烂的资源之一[②]。同样，中国传统冰雪运动文化是中华优秀传统文化的基本组成部分，也是中国文化遗产多样性的重要体现。但是，随着人们生产方式、生活方式和娱乐方式的不断变换，加之有的地方一味追求经济效益，忽视对文化遗产的保护，致使一些珍贵的文化遗产遭到破坏，特别是有些非物质文化遗产正在慢慢消失。例如，中国传统冰雪运动文化的典型代表“冰嬉”除了北京北海公园在冬季表演外，主要存在于古籍、古画中；“雪地走”“萨满教雪祭”“轱辘冰”等冰雪民俗，已经或即将消亡；少数民族的“打滑挞”“玩跳冰”“玩冰磨”等冰雪游戏，逐渐沦为历史的记忆。可见，中国传统冰雪运动文化遇到了生存危机和发展困境。因此，弘扬民族传统文化，维护文化安全，加强文化

① 张宝强、陈彦：《清代冰嬉文化及其时代价值》，《咸阳师范学院学报》2016 年第 1 期。
② 孙艳君、崔晓磊：《浅谈冰雪艺术在热带地区发展的可行性》，《艺术教育》2014 年第 12 期。

资源保护和发展,已成为时代的迫切需要①。

中国现代著名学者吴宓曾对中、西方文化进行了长期的比较研究,他认为,"今欲造成新文化,则当先通知旧有之文化。盖以文化乃源远流长,逐渐酝酿,孳乳煦育而成,非无因而遽至者,亦非摇旗呐喊,揠苗助长而可致者也"②。中国传统冰雪运动文化是弥足珍贵、濒临消亡、急需关照的民族文化遗产。在传承中华民族优秀传统文化、发展冰雪运动和冰雪产业、举办北京冬奥会的重要历史时刻,我们要深入探讨和发掘传统冰雪运动文化的独特魅力,讲好中国体育故事,写好冰雪文化传奇,丰富冬季奥林匹克文化,为提升中国体育文化软实力和国际影响力作出贡献。

第二节　中国传统冰雪运动文化的个案研究:独特的"冰文化"

中国幅员辽阔,地形复杂,气候多样,尤其是冬季寒冷而多雪的北方地区各族人民,自古以来在冰天雪地的环境下因地制宜地进行生产和生活,逐渐从学会抵御冰雪发展到擅长使用冰雪③。经过不断发展,最终创造出内容丰富多彩、形式多种多样、个性独特鲜明的中国传统冰雪运动文化。下面以"冰文化"为个案,深入揭示中华民族独特、精彩的冰雪文化。

一、丰富多彩的"冰文化"

"冰文化"是中华民族历史悠久、光辉灿烂的传统文化的基本组成部分。

---

① 徐稳、曹宏:《论中国优秀传统文化安全》,《观察与思考》2014 年第 10 期。

② 吴宓:《论新文化运动》,载孙尚扬等:《国故新知论:学衡派文化论著辑要》,中国广播电视出版社 1995 年版,第 89 页。

③ 崔乐泉、张红霞:《从传统冰雪到冬奥文化:跨越时空的文化对话》,《体育学研究》2019 年第 1 期。

中国传统“冰文化”主要包括藏冰、颁冰、卖冰、饮冰、献冰等。

（一）藏冰

藏冰，又称纳冰、窖冰。我国北方夏日暑热，故在冬季藏纳冰块于冰窖（储藏冰块的地方），以供来年夏天使用。由文献可知，先秦时已有此俗。《诗经·国风·豳风·七月》记载：“二之日凿冰冲冲，三之日纳于凌阴。”“凌阴”即后来的“冰窖”。清代每到农历十一月三九、四九天，即有伐冰、藏冰之举。清《会典》载：“凡伐冰取诸御河……岁以冬至后半月，部委司官一人，募夫伐冰，取其明净坚厚者，以方尺有五寸为块，凡纳冰……德胜门外窖三，藏冰三万六千七百块，以供各坛庙祭祀及内廷之用；正阳门外土窖二，藏冰六万块，以供公廨……设暑汤之用。”①清人杨静亭的《都门杂咏·冰窖》云：“朔风凛冽入城寰，典重藏冰备上颁。寒夜截来三尺阔，沿河高耸水晶山。”②觉玄居士的竹枝词《松江杂咏》曰：“冰砖径尺透玲珑，伐凿声声万斧冲。”③这些诗歌生动地描写了清代的藏冰习俗。

（二）颁冰

颁冰，又称“赐冰”。自周代以来，北方地区冬季要藏冰，待次年夏季时取出，宫廷颁赐臣下，这是古代政令的一项重要内容。成书于战国、两汉之间的《夏小正》载：“颁冰也者，分冰以大夫也。”明清以来都城均在北京，此俗更为盛行。清代颁冰在立夏暑伏时节，按官阶发给冰票，凭票领取。清人富察敦崇的《燕京岁时记·六月·赐冰》云：“京师自暑伏日起至立秋日止，各衙门例有赐冰。届时由工部颁给冰票，自行领取，多寡不同，各有等差。”④

---

① 乔继堂等主编：《中国岁时节令辞典》，中国社会科学出版社 1998 年版，第 476—477 页。
② 王利器等辑：《历代竹枝词》，陕西人民出版社 2003 年版，第 3011 页。
③ 雷梦水等编：《中华竹枝词》，北京古籍出版社 1997 年版，第 655—656 页。
④ 乔继堂等主编：《中国岁时节令辞典》，中国社会科学出版社 1998 年版，第 334 页。

（三）卖冰

卖冰是我国一种传统岁时商贸习俗。旧时无制冷设备，夏天用的冰多在冬天藏于窖中，待三伏天热时启冰，开始贩卖。明人刘侗、于奕正的《帝京景物略》云："立夏日，启冰，赐文武大臣，编氓得卖买，手二铜盏叠之，其声磕磕，曰冰盏。冰着湿乃消，畏阴雨天，以棉衣盖护，燠乃不消。"①清代《燕台口号一百首》写道："磕磕晶晶响盏并，清明出卖担头冰。往来触热人如许，一晌心凉恐未能。"②该诗描写了卖冰人用两个铜盏相击发出声响、沿街叫卖的情景。另外，清代杨米人《都门竹枝词》云："灯市元宵百样灯，烧来火判焰腾腾。黄鹂紫燕全无影，三月街头早卖冰。"方元鹍《都门杂咏》云："炎交三伏气如蒸，渴饮人消水数升。忽听门前铜盏响，家家唤买担头冰。"③均描写了春日或夏日卖冰的情景。

（四）饮冰

我国古代有用冰块制作饮料的习俗。这种冰饮包括刨冰和酸梅汤两种形式。刨冰是旧时民间一种夏令消暑食品，所用的冰块均是前年冬天窖藏的，在伏天时取出，用刨子刨出冰屑，拌以白糖和香料供人食用④。

酸梅汤，也叫"乌梅汤"，是传统夏令清凉饮料，在明代即已盛行，明代著作《金瓶梅词话》和《帝京景物略》均有记载。酸梅汤以乌梅、桂花、玫瑰、白糖加水煮成，滤去渣子，装入瓷坛，以冰水镇之即成，称"冰镇酸梅汤"，饮之酸甜可口，清凉解渴。清人富察敦崇的《燕京岁时记》云："酸梅汤以酸梅合冰糖煮之，调以玫瑰、木樨、冰水，其凉振齿。以前门九龙斋及西单牌楼邱家者为京都

---

① 乔继堂等主编：《中国岁时节令辞典》，中国社会科学出版社 1998 年版，第 334 页。
② 雷梦水等编：《中华竹枝词》，北京古籍出版社 1997 年版，第 114 页。
③ 雷梦水等编：《中华竹枝词》，北京古籍出版社 1997 年版，第 101、172 页。
④ 乔继堂等主编：《中国岁时节令辞典》，中国社会科学出版社 1998 年版，第 334 页。

第一。”①清代有10余首《竹枝词》描写了人们夏日饮用冰镇酸梅汤的情景。如何耳的《燕台竹枝词·冰汤》云:“心脾俱沁渴烦消,戛玉声闻入市挑。如此调梅还饮蔗,太和真味到箪瓢。”子鸿的《燕京竹枝词·酸梅汤》云:“鹂鸣原是近端阳,又见梅汤处处忙。冰糖煮沸调木樨,炎伏解渴亦清凉”,描写了北京地区的冰饮②。天津风俗诗云:“卖冰到处击丁当,新制酸甜梅子汤。路畔车夫汗如雨,抽闲吃碗透心凉”③,清代崔旭的《念堂竹枝词·津门百咏》云:“穹隆覆蔽窖深长,河水成冰应候藏。铜盏丁当敲卖日,饶瓷花碗泡梅汤”④,则描写了天津地区的冰饮酸梅汤。

(五)献冰

旧时民间在腊八节前后,把冰块用于祭祀、祈福活动,称为“献冰”。在我国北方部分地区,每到腊月初七,人们到河滨水泽处凿冰为“凸”形,称“腊八人”,回家置于院中粪堆上,第二天煮腊八粥时,用碗冻粥汤为碗底状,置于“腊八人”首,并放粥一小块于其上,作为“腊八人”帽,以此祀神。山西《寿阳县志》载:“凿冰祀神,并置粪上,以为禳来年旱灾。”⑤

在甘肃一些地区,每到腊八日清晨,各家都争先起床,汲水回来,舀一碗放在院中,使其结冰,日出后,将这块冰和腊八粥一起埋在院中,以祈求五谷丰登,又称“抢金马驹”⑥。在每年腊八早晨,青海互助等地的土族人家取冰块献于庭院、房檐、田边地头等处,当天早晨吃豆面搅团,第一碗搅团献于堂屋。民间认为此举可求得来年风调雨顺,丰衣足食,六畜兴旺⑦。清代山西临县人刘

① 乔继堂等主编:《中国岁时节令辞典》,中国社会科学出版社1998年版,第334页。
② 雷梦水等编:《中华竹枝词》,北京古籍出版社1997年版,第195、400页。
③ 胡朴安:《中华全国风俗志》(下编),河北人民出版社1986年版,第48页。
④ 雷梦水等编:《中华竹枝词》,北京古籍出版社1997年版,第450页。
⑤ 乔继堂等主编:《中国岁时节令辞典》,中国社会科学出版社1998年版,第501页。
⑥ 乔继堂等主编:《中国岁时节令辞典》,中国社会科学出版社1998年版,第501页。
⑦ 潘倩菲主编:《实用中国风俗辞典》,上海辞书出版社2013年版,第78页。

如兰的《竹枝词》云:“腊八敲冰岁又阑,堆阶片片冻痕攒。朝来煮就长生粥,共食团圆大欢喜。”①该诗描写的就是山西临县一带的献冰习俗。

二、趣味盎然的冰游戏

与冰有关的传统游戏主要包括弄冰(把冰拿在手中把玩)、走冰、滑冰(借助器具在冰面上滑行)、滚冰(在冰面上滚动身体)以及背冰(赤裸上身背着冰块游走)等。其中,弄冰、滑冰、滚冰、背冰均在前文已述,下面主要介绍走冰活动。

走冰,又称“履冰”“践冰”,即在冰上行走。《诗经》“战战兢兢,如履薄冰”、《南史》“践冰之虑已除,泰山之安可恃”等记载,反映了人们在薄冰上行走的恐惧心理。据《后汉书·光武帝纪》和《续汉书》记载,东汉初年,刘秀去河北蓟地巡视,被王郎派兵追杀,逃到滹沱河边,无舟桥可渡,情况十分危急。幸逢寒流南下,气温骤降,河面很快结了一层坚冰。刘秀令兵士在冰面上撒上沙子,“各以囊盛沙,布冰上度焉”,车马很快过了河。等王郎追兵来时,冰薄而不能过,史称“冰合滹沱”②。唐代张籍的诗《征西将》曰:“黄沙北风起,半夜又翻营。战马雪中宿,探人冰上行。”清代金廷标的《冰戏图》生动地描绘了一群儿童在冰上战战兢兢、跃跃欲试、不慎滑倒的可爱形象。这些文献和画作,均反映了古人在冰上行走、初步征服冰面的情况。

三、方兴未艾的新玩法

在当代,人们借鉴古代游艺和传统游戏,又创造了几种新的冰上玩法。如北京市西城区近年来挖掘传统冰雪文化资源,开发了“什刹海冰雪十三绝”,其中冰上活动包括冰上木射(木射是唐代类似于保龄球的一种游戏)、冰上捶

---

① 王利器等辑:《历代竹枝词》,陕西人民出版社2003年版,第2737页。

② 韩丹:《冰上运动文化史述略——人在冰面上争得自由活动权史述》,《哈尔滨体育学院学报》1996年第1期。

丸(捶丸是元代类似于高尔夫球的一种游戏)、冰上龙舟、冰上拔河、冰蹴球等。这些新玩法,丰富了冰上运动形式,增加了冰上运动乐趣,是对民族传统冰雪文化的继承和发展,也是对"三亿人上冰雪"号召的支持和实践。

习近平总书记曾强调,中华文明有着5000多年的悠久历史,是中华民族自强不息、发展壮大的强大精神力量。弘扬中华文化,不仅自己要从中汲取精神力量,而且要积极推动中外文明交流互鉴,讲述好中国故事、传播好中国声音①。2022年北京冬奥会是继2008年北京奥运会后展示中国现代发展成果最重要的平台,也是传播中国优秀文化、展现文化自信的最佳机遇。我们在传播好中国优秀传统文化的同时,汲取奥林匹克文化、西方先进文化的精华,把北京冬奥会打造成一届"因多样而交流,因交流而互鉴,因互鉴而发展"的全球冰雪文化盛会。

第三节　中国传统冰雪运动文化的时代价值

在举办北京冬奥会、传承优秀传统文化、发展冰雪运动和冰雪产业的背景下,中国传统冰雪运动文化日益展示出其时代价值。

一、发展民族传统体育文化,增强文化自信

文化自信是一个国家、一个民族以及一个政党对自身所禀赋和拥有的文化价值的充分肯定和积极践行,并对其文化的生命力保持坚定的信心和发展的希望②。以"冰嬉"为代表的中国传统冰雪运动文化,是世界冰雪运动文化中的一朵奇葩,是中华民族对世界体育文化的重要贡献。清末瞿兑之在其《燕都览古诗话》说:"余按东华门内武备库中,尚存有冰鞋,与今泰西所制,若

① 《习近平谈治国理政》第一卷,外文出版社2018年版,第64页。

② 郑承军:《文化自信:更基本更深沉更持久的力量》,《深圳特区报》2016年7月5日。

出一辙"①,揭示了清代滑冰鞋的制作技艺比较先进,不比西方国家差。张焘的《津门杂记》记载:"又有所谓跑凌鞋者,……游行冰上为戏,两足如飞,缓疾自然,纵横如意,不致倾跌。寓津洋人,亦乐为之"②,指出清末时期天津一带滑冰比较流行,人们技艺高超,旅居我国的外国人,也十分喜欢中国人玩的滑冰运动。清代人陈宗蕃在其《燕都丛考》中说:"近年漪澜堂、五龙亭左右各设冰场,以为滑冰之戏,事实沿旧,不知者乃以为欧美高风,青年之人趋之若鹜……"③,这段话揭示了清代的年轻人以为当时流行的滑冰活动是源自西方人的时尚,而"趋之若鹜"。这些对民族文化知之甚少的现象,自清代便已存在。

习近平总书记强调,一个国家、一个民族的强盛,总是以文化兴盛为支撑的,中华民族伟大复兴需要以中华文化发展繁荣为条件④。"文化自信,是更基础、更广泛、更深厚的自信"⑤。与西方冰雪运动相比,这些传统冰雪运动文化是中华民族传统体育文化的重要组成部分,具有鲜明的区域特征和民族特色。在传承中华民族优秀传统文化、筹办和举办冬奥会、发展冰雪运动和冰雪产业之际,研究、开发和传播中国传统冰雪运动文化,对形成民族传统体育文化认知,提高文化自觉,树立文化自信,具有重要的现实意义。

二、保护体育非物质文化遗产,保障文化安全

非物质文化遗产是通过不同的文化表现形式记录某一民族、地区历史发展的重要根据,具有鲜明的民族和地区特色⑥,它是历史的见证者,具有重要

---

① 瞿兑之:《燕都览古诗话》,辽宁教育出版社 1998 年版,第 39 页。

② 来新夏主编:《津门杂记:天津事迹纪实闻见录》,天津古籍出版社 1986 年版,第 93—94 页。

③ 陈宗蕃编著:《燕都丛考》,北京古籍出版社 1991 年版,第 136—137 页。

④《习近平关于社会主义精神文明建设论述摘编》,中央文献出版社 2022 年版,第 18 页。

⑤《习近平著作选读》第一卷,人民出版社 2023 年版,第 536 页。

⑥ 郭炯:《中西民族非物质文化遗产保护研究》,《贵州民族研究》2017 年第 1 期。

的历史价值和文化内涵。目前,在非物质文化遗产的保护过程中,常常出现种种“不安全”现象:以奥斯卡为代表的欧美大片、以 NBA 为代表的西方体育赛事、以麦当劳为代表的西方快餐文化、以圣诞节为代表的西方节日、以基督教为代表的西方宗教等,在中国攻城略地,风靡一时;市场经济发展带来社会物质文化生活改善的同时,非物质文化遗产面临失众、失传、失存的囚徒困境①;一些非物质文化遗产项目后继无人、生存濒危的境况没有得到解决,仍存在传承人年老体弱、人走歌息、人亡艺绝的现象②;改革开放国门打开后,东施效颦的“西化”鼓噪,使中国老百姓开始对中华传统文化的认同产生了变化,以致出现了川腔失声、唢呐没落、耍猴艺人传承断代、传统武术拳种濒临失传等窘境③……而我国古代冰雪运动(如打滑挞、冰上蹴鞠等),以及近现代民间冰雪游戏和习俗(如轱辘冰、玩冰磨等),在市场经济和西方竞技体育项目的双重冲击下,同样处于濒危的境地。

“民族认同及其稳固持久性是受制于文化记忆及其组织形式的。民族的消亡,不是有形物质的消失,而是在集体、文化层面上的遗忘。”④中国传统冰雪运动文化是中华民族传统文化的基本组成部分,也是中国现代体育文化发展与进步的精神资源和创新动力。它承载着中华民族体育文化的身份,蕴含着中国人民对民族体育文化的认同,向世界展示着中国传统体育文化的特色。只有增强中华传统文化安全意识,提高中华传统文化安全的防御能力,才能保护中华优秀传统文化,把握中华优秀传统文化的话语权和阐释权⑤。因此,针对中国传统冰雪运动文化面临的挑战,我们要捍卫民族文化主体性,延续民族

① 亓海燕:《非物质文化遗产的多元价值》,《唯实》2017 年第 11 期。

② 吴艳东:《浅谈川剧的文化价值与活态传承》,《戏剧之家》2018 年第 1 期。

③ 吴保占:《论武术表演文化的价值功能及其实现》,《体育文化导刊》2017 年第 9 期。

④ 李洵等主校点:《钦定八旗通志》第一册,吉林文史出版社 2002 年版,第 168 页。

⑤ 徐稳:《论中国特色社会主义理论体系的开放性发展——基于中国传统文化的视角》,《东岳论丛》2017 年第 11 期。

精神独特性，发掘传统文化合理性①，不断提高民族体育文化安全的保护和防御能力。

三、繁荣体育史学和民族传统体育学研究，促进体育学学科建设

中国古代滑雪、滑冰运动以及传统冰雪运动文化是体育史学和民族传统体育学的基本研究内容之一。自1919年郭希汾的《中国体育史》一书论述清代"打滑挞"游戏起，我国学者陆续开始关注传统冰雪运动文化问题，并取得了一系列研究成果，为后续研究提供了学术基础。

根据对新中国成立以来关于中国传统冰雪运动文化相关研究成果的梳理和分析，可以看出，这些研究成果主要有以下特点：(1)众多相关论文对清代冰嬉研究多，对其他朝代冰雪运动的探讨少；对器材、活动内容研究较多，对制度、精神等方面的分析较少；对冰雪运动项目研究多，对冰雪游戏和冰雪民俗研究少。(2)大多数冰雪运动史著作多着墨于近代与现代冰雪运动，尤其是从西方引进的现代冰雪运动项目，对中国古代冰雪运动或略而不谈，或一笔带过，或重复较多。(3)对中国冰雪运动从文化视角进行全面、系统的研究较少，特别是对其发展历程、基本特征、重要价值及当代传承等问题探讨不多。(4)在资料使用上，对历史文献使用较多，对考古文物、古代文艺作品及民俗资料运用不够。(5)部分研究还存在考证不严、史料误用、以讹传讹等现象。通过对中国传统冰雪运动文化的研究，可以丰富体育史学、民族传统体育学的研究内容，开阔考察视野，补充研究缺憾，促进体育学学科建设。

四、发展运动项目文化，提升冰雪运动和冰雪产业的文化内涵

冰雪运动是人们利用冬季的气候环境和冰雪的特殊性质在冰上或雪上开

---

① 赖雄麟、李健：《习近平传统文化观的思想内涵与时代价值》，《人民论坛·学术前沿》2017年第22期。

展的一类季节性、地域性的体育活动，是人们在冰天雪地的自然环境中从事生产、生活的实践过程中产生的，是一类独特的体育运动项目。

国家体育总局在2015年11月下发的《关于进一步做好运动项目文化建设的通知》中要求，要在不断提升竞技体育成绩的同时，注重运动项目文化的打造，挖掘运动项目文化和历史，弘扬中华体育精神①。一些西方冰雪运动大国，冰雪文化的底蕴较为深厚，如挪威、美国、加拿大、日本、芬兰等国的冰雪运动已经形成了完善的文化氛围和产业体系。随着我国经济社会不断发展，我国冰雪运动文化也在不断取得进步。但是，我国冰雪运动的群众基础依然较为薄弱，冰雪运动文化总体上处于相对落后的状态，社会和民众缺乏对冰雪运动的"文化自信"②。优秀传统体育项目是中华文化的瑰宝，需要我们去传承和弘扬。"脱离了历史文化、民族文化和地方特色，冰雪产业就会失去丰富的内涵，失去品位和亲和力。"③我们不但要大力开展民族冰雪运动项目和游戏，还要开发和创新民族冰雪运动文化。例如，北京市西城区2019年寒假期间在北海公园举办传统冰嬉表演周活动，还推出明信片、八音盒、靠垫、杯垫、手机扣等冰嬉系列文创产品；2019年1月在什刹海举办的北京市第一届冬季运动会中，增加了民族体育项目——冰蹴球，深受老百姓喜爱，社会影响较大，让传统冰雪文化焕发了生机。通过对中国传统冰雪运动项目的整理和研究、开发和利用，挖掘体育运动项目的深刻内涵，有利于推动运动项目文化建设，提高中国体育文化软实力。

五、关注少数民族体育文化，增进民族团结与文化交流

在自然状态下，冰雪运动文化是在冰天雪地条件下产生的，一般要具备冬

① 国家体育总局：《关于进一步做好运动项目文化建设的通知》，2015年11月17日，见https://www.sport.gov.cn/xcs/n5088/c653216/content.html。

② 人民网：《坚持我国冰雪运动的文化自信》，2017年6月26日，见http://sports.people.com.cn/n1/2017/0626/c412458-29361830.html。

③ 周吴、曲新艺：《黑龙江冰雪体育旅游产业发展略论》，《冰雪运动》2008年第2期。

季时间长,气温较低;有较大降水量;多有山地、坡地、林地或河道;当地人的生产、生活多以狩猎或渔猎为重要方式等条件。因此,我国传统冰雪运动文化,除了北方部分汉族地区外,更多见于东北、西北、华北等少数民族地区。这些少数民族,主要包括满族、鄂温克族、赫哲族、鄂伦春族、锡伯族、朝鲜族、维吾尔族、回族、蒙古族、达斡尔族等。

例如,满族世代居住在长白山以北,东濒大海以及黑龙江流域的广大地区,这里优越的冰雪自然环境为满族的传统体育创造了适宜的土壤。由于生产和生活的需要,这里的人们十分擅长并喜爱冰雪运动①。满族曾经或仍在开展的传统冰雪运动主要包括:(1)雪戏类,如雪地走、打雪挞、雪爬犁等;(2)冰嬉类,如冰上蹴鞠、冰上杂技、拉冰床、打冰嘎、打滑挞等;(3)民俗类,如与冰雪活动有关的雪地走、轱辘冰等。这些冰雪运动是满族文化中最具地域特征、民族特色的体育文化。再如,赫哲族是我国东北地区以"渔猎"为生的少数民族,渔猎文化是其民族文化的主要特色。经过长期的历史积淀,赫哲族形成了丰富的带有强烈"渔猎"色彩的传统体育项目②,其中代表性的如"莫日根"赛、跳冰、"骑木马"(滑雪板)、"拖日气"(滑雪橇)、狗爬犁赛、玩冰磨等③。

"一个国家的民族文化不仅仅是这个国家、民族的精神品质的历史积淀,同时也是一种资源,一国的文化受到了丧失其独立个性的威胁,则这个国家也必然会面临着丧失主权的危险。"④上述少数民族冰雪运动文化,是弥足珍贵的体育非物质文化遗产,蕴含着少数民族丰富的原生态文化内涵,是民族文化

---

① 唐云松、国梁:《满族传统体育项目——八旗冰嬉的历史考证》,《满语研究》2017年第1期。

② 李澍:《赫哲族传统体育文化发展现状及对策研究》,硕士学位论文,东北师范大学体育学院,2014年,第10页。

③ 黄泽、刘金明主编:《赫哲族:黑龙江同江市街津口乡调查》,云南大学出版社2004年版,第215页。

④ 中共新疆维吾尔自治区委员会宣传部编:《"四个认同"学习读本》,新疆人民出版社2011年版,第75页。

全息图的一部分①。保护散存于民间的冰雪运动文化，尤其是关注“人口较少民族”的体育问题，有利于传承和开发少数民族传统文化，维护中华文化的多样性；有利于增强民族归属感、自豪感和凝聚力，促进民族团结；有利于加强民族地区经济、社会和文化的交流，促进民族繁荣。

六、丰富冬季奥林匹克文化，提升中国体育文化国际影响力

奥运会是主办国传播和展示本国传统文化、特色风光、建设成就以及综合实力的重要舞台。其中，本国、本民族特色文化成为主办国展示的重点内容。如第 17 届挪威利勒哈默尔冬奥会的吉祥物来自挪威童话，并以故事中两个孩子的姓名命名，使得该届冬奥会充满了鲜明的挪威文化色彩——童话故事；第 21 届加拿大温哥华冬奥会会徽的主体为五块矩形组成的张开双臂的抽象人形，其设计灵感来源于加拿大北部地区土著民族因纽特人的巨型石刻，是当地的标志性文化遗产；第 22 届俄罗斯索契冬奥会开幕式上，俄罗斯的三套马车在暴风雪中腾空飞驰，如梦如幻，人们欢声笑语、载歌载舞，庆祝民族节日“送冬节”的到来；第 23 届韩国平昌冬奥会开幕式让人们记住了经典名曲“阿里郎”、朝鲜族“象帽舞”以及杖鼓阵、跆拳道等韩国传统文化内容……

在国际场合，我国开展文化传播的能力与西方国家相比还有一定的差距，塑造国家形象、传播中国声音的能力还有待提高，尤其是对外传播过程中存在着“信息流进流出的‘逆差’、中国真实形象和西方主观印象的‘反差’、软实力和硬实力的‘落差’”的情况②。因此，我们要以举办北京冬奥会为契机，学习、借鉴西方国家传播本国文化的经验，加强对中国冰雪民俗与游戏、冰雪艺术、春节文化、长城文化、礼仪文化等民族传统文化的研究和推介，丰富冬季奥

① 唐云松：《满族传统体育变迁及其价值》，《满语研究》2011 年第 2 期。

② 严文斌：《中国国际形象的“自塑”与“他塑”》，《对外传播》2016 年第 6 期。

林匹克文化,扩大中国传统体育文化的话语权,提高中国体育文化的国际影响力。

总之,中华民族传统文化经过几千年的发展,已深深印嵌在民族的记忆和行为方式中,体现着中华民族的独特形象和不朽品格。我们要深入发掘传统冰雪运动文化的独特魅力,阐发其时代价值,进行创造性转化和创新性发展,以实现民族传统体育文化的自觉、自信和自强,建设新时代中国特色社会主义体育文化体系。

第五章　中国传统冰雪运动文化的传承与发展

传统冰雪运动文化是民族传统体育文化的重要组成部分。加强对传统冰雪运动文化的研究和开发，对传承民族优秀文化、保护非物质文化遗产、开展冬季全民健身、带动三亿人参与冰雪运动，以及发展冰雪旅游产业、促进乡村振兴等具有重要的现实意义。在当下，与其他民族传统文化类似，由于“生存土壤变迁、身份认同淡化、存在场域缩小、西方文化冲击”①等原因，传统冰雪运动文化面临“技术丢失，功能丧失，内涵流失”的危险。本章根据中国传统冰雪运动文化的自身特点、发展现状以及面临的现实问题，就其传承和发展的原则、场域和策略进行分析和讨论。

第一节　中国传统冰雪运动文化传承与发展的原则

一、科学性原则

中国传统冰雪运动文化的传承与发展，最根本的是要以马克思主义文化

① 高贯发：《论武术拳种的文化特征及其生存发展问题》，《体育研究与教育》2014 年第 6 期。

理论为指导，参考我国历史经验和实际情况，借鉴国外好的做法，对传统文化进行积极利用和创新转化，使其在新时代发挥自身的重要价值，为当代社会的发展与进步服务。具体而言，就是要处理好"古—今""中—外""优—劣""传—创"的关系问题①。

所谓"古—今"的问题，就是要处理好传统与现代之间的关系，继承传统文化中超越时空的精华，结合当代经济社会发展的需求，实现传统文化的时代价值，做到"古为今用"。

所谓"中—外"的问题，就是处理好本土文化与外来文化之间的关系，保持传统文化的民族特色，掌握西方世界讲故事的方式，平衡好中华文化"输出"与外来文化"输入"的关系，实现中、外文化之间的互鉴共进、合作共享，做到"洋为中用"。

所谓"优—劣"的问题，就是理清楚、处理好传统文化中的精华与糟粕，摈弃有害于现代社会的陈规陋习，保持其科学、健康、文明的部分，做到"优胜劣汰"。

所谓"传—创"的问题，就是解决传承与创新的关系，要坚守传承和弘扬民族传统文化的正确立场，汲取其优秀部分，进而按照经济社会发展的迫切需求和广大人民群众的精神需要，对优秀传统文化的内涵加以丰富和完善，对其形式和手段进行改革和创新，激活生命力，提升感召力，做到"守正创新"②。

二、主体性原则

所谓主体性原则，就是传承和发展传统文化必须坚守中华文化的基本立场，扎根中华文化的肥沃土壤，主动地、有鉴别地吸收外来文化，使其转变为中

① 谢惠媛：《传承弘扬中华优秀传统文化的逻辑进路、视域选择和实践原则》，《学术研究》2018年第12期。

② 董德福、朱小颖：《转化创新中国传统文化的典范》，《江苏大学学报》2019年第5期。

华文化的组成部分，并在此基础上将其与中国的特殊国情、具体实践相结合，推动中国经济社会全面发展。

在当代，文化因为科技的进步而变得更加开放、更加包容，越来越深入地影响着人们的生活习惯、思维方式和审美情趣。随着对文化发展规律的研究不断推进，人们日益意识到西方文化虽然具有现代化的特征，但现代化并不等同于西方化。习近平总书记曾强调，如果“以洋为尊”“以洋为美”“唯洋是从”，把作品在国外获奖作为最高追求，跟在别人后面亦步亦趋、东施效颦，热衷于“去思想化”“去价值化”“去历史化”“去中国化”“去主流化”那一套，绝对是没有前途的！[①] 因此，在学习和汲取西方文化的优秀成分、推动传统文化与现代文化相结合时，特别要坚持“中华优秀传统文化是中国主流文化”的根本立场，维护中华传统文化的主体地位[②]。

三、健身性原则

健身功能是中华民族传统体育文化最根本的功能。无论对体育项目作出何种改进和创新，健身都是体育项目最根本的目的之一。健身性原则主要体现在以下三个方面：

第一，体质改善。通过科学性、规律性的民族传统体育活动，使人们的速度、耐力、力量、柔韧等身体素质得到提高，运动、神经、血液循环、呼吸等系统与器官的功能得到改善。

第二，心理调适。通过参与民族传统体育活动，可使人们压抑、焦虑的心理得到缓解，消极、负面的情绪得到转化。尤其是参与群众性、集体性、竞争性的体育活动，有利于扩大参与者的活动范围，增进人际交往，提高归属感和愉悦感。

---

① 《在文艺工作座谈会上的讲话》，人民出版社 2015 年版，第 25 页。

② 齐梦雪、李珂：《新时代中华优秀传统文化传承》，《合作经济与科技》2020 年第 21 期。

第三，技能提升。通过长期坚持喜欢的或擅长的体育运动项目，在提高身体素质的基础上，还可以提高技术、战术水平，使人们在更高、更快、更强、更团结的体育运动中得到全面发展，获得更多的成就感和幸福感。

四、群众性原则

中华民族传统冰雪运动，是人们日常生产、生活的产物，是集体智慧的结晶，是大众享用的文化成果。群众性原则具体体现为：

第一，尊重群众首创。民族传统体育文化是人民群众满足健康、娱乐与挑战需要的重要载体。民族传统体育的具体项目最初多是人们根据自然环境、生产方式、生活习惯以及自身性别、体重、喜好等，对某种身体活动的内容、方式、器具进行创造或改进的产物，如早期的冰鞋、冰床、雪橇等。

第二，保障群众运用。人民群众是民族传统体育文化的创造者、使用者和享受者。传承和发展中华民族传统冰雪运动，其根本目的之一，就是带动三亿人上冰雪，开展冬季全民健身运动，提高国民体质健康水平。如在我国南北方的城市和农村，因时制宜、因地制宜、因人制宜地开展冰嬉雪戏等活动，可最大限度地满足人民群众在冬季的健身、休闲和娱乐需求。

第三，鼓励群众传承。民族传统体育项目传承以人民群众为主要依靠力量，传承方式有人民群众之间的自觉学习、兴趣发展、相互切磋、师徒相传等，也有民办专业机构组织的培训、指导、交流和竞赛等①，还有民间非物质文化遗产爱好者的传承、研究和发展等。

五、创新性原则

创新是民族传统体育文化传承与发展的重要原则和基本手段之一。纵观体育运动的发展史，公认的体育强国在建成之前，都为世界做出了前所未有的

① 贾瑞光：《鄂伦春族体育项目表演艺术性开发及其健身运用研究》，《黑龙江民族丛刊》2017 年第 2 期。

贡献，如英国制定了规则、法国重建了舞台、苏联贡献了举国体制、美国注入了民间资本①。中华民族传统体育文化是我们进行体育创新的灵感源泉和资源宝库。体育运动的创新一般包括项目创新、器材创新、规则创新、技术创新以及赛事创新等。

第一，项目创新。即创造出全新的运动项目。例如，在清代，冰上活动和蹴鞠结合起来，创造出冰上蹴鞠，成为古代冰雪体育文化中的一个亮点；再如，2018 年 8 月北京市第十届民族传统体育运动会出现了一个全新的民族特色运动项目——雪垒。该项目以中国传统民间游戏“打雪仗”为基础，借鉴和吸取了其他集体运动项目的优点，是将现代体育运动与民族传统文化结合而创造的新的雪上运动项目。

第二，器材创新。即对运动项目的器械、装备等进行改进或创造。例如，清代在冰鞋、冰床底下嵌入铁条，使滑行速度更快；冰车运动由雪上爬犁演变而来，采用冰钎驱动，通过快速的戳冰，冰车滑行速度更快；冰上龙舟运动是一种新的冰上团体竞赛，所使用的器材冰上龙舟也是一项发明，其下端与两组冰刀式雪橇座连接，有刹车和转向装置，保障了该项运动的安全性和稳定性。

第三，规则创新。即创造出新的运动规则。例如，北京市民族传统体育协会挖掘和开发出冰上木射、冰上捶丸等冰上运动项目，并创制了比赛规则，使民族民间体育项目焕发出新的生机。

第四，技术创新。即开发出新的运动技术或技艺。如在清代冰嬉中，把滑冰和射箭两种技术结合起来，创造出“转龙射球”技艺；把滑冰和传统杂技技艺结合起来，创造出缘竿、盘杠、飞叉、耍刀、使棒、弄幡等冰上杂技②。

第五，赛事创新。即举办全新的运动赛事。例如，清代每年正月十五满族宫廷妇女玩的“雪地走”游戏，后被开发成为满族女子传统体育运动，被列为

---

① 史友宽：《体育文化国际传播的实践考察与理念创新》，《体育科学》2013 年第 5 期。

② 张宝强、陈彦：《清代冰上运动文化研究》，《武汉体育学院学报》2014 年第 12 期。

少数民族传统体育运动会正式比赛项目①。再如,哈尔滨市2005年举办了首届冰上龙舟节及冰上龙舟比赛,北京市西城区体育局在2015年首届什刹海冰雪体育文化节上举行冰蹴球正式比赛。这些新型赛事,丰富了冰雪运动形式,受到人民群众的欢迎,有利于民族传统冰雪运动的开展和"三亿人上冰雪"目标的实现。

第二节　中国传统冰雪运动文化传承与发展的场域

"场域"一词源于19世纪中叶物理学中的磁场、电场等概念,逐渐发展为社会学等学科的重要概念之一②。法国社会学家皮埃尔·布尔迪厄将场域概念系统化,认为场域是"诸种客观力量被调整定型的一个体系,是某种被赋予了特定引力的关系构型,也是一个冲突和竞争的空间",③是"商品、服务、知识或社会地位以及竞争性位置的生产、流通与挪用的领域","是一个围绕特定的资本类型或资本组合而组织的结构化空间"④。场域是布尔迪厄学术体系中的一个核心概念。简言之,所谓"场域"就是传统实践观中的社会实践场所或空间。该范畴对于认识教育、社会、文化现象及其规律具有重要意义,被应用到许多人文社会科学研究领域。

促进民族传统冰雪文化的传承与发展,是保持中华民族文化丰富性、多样性和可持续性的现实选择。中国传统冰雪运动文化萎缩、衰微甚至濒临消失

---

① 张宝强:《中国传统冰雪运动文化的内涵与特征研究》,《咸阳师范学院学报》2018年第6期。

② 刘茂昌:《裕固族民间传统体育传承场域嬗变研究》,《吉林体育学院学报》2017第5期。

③ [法]布尔迪厄、[美]华康德:《反思社会学导引》,李康、李猛译,商务印书馆2015年版,第16—17页。

④ [美]戴维·斯沃茨:《文化与权力:布尔迪厄的社会学》,陶东风译,上海译文出版社2006年版,第136页。

的严峻现实表明，目前我们需要动员全社会、各方面的力量，营造民族传统文化认同、传承和发展的场域和氛围，增强民族自信心与自豪感，激发全社会对民族文化保护与传承的热情和动力。

传承和发展中国传统冰雪运动文化的场域主要包括家庭、学校、公共空间、大众传媒等。

一、传统冰雪运动文化传承的家庭场域

家庭是一个人生活、成长的基本场所，也是个人实现智慧启蒙、文化熏陶和习惯养成的初始场地。在民族文化的代际传承方面，家庭环境的熏陶和影响是经常、广泛和潜移默化的。各地区、各民族在历史发展中涌现出的一些音乐、舞蹈、文学、绘画、曲艺等世家，充分证明家庭在民族文化传承、传播方面具有重大作用[①]。家庭对民族传统冰雪运动文化的传承主要表现在以下两个方面：首先，通过长辈、年长者对子女和其他年幼者的生活方式给予潜移默化的影响。如从小给孩子讲述冰雪运动方面的知识，带领小孩观赏、参与冰雪民俗活动、冰雪竞赛活动，培养孩子不畏严寒的精神和参与冰雪活动的兴趣。其次，通过家庭年长者和其他相关爱好者对孩子进行直接的技能传习。如有滑雪、滑冰技能的家庭成员，直接给孩子传授冰雪运动技术，或者陪同孩子一起参加冰雪运动竞赛。总之，冰雪运动文化的普及应从娃娃抓起，家庭是孩子的第一个训练场，父母是孩子的第一任教练。例如，许多哈尔滨市民利用元旦假日与家人一起到哈尔滨市各免费冰场滑冰，甚至有不少家庭别出心裁地办起了“家庭冰上运动会”。在道里区中心大冰场，很多市民全家老小齐上阵，有的妈妈手拿秒表、相机，爸爸和孩子进行速滑比赛；也有一家三口比谁抽冰尜抽得时间最长；还有几个家庭的孩子一起比赛。家庭成员一起参加体育比赛，

① 石蓉蓉：《我国人口较少民族文化传承调查研究——以甘肃积石山县保安族为例》，《兰州文理学院学报》2019 年第 2 期。

不仅能锻炼孩子的体质和意志，也让家长体味到难得的快乐①。

二、传统冰雪运动文化传承的学校场域

学校教育是实现个体社会化过程的重要途径。学校教育场域不但实现文化再生产，而且实现社会再生产②。学校教育不仅传授现代科学文化知识，而且传承民族传统文化知识与技艺。学校应该成为民族文化的传承场所，大力推进民族语言和文学的传授、民族节庆仪式和技艺的传习③。青少年学生是实现“三亿人上冰雪”目标的重要力量。应大力推动民族传统文化进校园活动，有条件的学校在冬季要开设雪地走、雪垒、雪塑、冰上蹴鞠、冰嬉、冰雕等民族传统冰雪文化等特色课程，将优秀传统体育文化加入教学活动中；邀请冰雪文化学者、冰雪民俗专家、冰雪运动明星定期对学生进行教育和辅导，增进中小学生对冰雪运动和冰雪文化的认识和理解；在校园运动会、科技节、文化艺术等活动中，加入冰雪运动和冰雪文化的内容；利用立冬、冬至、腊八等节气或中华民族传统节日，开展传统冰雪文化普及和冰雪运动竞赛等活动，营造冬季全民健身运动氛围，扩大冰雪运动人口。例如，新疆阿勒泰市把中小学生每周两节的体育课整合成一天，并将雪场作为运动场地，让学生们都有机会学滑雪④。

三、传统冰雪运动文化传承的社区场域

社区是指“一定地域范围内的人们在日常生活中形成的，按一定社会关

---

① 金淼：《赛速滑、赛抽冰尜……市民争办“家庭冰上运动会”》，2016 年 1 月 3 日，见 https://heilongjiang.dbw.cn/system/2006/01/03/050226932.shtml。

② [法]P.布尔迪约等：《再生产——一种教育系统理论的要点》，邢克超译，商务印书馆 2002 年版，第 18—19 页。

③ 石蓉蓉：《我国人口较少民族文化传承调查研究——以甘肃积石山县保安族为例》，《兰州文理学院学报》2019 年第 2 期。

④ 史志强：《“冰雪+”文体旅融合发展的实践探索》，《人民论坛》2020 年第 35 期。

系和社会制度组织起来的，具有特定生活方式和文化维系力并从事多种社会活动的社会生活共同体。具体而言，社区在农村指的是行政村或自然村落，在城市指的是街道办事处辖区或居委会辖区"①。民族传统文化是民众共同生活的产物，是社区文化的集中展现之一。人是社区的主体，只有将传承活动与人相结合，才能实现传统文化在民间的活态延续。中华传统文化传承与社区参与相结合，从个人角度看，可以实现个人的精神文化追求；从集体角度看，有利于大众和睦共处，增强社区集体凝聚力②。所以在中国传统冰雪运动文化的传承场域中，社区参与是重要、有效的方式之一。例如，通过社区，全面开展传统冰雪运动文化普查工作，分类建立档案，摸清冰雪民俗、冰雪游戏的底子；充分利用社区平台和资源，发挥辖区内广场文化、民俗文化、传统文化的优势，举办冰雪民俗文化活动，扩大社区居民对传统冰雪运动文化的知晓率和参与率；加大对老一代传统运动冰雪文化传承者的支持和保护力度；重点提高年轻一代学习、参与传统冰雪运动文化的意识和能力，扩大社区传承的队伍。

四、传统冰雪运动文化传承的公共空间场域

公共文化空间是民族传统文化传承的重要场域之一。一般而言，公共文化空间是指居民可以自由出入、进行文化生活的公共场所以及可供他们参与、享有文化福利的公共文化活动。公共文化空间是公共空间和文化空间的复合，是城市、乡村文化竞争力和软实力的重要体现。我国学者常常把公共文化空间分为城市公共文化空间和乡村公共文化空间两种类型进行讨论。城市公共文化空间主要包括自然景观、历史建筑、文化广场、公园、美术馆、图书馆、科技馆、影剧院、博物馆、体育馆、艺术中心和市民活动中心等物理空间及其文化活动③。

① 冷晓君：《推进平安家庭创建社区化的思考》，《中国妇运》2008 年第 9 期。

② 买应君：《非物质文化视野下沁阳查拳的传承研究》，硕士学位论文，中南民族大学民族学与社会学学院，2018 年，第 68 页。

③ 余培敏：《提升杭州公共文化空间软实力的思考与对策》，《浙江艺术职业学院学报》2019 年第 2 期。

乡村公共文化空间主要包括村委会大院、村民文化活动中心、晒场、集市、寺庙、戏台、祠堂、商店、水井（塘）边、村头林荫树下等空间及其文化活动①。公共文化空间是一种可触摸的、具象化的、体验式的现实载体，是人与传统文化交互碰撞、影响的传承空间，是传者和受者交互交流的学习空间②。我们应充分发挥公共文化空间在传承传统冰雪运动文化中的作用。第一，在博物馆、图书馆、文化活动中心等综合性文化空间中，增加冰雪艺术、冰雪运动、冰雪民俗、冰雪游戏等内容的推介，拓展场馆内涵，丰富居民文化生活。例如，由内蒙古呼伦贝尔市文化旅游广电局主办的《筑梦：辉煌与永恒——中华体育文物暨冰雪运动特展》，其第二部分“冰嬉——魅力冰雪运动”，展示了作为人类滑雪地起源之一的中国从先秦至民国期间冰雪文化的不断发展并成为中华体育文化的重要历程，该展览入选2020年国家文物局“弘扬优秀传统文化、培育社会主义核心价值观”重点推介主题展览，产生了极大的社会影响③。第二，利用冬季节令或节假日，举办冰雪文化专题展览，重点介绍和传播我国传统冰雪运动文化的沿革、内容和价值等方面的知识。第三，在北方冰雪胜地建立冰雪运动专题博物馆，从器物、制度、精神等层面，全面、系统、深入地介绍和研究我国传统冰雪运动文化。例如，2015年建成的中国崇礼冰雪文化博物馆，对滑雪的起源和变迁、滑雪文化和知识、中国滑雪之窗、崇礼滑雪大观等进行布展，集观赏性、纪念性及教育性于一体；2022年2月建成的崇礼华侨冰雪博物馆，主要收集与展示世界冰雪运动历史发展进程、历届冬奥会举办过程中的实物、图片及影像资料等，是国内首家以冰雪和冬奥为主题的博物馆。这些博物馆，

① 肖天雨：《外来艺术力量介入乡村公共文化空间重构研究》，硕士学位论文，西南大学经济管理学院，2020年，第7页。

② 买应君：《非物质文化视野下沁阳查拳的传承研究》，硕士学位论文，中南民族大学民族学与社会学学院，2018年，第68页。

③ 呼伦贝尔市人民政府网：《〈筑梦：辉煌与永恒——中华体育文物暨冰雪运动特展〉入选国家文物局2020年“弘扬优秀传统文化、培育社会主义核心价值观”重点推介主题展览》，2020年8月27日，见http://www.hlbe.gov.cn/News/show/187255.html。

对传播冰雪运动知识、传承传统冰雪文化起到了积极的作用。第四，打造特色公共文化空间。例如，河南省开封市以北宋时期著名画家张择端的《清明上河图》为依据打造的宋式建筑群——清明上河园，将宋代历史文化、民俗风情、生态环境、娱乐休闲融合为一体，成为国家首批集中展现中国非物质文化遗产的表演基地、国家第四批文化产业示范基地、国家5A级景区，产生了巨大的社会影响①。以此为借鉴，可在东北地区冰雪资源丰富的城镇或乡村，建设和打造冰雪版“清明上河图”“红楼梦·大观园”“世界奇迹·圆明园”等，特意增加冰雪民俗、冰雪游戏、冰雪运动等内容，以立体展现中国传统冰雪文化。

五、传统冰雪运动文化传承的大众传媒场域

大众传媒是当代社会最重要、最迅速、最流行的文化传播场域之一，各种社会文化竞相通过大众传媒的场域和方式，达到高效、及时传播的目的。大众传播一般包括传统纸质媒介和现代电子媒介两大类形式。当前，现代电子媒介传媒有逐步超越传统纸质媒介的趋势，尤其是以“三微一端”（微信、微博、微视频以及客户端）为代表的新生媒体已深入人们的工作、学习和生活当中，影响越来越大。我们要充分利用大众传媒，大力传播传统冰雪运动文化：第一，体育类、文化类、民俗类报刊以及广播、电视、网络等，结合冬奥会宣传和冬季全民健身活动，开设冰雪文化类专题栏目、节目和网站，大力推介传统冰雪运动文化。第二，依托各级融媒体中心，建立专门的冰雪文化融媒体平台，形成传统冰雪运动文化全媒体传播体系。第三，“三微一端”等新兴媒体和自媒体，利用数字化技术制作生动、形象的短视频，有效传播传统冰雪运动文化。如中共中央宣传部微信APP“学习强国·上海学习平台”推出的“诗书画”系列短视频节目，以诗词、书法、绘画的方式，对中华传统文化进行了形象、生动、

① 李开：《文化空间视野下民俗体育的传承与发展研究——以清明上河园为例》，硕士学位论文，华中师范大学体育学院，2015年，第20页。

唯美的介绍。其中推出的“诗书画中的古代娱乐方式·冰嬉”“诗书画中的童真童趣·冬日戏冰”“诗书画中的传统节日·腊八节”等，对传播中国传统冰雪运动文化起到了积极作用。第四，各类媒体组织开展以冰雪运动文化为主题的文学、曲艺、美术、摄影、影视、动漫等作品的创作活动，进一步扩大社会影响。例如，由国家体育总局冬季运动管理中心倡导制作，上海美术电影制片厂特别支持的冰雪题材动漫宣传片《中国冰雪大扩列(第二季)》，在观众中引起较大反响。短片以“三亿人参与冰雪运动”为主旨，雪孩子、小兔淘淘、孙悟空、哪吒等经典美影形象打破次元，与运动员同台竞技，提升冰雪运动在大众间的普及，实现“童年记忆与冬奥同行”，引发观众一片点赞①。以此为借鉴，组织专业文创人员，挖掘与冰雪民俗、冰雪运动有关的民间传说和故事，进行创作和编剧，拍摄高水平的冰雪运动文化主题的影视、动漫作品，如编创、打造“滚冰·龙女情”“王祥·卧冰求鲤”等冰雪故事，挖掘传统冰雪文化，讲述中国冰雪故事，传播中华民族精神。

第三节 中国传统冰雪运动文化传承与发展的策略

一、中国传统冰雪运动文化的生活化

向全社会推广和普及是振兴中华民族传统体育的一项重要工作。因为任何一个国家和民族的体育形式要被世界人民接受，首先要在本国具有广泛的群众基础，形成文化自我认同。走“生活化”道路是中华民族传统体育可持续发展的一个重要途径②。要实现中国传统冰雪运动文化的生活化，至少包括

① 钟菡：《雪孩子、孙悟空助力冬奥，〈中国冰雪大扩列(第二季)〉将在卫视平台播出》，2022年1月20日，见 https://export.shobserver.com/baijiahao/html/443736.html。

② 倪依克：《论中华民族传统体育的发展》，博士学位论文，华南师范大学体育科学学院，2004年，第111页。

以下三个方面的内容：

第一，把传统冰雪运动作为一种健身方式，融入人们的日常生活。随着生产和生活水平的日益提高，人们对文化体育活动的热情越来越高，旅游、健身成为新的生活方式和消费热点。随着全民健身运动的不断开展，人们对运动项目有了多样性、选择性的需求。我们可以把民间传统的或少数民族特有的冰雪运动、冰雪游戏、冰雪民俗等融入冬季全民健身运动中，作为普通百姓冬季健身、休闲、娱乐的选择，让人们在快乐、愉悦的心境中去参加活动，可达到既能锻炼身体，又能体验、传播民族传统体育文化的目的。

第二，把传统冰雪运动作为一项基本内容，融入人们的节日生活。中国各民族在长期的生产生活过程中，形成了各自丰富多样的节日。这些节日具有深厚的历史底蕴、浓郁的民族传统和鲜明的地域特征。追忆、挖掘和创新中国各民族的传统节日文化，是一种很重要的文化生态保护方式。例如，广州城中村珠村的村民潘剑明，为保存、宣传本村的传统节日“乞巧文化节”，与政府、媒体等广泛沟通和合作，成功将珠村命名为“乞巧第一村”①。我们可以利用立冬、冬至、腊八、春节、元宵节等冬季节气或节日，打造冬至滑雪节、腊八玩冰节、元宵滚冰节等节日。丰富多彩的节日、节令以及相应的传统体育活动，是我国全民健身运动的资源宝库，是中华民族传统体育走“生活化”道路的重要条件。

第三，把传统冰雪运动作为一个重要事项，融入人们的民俗生活。我国汉族和其他少数民族都拥有多种多样的民俗活动。在这些民俗活动中，有许多健身、休闲、娱乐的内容，既丰富了日常的文娱生活，也传承了民族和地方传统文化。如鄂伦春族冬季的滑雪、野猪皮雪橇、拉爬犁，夏季的划桦皮船、游泳，以及在日常的婚丧嫁娶、图腾纪念等活动中开展的体育、游戏活动等②。中国

① 饶平：《中国民族传统体育文化生态研究》，博士学位论文，湖南师范大学体育学院，2015年，第132页。

② 贾瑞光：《鄂伦春族体育项目表演艺术性开发及其健身运用研究》，《黑龙江民族丛刊》2017年第2期。

台北故宫博物院藏清代院本《十二月令图轴》,描写了一年十二个月中人们的生活和习俗,其中腊月的图中描绘了人们滑冰、拉冰床、堆雪狮等活动。这些冬季冰雪运动一旦成为民俗,将会很好地保存和传承下来。

二、中国传统冰雪运动文化的制度化

从国家层面出台系列政策法规,是传承和发展民族优秀传统文化的重要举措之一。国家颁布了《中华人民共和国非物质文化遗产法》(2011)、《关于实施中华优秀传统文化传承发展工程的意见》(2017)、《关于进一步做好运动项目文化建设的通知》(2015)、《关于进一步加强少数民族传统体育工作的指导意见》(2018)、《关于以2022年北京冬奥会为契机大力发展冰雪运动的意见》(2019)等法规和文件,为民族传统文化和民族传统体育的保护、传承和发展提供了制度保障。其中,中共中央办公厅、国务院办公厅发布的《关于以2022年北京冬奥会为契机大力发展冰雪运动的意见》规定,鼓励各地依托当地自然和人文资源,发展形式多样、群众喜闻乐见的冰雪健身项目,推广民族民俗冰雪项目①,为我们传承和发展中国传统冰雪运动文化提供了政策依据。经过文献分析和调研,我们认为,从非物质文化遗产角度,制定系列政策法规,是传承和发展中国传统冰雪运动文化的最适合的手段之一。具体举措为:

第一,申报非物质文化遗产。例如,冰蹴球曾是我国历史上的一种民间娱乐活动,后经清朝宫廷整理开发,丰富了它的玩法,制定了游戏规则,最终成为了清代风靡一时的冰上运动。但在此后300年的岁月中,这个项目没有传承下来,很多关键部分业已失传。自2010年起,北京市西城区体育局工作人员走访了多位民俗专家,挖掘并恢复了这个传统的体育文化项目。2017年"冰蹴球"项目被列为北京市西城区区级非物质文化遗产,焕发出新

---

① 中共中央办公厅等:《关于以2022年北京冬奥会为契机大力发展冰雪运动的意见》,2019年3月31日,见http://www.gov.cn/zhengce/2019-03/31/content_5378541.htm。

的光彩①。诸如冰嬉、滚冰、背冰、走百病、雪地走等冰雪运动民俗，还需要进一步挖掘、整理和创新，争取申报各级非物质文化遗产，获得国家的制度和政策支持。

第二，制定非物质文化遗产保护办法。非物质文化遗产最终要落实在保护上，因此保护办法以及相应的资金支持就显得十分重要。例如，山西省十分重视非物质文化遗产保护的制度建设工作，在总结长期实践经验的基础上，先后颁布了《关于加强我省非物质文化遗产保护工作的实施意见》(2005)、《山西省非物质文化遗产条例》(2012)、《山西省非物质文化遗产保护专项资金管理办法》(2016)等政策文件，为非遗项目的开展提供了有力的政策保障和资金支持，有力地推动了非物质文化遗产的保护工作。背冰是山西省运城地区永济市长旺村和芮城县匼河村所特有的冰雪民俗活动，有着极强的地域文化特征。当地人们在政策的支持下，积极申报非物质文化遗产，背冰先后成功获批为市级非物质文化遗产、省级非物质文化遗产、国家级非物质文化遗产，从一个地方性民俗一跃而为全国知名的文化项目，为传统冰雪运动文化的传承和发展树立了榜样。将传统冰雪运动文化申报为市级、省级或国家级非物质文化遗产，进而获得相应的传承项目的支持，在一定程度上可以解决传承和发展面临的人力、物力和财力困难。

第三，建立非物质文化遗产保护机制。非物质文化遗产保护过程中政府与社会的支持是影响传统文化建设和发展的重要因素。例如，上海市成立了非物质文化遗产保护工作局际联席会议，在文化传承中起着重要的治理和协调作用，使非物质文化遗产保护工作日益顺畅和完善；上海市还制定了《非物质文化遗产保护专家委员会章程》，专门调动和发挥专家学者对非物质文化遗产的专业指导作用②。我们可参考上海市的做法，建立相应的机构和组织，

① 北京市西城区人民政府网：《冰雪什刹海　魅力冰蹴球》，2019 年 1 月 10 日，见 https://www.bjxch.gov.cn/xcdt/xxxq/pnidpv812467.html。

② 段丽梅、杨小凤：《传承与俱进：民俗体育文化认同的现代化路径分析——以非遗项目花棍舞（打莲湘）为个案》，《南京体育学院学报》（社会科学版）2016 年第 2 期。

发挥政府和社会的力量,共同保护和传承好冰嬉、打冰嘎、滚冰等传统冰雪运动文化项目。

三、中国传统冰雪运动文化的竞技化

当前中华民族传统体育发展存在的根本问题,是民族传统体育文化与现代体育文化发展的脱节。竞技化改造,是传承与发展民族传统文化的重要策略之一。所谓对中华民族传统体育进行竞技化改造,是指以科学求实的态度,从世界的高度来审视中华民族传统体育,积极参与世界文化的交流,摒弃一些有悖科学原理、缺乏时代特征的原始因素,借鉴现代体育竞赛规则、运动技术战术、教学训练手段、竞赛组织方式,对一些民族传统体育项目进行改造、优化和整合,使之既富有时代性,又保持民族特色,实现自身的创新发展,促进世界体育文化进步①。2019 年 3 月,中共中央办公厅、国务院办公厅发布的《关于以 2022 年北京冬奥会为契机大力发展冰雪运动的意见》指出,"积极引导社会力量举办业余冰雪赛事,着力打造群众性冰雪精品赛事"②。我们要借鉴现代体育项目与已经竞技化的民族体育项目,对中国传统冰雪运动进行竞技化改革和发展,具体建议为:

第一,把传统冰雪运动纳入冬季运动会、少数民族传统体育运动会正式比赛项目。例如,冰蹴球最早是一项清乾隆年间的宫廷游戏,后经北京市民族传统体育协会挖掘和整理,发展成为一项现代民族冰上竞技项目。2018 年 8 月冰蹴球成为第十届北京市民族传统体育运动会比赛项目,2019 年初成为北京市第一届冬季运动会比赛项目,2019 年 9 月又成为第十一届全国少数民族传统体育运动会表演项目。举办运动竞赛,是推广和普及运动项目、提升运动竞

① 倪依克:《论中华民族传统体育的发展》,博士学位论文,华南师范大学体育科学学院,2004 年,第 110 页。

② 中共中央办公厅等:《关于以 2022 年北京冬奥会为契机大力发展冰雪运动的意见》,2019 年 3 月 31 日,见 http://www.gov.cn/zhengce/2019-03/31/content_5378541.htm。

技水平的重要手段。如果把传统冰雪运动作为全国冬季运动会、全国少数民族传统体育运动会等国家级正式比赛项目，将会进一步扩大传统冰雪运动的影响力。

第二，举办单项传统冰雪运动竞赛。例如，2012 年 2 月 17 日，新疆富蕴县铁买克乡举行了铁买克乡首届农牧民古老毛皮滑雪活动。比赛项目包括 500 米高山滑雪、5 公里长途滑雪比赛、雪地拔河比赛和雪上摔跤比赛。2006 年发布的《阿勒泰宣言》，正式确认中国新疆阿勒泰为世界滑雪起源地，中国距今已有一万年的滑雪历史。而古老的皮毛滑雪方式沿袭到今日，在世界其他地方尚属罕见①。因此，举办这种传统冰雪比赛活动意义重大，影响深远。

第三，举办群众身边的传统冰雪运动竞赛。充分利用农闲、工间、假日等时间和身边、房边、路边等场地进行体育锻炼，是全民健身最常见的形式；而将运动竞赛的重心下放到基层的社区、乡村级别，是开展全民健身、实施健康中国战略的最有效手段之一。例如，乡村级的民族运动会可沿袭土生土长、原汁原味的运动项目，保持“那山、那水、那人、那活动”的本真性和游戏形式的原生态。乡村、社区可以组织堆雪人、打雪仗、狗拉雪橇、滚冰、打冰嘎、拉冰床等比赛，激发当地群众冬季健身运动热情，活跃村镇文化氛围，助力“三亿人上冰雪”目标的实现。

四、中国传统冰雪运动文化的产业化

所谓民族传统体育的产业化，就是正确运用市场规律，借鉴率先进入市场的体育项目的经验，引入良好的运营手段，把具备较好发展前景的传统体育运动项目推向市场，产生一定的经济效益，以更好地促进自身的发展②。大众消

① 赵琛琛：《新疆哈萨克族节庆体育研究》，硕士学位论文，新疆师范大学体育学院，2014 年，第 33 页。

② 倪依克：《论中华民族传统体育的发展》，博士学位论文，华南师范大学体育科学学院，2004 年，第 114 页。

费的潜力是体育发展的动力。中华民族传统体育要发展必须面向市场、面向服务、面向大众。2018 年 9 月,习近平总书记在东北三省考察并主持召开深入推进东北振兴座谈会时强调,要贯彻绿水青山就是金山银山、冰天雪地也是金山银山的理念①,这为我们充分挖掘冰雪资源,发展冰雪产业指明了方向。现阶段,城市一般工薪阶层和农村普通农民占我国人口最大多数,目前的滑雪、冰球等冰雪运动对他们来说还是一种高消费活动。只有把这些人口的冰雪运动激情和消费热情带动起来,中国的冰雪运动产业才能真正发展起来。我国传统冰雪运动具有装备和设施简单、技术门槛低、娱乐性强、群众熟悉、易于推广等特点,特别易于产业化发展。具体方式包括:

第一,传统冰雪运动相关用品的开发。传统冰雪运动所使用的冰鞋、冰嘎、滑雪板、冰床等器物,相关的古画、壁画、瓷器等文物,以及现代文创作品等,都是可开发的物质资源。例如,北京冬奥会开发的“老北京的冰上时光”系列徽章,以北京水系的地理位置为脉络,回忆和展现老北京冰上运动的故事,如“冰床围酌”“长河冰床”“后海冰趣”“未名银光”等,起到了很好的宣传作用,具有很高的收藏价值。

第二,传统冰雪运动表演市场的开发。例如,山东临淄对古代蹴鞠技艺进行了发掘和创作,成立了专业的蹴鞠表演队。表演队先后参加了德国世界杯、北京奥运会、上海世博会的展览或展演,受到了国内外一致好评。中国少数民族体育协会副秘书长祝永帅发掘、整理清代皇宫“冰嬉”这一冰雪运动文化遗产,创建了八旗冰嬉队。冰嬉队不仅表演“大鹏展翅”“金鸡独立”等传统的冰嬉技艺,还创新了“360 旋转”“飞人”等更具观看性的新动作。八旗冰嬉队还参加了电视剧《甄嬛传》的拍摄,产生了良好的社会反响。因此,冬季在大型商贸庆典、综艺节目等商业演出中,冰嬉等民族传统冰雪文化会是一项庄重、典雅、珍贵的展现内容。

---

① 《论坚持人与自然和谐共生》,中央文献出版社 2022 年版,第 194 页。

第三,传统冰雪运动职业竞赛市场的开发。例如,日本人利用打雪仗的游戏,创建了雪上集体对抗项目——雪合战。2013 年正式建立了该项目的国际组织——国际雪合战联盟。该项运动是目前唯一的国际雪上集体竞技运动项目,拥有完善的竞赛规则与裁判方法。截至 2018 年,已在美国、日本、加拿大、俄罗斯等国家成功举办了 30 届世界雪合战锦标赛,每年都有多个国家和地区的 100 多支队伍参赛。我们已经开展的雪垒、冰蹴球、雪地走、冰上龙舟等民族冰雪运动竞赛项目,急需进行比赛市场的开发,以产生重大的社会效益和经济效益。

第四,传统冰雪运动与冰雪旅游相结合。在冬季,冰天雪地的北方尤其是东北地区往往成为旅游胜地。在冰雪旅游的过程中,游客除了观赏自然景观、参观冰雪雕塑、品尝当地美食外,往往还有在厚厚的雪上游玩的欲望。如打冰嘎、拉冰床、狗拉雪橇等民族传统冰雪游戏,以及冰蹴球、冰上木射、冰上捶丸、冰上蹴鞠、冰上龙舟等新兴民族冰雪表演和比赛活动,会在最大限度上满足游客放松、休闲的需求。冰雪游戏区域,往往是冰雪旅游胜地最热闹、最吸引人的场所,为冰雪旅游增添了刺激、欢乐的氛围,也给游客留下最深刻的印象。因此,发展冰雪旅游产业,传统冰雪游戏与民族冰雪运动的开发与利用是必不可少的一项内容。

五、中国传统冰雪运动文化的国际化

国际化是近现代社会的时代特点,又是推动传统文化进入新的时代的一列快车①。文化走出去涉及国家文化软实力的提升,是中国崛起的必然选择和核心要义之一②。2017 年 1 月,中共中央办公厅、国务院办公厅颁发了《关

① 覃永贞:《近现代日本柔道发展研究》,硕士学位论文,北京体育大学人文学院,2006 年,第 30 页。

② 孙岭军:《中国传统文化走出去与国家软实力的提升》,《山东行政学院学报》2012 年第 5 期。

于实施中华优秀传统文化传承发展工程的意见》。文件指出，要“充分运用海外中国文化中心、孔子学院，文化节展、文物展览、博览会、书展、电影节、体育活动、旅游推介和各类品牌活动，助推中华优秀传统文化的国际传播。支持中华医药、中华烹饪、中华武术、中华典籍、中国文物、中国园林、中国节日等中华传统文化代表性项目走出去”。① 中国传统冰雪运动文化要想更好地发展和传播，必须从国内迈向国际大舞台，加强与世界各国的交流与合作，发扬自身的精华和特长，同时对现代体育文化的优秀成果进行创造性的吸收和借鉴②。中国传统冰雪运动文化的国际化可以从以下几个方面入手：

第一，要打好国内基础。没有国内的良好根基，就不可能有国外的普及与推广。从韩国跆拳道和日本柔道的发展过程我们可以看到，它们在很多地方的影响力远远超过中国武术，主要得益于二者在国内做足了准备工作，均具有规范的管理、清晰的考核标准、统一的服装和严格的段位制度③。中国传统冰雪运动要做好国内的宣传、推广和竞赛工作，实现其在学校体育、群众体育和竞技体育中的协同发展。以民族传统体育和现代冰上运动的完美结合——冰上龙舟为例，我国在 2005 年举办了哈尔滨首届冰上龙舟节，2012 年在宁夏银川市举办了首届全国冰上龙舟大赛，2020 年冰上龙舟首次进入全国冬运会，掀起了全民上冰雪、进行冬季健身的热潮。这些活动为冰上龙舟走出国门打下坚实的基础。

第二，选择重点进行突破。在多个文明体系内进行中华体育文化的传播，首先应弄清楚、掌握好国际传播受众的“基本盘”与“重点盘”④。目前，我国

---

① 中共中央办公厅等：《关于实施中华优秀传统文化传承发展工程的意见》，2017 年 1 月 25 日，见 http://www.gov.cn/zhengce/2017-01/25/content_5163472.htm。

② 孙中亮：《非物质文化遗产保护下的江西南丰傩舞民俗体育文化传承与创新研究》，硕士学位论文，南昌大学体育与教育学院，2019 年，第 49 页。

③ 孙程：《孔子学院在中国武术国际化推广中的作用研究》，硕士学位论文，宁波大学体育学院，2017 年，第 26—27 页。

④ 向志强、袁星洁：《把握国际传播“基本盘”“重点盘”》，《人民日报》2015 年 5 月 14 日。

官方或民间开展的民族传统冰雪运动以及新开发的活动，主要包括雪垒、雪地走、冰蹴球、冰上龙舟、冰车、冰上捶丸、冰上拔河、冰上木射、冰嬉表演、背冰亮膘、滚冰、打冰嘎等，这些是民族传统冰雪运动文化对外传播的"基本盘"。在这些活动中，竞技性、观赏性较强的是雪垒、雪地走、冰上龙舟、冰蹴球等，这是我们对外推广的"重点盘"。其中，雪垒运动和冰上龙舟目前在国内开展的比较好，是最具有代表性的团体对抗性冰雪运动项目，也是急需重点培育和打造的民族冰雪运动项目。

第三，全力进行对外推广。一是通过涉外人员（留学生、外交人员）、机构（孔子学院、国际机构）以及对外传媒进行传播。例如，2014 年 9 月，印度总理莫迪在纽约联合国大会上发表演讲时呼吁设立"国际瑜伽日"；同年 12 月，联合国正式宣布将每年 6 月 21 日定为"国际瑜伽日"，极大地促进了瑜伽在国际上的传播①，这给我们提供了很好的示范。二是成立国际组织。2016 年 1 月国际冰上龙舟联合会成立，表明冰上龙舟正式成为国际竞技运动项目，联合会为冰上龙舟赛制定了章程、竞赛规则以及冰上龙舟运动技术规范，这是冰上龙舟走向世界的重要组织保障。三是开展国际比赛。体育赛事"整合了人口流动、信息交流、文化传播的共同效应，使得体育成为文化传播的最佳载体之一"②。2018 年 1 月 11 日，第一届世界冰上龙舟锦标赛在内蒙古锡林郭勒多伦县举行，来自世界各地 23 个国家和地区的代表队参赛，尤其是来自热带、亚热带的国际龙舟队伍前来参赛③，产生了积极的国际影响。

第四，争取率先"入奥"。原文化部副部长孟晓驷曾指出："在西方人抱怨他们对中国巨大的贸易赤字的时候，我们面临着对西方巨大的文化赤字。中华民族的伟大复兴必然要求中华文化的伟大复兴，我们应当找准历史方位，更

① 巢巍：《文化向外交的跃变——印度瑜伽软外交之路初探》，《南京师大学报》2018 年第 3 期。

② 王静：《体育促进中国文化对外传播的研究》，《体育文化导刊》2012 年第 10 期。

③ 新华社：《首届世界冰上龙舟锦标赛在内蒙古多伦县举行》，2018 年 1 月 10 日，见 https://baijiahao.baidu.com/s? id=1589194651179337099&wfr=spider&for=pc。

加自觉、主动地推动文化的大发展、大繁荣，更加自觉主动地推动中华文化走出去，提升国家软实力，不断扩大中华文化的影响力。”①中华民族体育要发展成为世界体育，最好的办法之一就是与奥林匹克运动相结合，使其成为奥林匹克的后备资源②。在中华民族传统体育项目进入奥运会的进程中，武术在2008年进入北京奥运会表演项目，在2022年成为达喀尔青奥会正式比赛项目，在“入奥”方面取得一定的成绩。但由于武术自身特质、奥运项目入选标准等原因，武术进入夏季奥运会正式比赛项目的道路可能要相当漫长和曲折。在冰上龙舟迅速在国内和世界上开展的背景下，把更具客观性、竞技性、观赏性的冰上龙舟申请成为冬奥会正式比赛项目，将是中华民族体育项目“入奥”的一条捷径。国际奥委会主席巴赫指出，平昌冬奥会韩国突出展现了“体育外交”和“文化科技”的特色；2022年北京冬奥会中国应该树立大国形象，展现文化自信，除了给世界留下有形的奥运遗产外，还需要考虑更为伟大的无形遗产③。因此，我们要充分利用举办2022年北京冬奥会的东风，在国内和国际上大力开展冰上龙舟运动，扩大其国际影响力，争取使之成为冬奥会表演项目乃至正式比赛项目，率先取得“入奥”突破，以早日实现中华民族体育项目进入奥运会的民族情怀和世纪期盼，为冬奥会留下一份重要的运动项目遗产。

国家体育总局体育文化发展中心在《与时俱进　推动体育文化大发展》中指出，“中国体育是一座极其丰富的文化宝藏，需要我们去努力挖掘、总结、整理”④。传承和发展民族传统冰雪运动文化，是弘扬中华民族传统文化的重要内容之一，也是增强人民大众对民族文化的认同感、归属感和自豪感的重要

---

① 孟晓驷：《文化不仅是感召力而且也是生产力》，2008年1月5日，见 http://finance.sina.com.cn/hy/20080105/10454370240.shtml。

② 李红梅：《“嘉庚杯”“敬贤杯”海峡两岸龙舟赛的传承与发展路径》，《厦门理工学院学报》2020年第2期。

③ 姬烨：《平昌的启示　北京冬奥会如何讲好中国故事》，《中国体育报》2018年3月20日。

④ 孙大光：《与时俱进　推动体育文化大发展》，《体育文化导刊》2012年第1期。

方式。传承和发展中华民族传统冰雪运动文化,需要全社会的共同努力,以客观、科学、发展的眼光看待民族传统冰雪运动文化,正确认识和处理经济发展、群众生活与文化传承之间的关系,推动民族优秀文化与西方先进文化的良性互动,促进各国各民族文化平等发展和互动交流①,实现国家的繁荣富强和中华民族的伟大复兴。

① 石蓉蓉:《我国人口较少民族文化传承调查研究——以甘肃积石山县保安族为例》,《兰州文理学院学报》2019 年第 2 期。

第六章　历届冬奥会主办国对本国文化的推介

在国家形象的诸多构成要素中，文化处于重要位置，它代表着一个国家的文化底蕴。世界性活动的举办，例如世界杯、奥运会、世博会、艺术节、狂欢节等，都能充分展示一国的文明程度、国民素质以及开放状况①。奥运会作为全球性活动，汇集了来自世界各地、各界的人士，吸引世界范围的广泛关注。主办国极力将本国最好的一面展现给世界，让世界在受到大量关于该国信息冲击后改善对该国的印象，提升该国的形象②。

"奥运会不仅吸引着世界上最伟大的运动员创造最好的成绩，而且吸引着世界上最伟大的设计师创造出最伟大的作品。"③奥运会是展现民族底蕴与传播国家形象的交流平台，也是全面提升国家文化软实力的重要渠道。作为一个具有超强吸引力、辐射力的世界级文体盛会，奥运会主要通过奖牌、吉祥物、邮票、纪念章、场馆、开幕式、闭幕式、传媒、赛会服务等各个环节来表达主办国的文化积淀与创新。

---

① 金元浦:《奥林匹克运动与国家形象提升》,《电视研究》2012 年第 9 期。

② 孙愉:《俄罗斯国家形象传播研究》,硕士学位论文,哈尔滨师范大学斯拉夫语学院,2016 年,第 2 页。

③ 王敏:《王敏平面设计二十年》,黑龙江科学出版社 2003 年版,第 126 页。

下面，我们从冬奥会的主题作品、主要标识、大型活动等方面，展示和分析世界各国在承办冬奥会过程中是如何推介和传播本国文化传统和特色的。

第一节　冬奥会的主题作品

冬奥会主题作品是指能体现一届冬奥会核心思想、理念和主旨的文化作品和成果，主要包括主题口号、主题歌曲、官方电影三大类。

一、冬奥会主题口号

奥运会主题口号是为了传播奥林匹克文化、更好地组织奥运会而提出的具有宣传、鼓动、激励作用的短语或者短句①。它是奥运会主办国独特举办理念的高度概括，是成功举办奥运会的重要元素，也是主办国留给世界的重要文化遗产②。

奥运会主题口号的形式和内容具有一定的特点和规律。从形式上来看，奥运会主题口号一般具有严谨权威（官方发布、世界认可）、简明扼要（语句简短、主旨鲜明）、响亮有力（清楚明白、直截了当）、新颖独特（富有创意、与众不同）等特点；从内容上来看，奥运会主题口号表达的主旨主要包括世界人民的共同追求（如进步、正义、梦想）、奥林匹克运动的基本宗旨（如和平、团结、友谊）、时代的发展特征与需求（如统一、科技、环保）、奥运会主办国的愿望（如本国独特的理念、诉求、情感）等。

奥运会主题口号具有重要的理论价值和现实意义。主要表现为：（1）政治层面的意义。主题口号表达的美好愿望，将进一步加强主办国与奥运会各参赛国家、商业合作伙伴国家等的交流与合作，让世界人民更加了解主办国的政治、经济与文化，提高奥运会主办国在国际上的地位。（2）文化层面的意

---

① 王根：《奥运会主题口号内涵特征研究》，《西安体育学院学报》2013 年第 6 期。

② 吴国生：《历届奥运会主题口号解析》，《体育文化导刊》2008 年第 7 期。

义。主题口号表达的基本价值观表达世界人民的共同诉求,展现主办国的民族传统和独特文化,传播奥林匹克文化和竞技体育精神,对人类和平、和睦、和谐地发展具有深远的意义。(3)经济层面的意义。主题口号倡导的理念、宗旨及其知名度,有利于吸引大量商家到主办国进行赞助和投资,有利于提高本国商品品牌的影响力,促进主办国的经济发展①。

与夏季奥运会不同的是,冬奥会的主题口号更能体现冬季奥林匹克运动的特色,越来越受到大家的关注。自1924年第1届(法国夏慕尼)到1994年第17届(挪威利勒哈默尔),冬奥会还没有提出主题口号。直到1998年第18届(日本长野),冬奥会才提出了自己的主题口号,并给世人留下了深刻的印象。

下面对历届冬奥会主题口号作一简要说明(历届冬奥会的主题口号见下表)②。

表6-1　历届冬奥会主题口号

年份	届次	举办地	英文口号	中文口号
1998	18	日本长野	From around the World to Flower as One	让世界凝聚成一朵花
2002	19	美国盐湖城	Light the Fire within	点燃心中之火
2006	20	意大利都灵	Passion Lives Here	激情在这里燃烧
2010	21	加拿大温哥华	With Glowing Hearts	用炽热的心
2014	22	俄罗斯索契	Hot.Cool.Yours	激情冰火属于你
2018	23	韩国平昌	Passion Connected	激情同在

1998年第18届长野冬奥会举办时,日本正遭受全球金融危机的影响,日本政府想通过举办此届冬奥会,向世界展示一个综合实力强大、快速发展的日本,以帮助日本复苏经济、提振士气。“让世界凝聚成一朵花”(From around

① 李叶军:《现代夏季奥林匹克运动会宣传口号演变的分析》,硕士学位论文,湖南师范大学体育学院,2014年,第12页。

② 张铁民、张海波:《冬奥会主题口号的社会学解读》,《体育文化导刊》2016年第12期。

the World to Flower as One)的口号希望通过此次盛会让世界人民更加团结一致,共同抵御危机①。长野冬奥会的会徽是一朵盛开的鲜花,代表了绿色、环保的理念,主题口号“让世界凝聚成一朵花”也反映了本届冬奥会的这一办会理念。

2002 年第 19 届盐湖城冬奥会的主题口号是“点燃心中之火”(Light the Fire within)。1995 年,获得冬奥会主办权的盐湖城被曝出贿选丑闻,事件最终因多名国际奥委会重要官员引咎辞职得到平息,而美国的国家形象和盐湖城的城市形象大受影响;在盐湖城冬奥会开幕的前一年,纽约发生了举世震惊的“9·11”恐怖袭击事件,此后整个美国都笼罩在悲观的情绪中。因此,盐湖城冬奥会成为美国振奋民心、重振经济的一个转折点。主题口号“点燃心中之火”象征着美国在“9·11”事件以后全国不畏惧艰难、共渡难关的精神,表达了美国人民心中蕴含的希望与激情,起到了提升民众爱国主义精神、重塑国家和城市形象的作用②。

2006 年第 20 届都灵冬奥会是继 1956 年科蒂纳丹佩佐冬奥会后,意大利第二次主办的冬奥会。若包括 1960 年罗马夏季奥运会在内,都灵冬奥会是意大利历史上第三次主办的奥运会。意大利人对举办奥运会情有独钟,在举办前两届奥运会期间就展现了极大的热情。意大利人用“激情在这里燃烧”(Passion Lives Here)作为都灵冬奥会的主题口号,再次表达该国对奥林匹克运动的积极态度。都灵冬奥会整体上采用红色主色调,与白色冰雪形成了鲜明对比,代表意大利人民热情奔放的性格、对奥林匹克运动的无比热爱以及对都灵冬奥会的无限激情。

2010 年第 21 届温哥华冬奥会是继 1988 年卡尔加里冬奥会后,加拿大第二次主办的冬奥会。温哥华冬奥会的主题口号“用炽热的心”(With Glowing

① 黄丹娜:《冬奥官方电影的影像表征研究——以札幌、盐湖城、索契三部冬奥官方电影为例》,硕士学位论文,河北大学新闻传播学院,2019 年,第 43 页。

② 张铁民、张海波:《冬奥会主题口号的社会学解读》,《体育文化导刊》2016 年第 12 期。

Hearts)采用了加拿大英文版国歌《哦,加拿大》中的歌词,表达了加拿大希望把2010年冬奥会办成具有本国特色的运动会。这一主题口号充分展示了东道主的性格特点,将主办地人民的心声、感受传递给了全世界;反映出加拿大人民对办好这一届冬奥会的强烈愿望以及他们对冰雪运动的无比热情①。

2014年第22届索契冬奥会的主题口号为"激情冰火属于你"(Hot. Cool. Yours)。"Hot"一词表达索契人对奥运会和运动员的热情,"Cool"预示着俄罗斯寒冷的地理环境特征和冬奥会冰雪运动性质,"Yours"表示这届冬奥会是大家共享的,不同国家、不同肤色、不同文化的运动员都可以在俄罗斯这片土地上挑战自我、释放自我②。"激情冰火属于你"表达了主办国通过这场冬奥会让全世界重新认识和见证俄罗斯的崛起;展示了举办地索契不只是一望无际的雪海,还是风景秀丽的旅游疗养胜地③。

2018年第23届平昌冬奥会的主题口号是"激情同在"(Passion Connected)。"Passion"意味着热情、热爱和憧憬,平昌作为世界性庆典的主办地,将赋予人们灵感,传达韩国的温暖人情;"Connected"意为连接、结合和相通,通过韩国的尖端技术和融合文化,平昌将成为所有年龄段的人都能参与的空间。"激情同在"(Passion Connected)这一主题口号表达了奥林匹克的基本精神和韩国的温暖人情,意味着世界的和谐和冬奥会的新天地。

总之,冬奥会主题口号是世界性的语言,权威严谨,简洁明快,响亮有力,在表现奥林匹克基本价值观的同时,还体现出冬季运动和冰雪项目的特点。冬奥会主题口号也是主办国对外宣传的一张名片,向外界展现东道主对举办冬奥会的态度、信心,举办冬奥会的理念和特色,以及对未来美好的愿望。一句精彩、响亮的冬奥会主题口号,能对本届冬奥会的宣传、组织工作起到画龙

---

① 张铁民、张海波:《冬奥会主题口号的社会学解读》,《体育文化导刊》2016年第12期。

② 黄丹娜:《冬奥官方电影的影像表征研究——以札幌、盐湖城、索契三部冬奥官方电影为例》,硕士学位论文,河北大学新闻传播学院,2019年,第44页。

③ 张铁民、张海波:《冬奥会主题口号的社会学解读》,《体育文化导刊》2016年第12期。

点睛的作用,能丰富、拓展奥林匹克理念,给世界各国人民留下深刻的印象,成为本届冬奥会一项重要的精神财富和文化遗产。

二、冬奥会主题歌曲

奥林匹克运动是以体育竞技为基本内容的一种社会文化现象,从现代奥运会兴起开始,音乐就与它相辅相成,蓬勃发展①。奥运音乐一般包括三种形式:(1)仪式音乐:如奥运会会歌、入场音乐、颁奖音乐等;(2)表演音乐:如开幕式、闭幕式的歌曲、舞蹈音乐等;(3)宣传音乐:奥运申办与开幕前的歌曲与音乐、圣火传递中的歌曲与音乐等。其中给人印象最为深刻的,最能广为流传的就是开幕式及闭幕式上的主题歌曲,简称主题歌。

奥运会主题歌曲是指会歌之外的,专门为当届奥运会创作,用在奥运会开、闭幕式表演中,具有奥运主题意义的主打歌曲②。每一届成功的奥运会离不开一首脍炙人口的主题歌,而一首成功的主题歌能够让人们对该届奥运会留下美好、长久的印象③。

下面以具有代表性的几届冬奥会主题曲为例进行说明。

1998 年第 18 届长野冬奥会是时隔 26 年后日本第二次举办的冬季奥运会,其主题是“人类与自然共存”。主题曲《心手相连》符合奥运会主题曲的主要理念,充分诠释了本届冬奥会“人类与自然共存”的主题,体现了人类共有的生态理念和人文精神。

2002 年第 19 届盐湖城冬奥会是在“9·11”恐怖袭击后举办的,安全问题成为这一届冬奥会的焦点。开幕式开始,8 位纽约警察、消防队员与 8 位美国运动员,将一面从“9·11”事件现场废墟中抢救出来的美国国旗护送进主会

---

① 李丹:《奥运会主题歌的文化内涵与北京冬奥会主题歌曲创作研究》,《广州体育学院学报》2020 年第 2 期。

② 范哲明:《长歌一曲　四海唱和——奥运会经典主题歌曲回顾》,《音乐生活》2014 年第 5 期。

③ 李国、孙庆祝:《试论奥运会主题歌曲》,《体育文化导刊》2009 年第 4 期。

场,接着唱响了主题曲《点燃心中之火》(*Light the Fire within*)。“圣火”象征着正义、纯洁与热情,点燃心中的“圣火”,表达了本届奥运会向往和平、反对暴力的强烈意愿,揭示了和平与发展的时代主题。

2006年第20届都灵冬奥会的主题曲是《因为我们相信》(*Because We Believe*)。该主题曲由世界第四大男高音、后天失明的盲人安德烈·波切利演唱。他把古典音乐的柔情和竞技体育的力量相结合,对主题曲进行了深情而生动的演绎,充分表达了本届冬奥会“激情在这里燃烧”的主题口号,颂扬了奥林匹克体育精神①。

2010年第21届温哥华冬奥会的主题曲《我相信》(*I Believe*),表现了努力拼搏、永不放弃的精神,希望并相信人们会团结一致、相互鼓励、走得更远,表达了对奥林匹克体育精神的赞美之情。

2014年第22届索契冬奥会的主题曲《奥运之歌》(*Anthem of Olympic Game*)由俄罗斯明星合唱。“激情冰火属于你,搭载着俄罗斯的梦想”等歌词,体现了独特的俄罗斯民族文化,表达了俄罗斯人民重振民族精神、恢复往日雄风的热切期望。

2018年第23届平昌冬奥会是时隔30年后韩国再次主办的奥运会,也是韩国历史上第一次主办的冬季奥运会。平昌冬奥会的主题曲《平昌的梦》表达了韩国人民对冬奥会的渴望以及对和平、团结的梦想。与之相呼应,平昌冬奥会在结束时唱起了1988年第24届汉城奥运会主题歌《手拉手》,引起全场观众的共鸣,充分表达了朝鲜人民期盼永久和平、实现统一的心愿②。

总之,历届奥运会主题歌体现了体育和艺术的完美结合,它不仅阐释和传播奥林匹克文化理念,还承载着世界各国人民的美好愿望,同时也展示着主办

① 李丹:《奥运会主题歌的文化内涵与北京冬奥会主题歌曲创作研究》,《广州体育学院学报》2020年第2期。

② 李丹:《奥运会主题歌的文化内涵与北京冬奥会主题歌曲创作研究》,《广州体育学院学报》2020年第2期。

国家和城市的独特文化。通过上述简要分析可以看出,优秀的奥运会主题歌大多都具有以下特点:表达整个人类的共同期盼和追求;阐释奥林匹克理念和体育精神;融入一定的地域或民族文化;具有简洁明快、易于传唱的艺术效果。

三、冬奥会官方电影

奥运官方电影是指由国际奥组委指定的摄制机构和导演拍摄的,记录奥运赛事及相关活动的电影。它是在奥运会周期内代表国家以纪录片的形式记载奥运盛事,展示奥运会主办国风情,展现全世界运动员友情,揭秘全世界运动员超越自我、传承奥运精神的情感影片①。奥运官方电影包括夏奥会官方电影和冬奥会官方电影。世界上第一部夏奥会官方电影诞生于 1912 年,第一部冬奥会官方电影诞生于 1924 年②。经过一百余年的发展,奥运官方电影从最初的"记录式"影片,发展成为不同艺术风格的类型电影,成为在世界范围内传播奥林匹克文化的独特形式。

与其他类型的电影相比,奥运官方电影具有以下特点:(1)权威性。奥运官方电影的制作与发行必须得到国际奥委会授权,每一届奥运会只有一部官方电影。奥运官方电影是一届奥运会的权威影像资料,保存在位于瑞士洛桑的奥林匹克博物馆。(2)文献性。奥运官方电影全面真实、客观公正、连续不断地记录各届奥运赛事的盛况,为后代子孙留下宝贵的奥运影像资料。(3)艺术性。奥运官方电影的拍摄、制作比电视转播更精益求精,艺术性更高;另外,奥运电视转播以体育比赛项目和过程为主,而奥运官方电影除了关注比赛本身,还非常关注参赛运动员的故事和被电视转播忽略的其他细节③。(4)民族性。奥运会的主办国都把自己的文化含蓄地融合到奥运官方电影

① 李向:《孙庆祝:传承奥运历史、传播奥运文化的重要载体——奥运会官方电影》,《山东体育学院学报》2009 年第 3 期。

② 单万里、贺幸辉:《奥运官方电影简史》,《当代电影》2008 年第 8 期。

③ 单万里、贺幸辉:《奥运官方电影简史》,《当代电影》2008 年第 8 期。

中。如通过民族影像风格、本土运动员、名胜古迹、风土人情、音乐音效、场馆建筑、民族服装、现场观众等来展现奥运会主办国独特的民族文化和地域特色①。

下面以具有代表性的几届冬奥会官方电影为例进行说明。

早期的冬奥会官方电影除了表现体育赛事以外，还呈现当地风貌和民族文化，是展示国家文化软实力的重要窗口。创作者多由本国政府指派，影片赋予了浓郁的国民象征。

目前可以看到1924年第1届夏慕尼冬奥会官方电影的残片。摄制者只是选用了一个45度左右、类似广角的固定镜头，记录了所有代表队的入场情景。②

1948年瑞士的圣莫里茨第二次主办冬奥会。官方电影在影片首、尾增加了迎风飘扬的五环旗，运动员入场仪式前还有一个象征"第二次世界大战"胜利的"V"字形远景。

1952年奥斯陆冬奥会首次正式使用奥运圣火。该届官方电影拍摄了94名滑雪运动员接力传递奥运圣火，以及点燃主会场圣火的画面。此后，各届奥运会传递圣火的方式日益丰富③。

1956年科蒂纳丹佩佐冬奥会官方电影在观念上有了创新。这部电影用歌剧与体育赛事相结合的形式，表现了意大利民族的艺术观念和创新思维，影片刚开始就用多洛米蒂山区的优美景色取代了以往用固定大远景配合入场式的开篇介绍模式④。

1960年斯阔谷冬奥会官方电影将画面的重心从赛场转移到运动员，用更

---

① 夏金莹：《东京、首尔和北京奥运官方电影的对比研究》，硕士学位论文，成都体育学院新闻系，2015年，第27—28页。

② 陈清洋：《冬奥官方电影的发展概述》，《当代电影》2008年第8期。

③ 黄丹娜：《冬奥官方电影的影像表征研究——以札幌、盐湖城、索契三部冬奥官方电影为例》，硕士学位论文，河北大学新闻传播学院，2019年，第17页。

④ 陈清洋：《冬奥官方电影的发展概述》，《当代电影》2008年第8期。

多的镜头白描运动员的艰辛准备和赛前的心态调整。相对以往大篇幅聚焦赛事的冬奥会官方电影而言，这是一次影响深远的改变，影片更加具有故事性和可观赏性。

1972 年札幌冬奥会官方电影在开始用了较多的篇幅介绍经济腾飞后的日本在文化领域的卓越贡献，如茶道、艺伎等。这些诗情画意的民族符号通过导演的镜头呈现在观众眼前，使世界人民了解了日本战后在文化发展方面取得的成就。以拍摄圣火传递为例，影片从在希腊采集奥运圣火开始叙述，在圣火抵达日本后，导演以晨钟（晨钟在日本京都传统文化中代表祈福之意）表达日本社会对远道而来的奥运圣火的欢迎；在圣火进行传递时，火炬手举着奥运火炬，伴着刚刚升起的太阳向观众跑来，象征着希望，也象征着战后蓬勃发展的日本形象；随后镜头又转向在日本一座雪山脚下奔跑的火炬手，沿途的鹤盘旋于圣火周围，呈现出圣火到达时的祥和氛围，使电影展现出别具一格的东方神韵①。

1976 年因斯布鲁克冬奥会官方电影开始大量使用故事片的拍摄手法，并且首次邀请了电影明星助阵，冬奥官方电影的拍摄技巧和艺术水准已经达到较高的水平②。

从 1988 年卡尔加里冬奥会开始，世界著名奥运会纪录片制作人巴德·格林斯潘（Bud Greenspan）制作了多部冬奥会官方电影，建立了奥运官方电影的“格林斯潘时代”。与以往奥运官方电影不同的是，格林斯潘的作品着重表达运动员的故事而非冬奥会的赛事，电影中的各个人物的故事相对独立但又服务于奥林匹克主题精神。巴德·格林斯潘习惯使用“三幕结构”来展开人物故事：介绍人物及背景——遇到困难——经过努力克服困难赢得胜利③。

---

①　黄丹娜：《冬奥官方电影的影像表征研究——以札幌、盐湖城、索契三部冬奥官方电影为例》，硕士学位论文，河北大学新闻传播学院，2019 年，第 45 页。

②　陈清洋：《冬奥官方电影的发展概述》，《当代电影》2008 年第 8 期。

③　贺幸辉、徐洁勤：《奥运官方电影史》，北京体育大学出版社 2017 年版，第 107 页。

2002 年盐湖城冬奥会官方电影中格林斯潘运用了“三幕结构”讲述了俯式冰橇选手吉姆·谢亚夺冠的故事。格林斯潘对“夺金人物”的故事化叙事具有重要的贡献,并产生了积极的影响:一是打破了电视直播的视角局限,更全面地展示了夺金人物的形象,使广大观众通过真实、具体的奥运故事感受奥运精神,传播奥运理念①;二是传播了美国式英雄主义价值观念,尤其是在“9·11”恐怖袭击事件后对东道主美国起到了振奋民心、重振希望的效果。

2006 年都灵冬奥会官方电影全面展现了意大利的文化特色。电影记录了冬奥会开幕式上,意大利人用舞台的形式把但丁的名著《神曲》演绎为一曲迎宾的乐章,意大利表演艺术家艾伯塔奇在舞台中央高声朗读《神曲》中的著名诗篇《尤利西斯的独白》。闭幕式上,小丑表演的创意源自意大利著名电影导演费里尼的电影《小丑》,小丑的造型、装扮来自威尼斯假面狂欢节上的传统文化②。都灵冬奥会官方电影展现了冬奥会与主办国在音乐、舞蹈、电影等方面的紧密结合,传播了东道主的特色文化。

2014 年索契冬奥会官方电影《五环世界》没有过多地展现夺金人物,而是以采访运动员和教练为主。导演通过对不同运动员的采访,分别阐释了恐惧、成败、平等、团结、尊重等话题,强调竞技体育中关乎人类道德、善恶、信仰等深层次的问题,拓展了影片的主题。《五环世界》试图探讨运动员、工作人员对人类文明、哲学思想和世界问题的深度思考,将本国的意识形态融入其中,让世界感受开放包容、活力无限的现代俄罗斯形象③。

总之,冬奥会官方电影是冬奥会主办国家和举办城市献给国际奥委会以及世界人民的重要影像文献,是冬奥会文化遗产的重要组成部分,具有其他奥

---

① 黄丹娜:《冬奥官方电影的影像表征研究——以札幌、盐湖城、索契三部冬奥官方电影为例》,硕士学位论文,河北大学新闻传播学院,2019 年,第 47 页。

② 陈清洋:《冬奥官方电影的发展概述》,《当代电影》2008 年第 8 期。

③ 黄丹娜:《冬奥官方电影的影像表征研究——以札幌、盐湖城、索契三部冬奥官方电影为例》,硕士学位论文,河北大学新闻传播学院,2019 年,第 49—50 页。

运电影无法取代的独特价值①。冬奥会官方电影一方面体现国际奥林匹克精神，另一方面往往与主办国的民族文化、国家精神相结合，并以之作为向全世界展示民族文化的窗口②、塑造国家形象的手段。

第二节　冬奥会的文化标识

冬奥会的文化标识，即一届冬奥会最基本的文化符号和标志，主要包括本届冬奥会的平面设计、立体设计、文创产品、纪念产品等，如会徽、火炬、吉祥物、奖牌、体育图标、海报、邮票、纪念钞等。

一、冬奥会会徽

奥运会会徽又叫作奥运会会标，是一届奥林匹克运动会的徽记。奥运会会徽不但要充分展示主办国家和主办城市的特点，还深刻诠释和弘扬奥林匹克的精神内涵。因此，奥运会会徽的设计是展示东道主国家文化创意的重要内容之一。冬奥会会徽的设计一般包含奥林匹克经典元素，如奥运五环图案、奥林匹克圣火、寓意和平的橄榄枝或鸽子③，以及象征冬奥会的雪花等。作为传递城市文化与民族特色的重要媒介，冬奥会会徽设计一直在追随时代的步伐开拓创新，与时俱进。

下面，以几个具有代表性的冬奥会会徽为个案进行说明。

格勒诺布尔冬奥会（1968 年法国第 10 届冬奥会）会徽的中间是一朵雪花，外边围绕着三朵玫瑰。玫瑰是格勒诺布尔市市徽的主要标志。三朵玫瑰

---

① 贺幸辉、徐洁勤：《奥运官方电影史》，北京体育大学出版社 2017 年版，第 107 页。

② 于涛：《体育之美——奥运官方电影〈奥林匹亚〉与〈东京奥运会〉中蒙太奇艺术特点的比较分析》，《影视制作》2020 年第 2 期。

③ 吴伟：《奥运会会徽设计主体精神的历史动态解读》，《西安体育学院学报》2007 年第 2 期。

象征着这里的工业、文化教育、旅游和冬季运动三大特色。

卡尔加里冬奥会(1988年加拿大第15届冬奥会)会徽最显著的是具有加拿大民族风格的雪花图形。这个图形看上去是用字母C组成的枫叶造型。枫叶是加拿大的象征,加拿大和卡尔加里的第一个字母是C。这片枫叶和雪花图案表达了加拿大人民对冬奥会的强烈渴望。

利勒哈默尔冬奥会(1994年挪威第17届冬奥会)会徽的设计者从自然的景观中得到灵感:蓝色的天空、北极光、洁白的雪花,再加上五环标志、英文"利勒哈默尔"等字样,构成了完整的会徽。北极光意指主办国是位于北方的挪威。

长野冬奥会(1998年日本第18届冬奥会)的会徽由富有动感的运动员形象与雪花图案组成,象征着冰雪项目的角逐。从整体上看它像一朵盛开的鲜花,表示这一届冬奥会特别重视环保问题。整个图案富有动感,表达了参加长野冬奥会的各国选手通过体育竞争,达到相互了解、增进团结友谊的目的①。

都灵冬奥会(2006年意大利第20届冬奥会)会徽是都灵市安东内列纳塔(Mole Antonelliana)幻化为冰和雪而组成的山峰造型。安东内列纳塔是都灵最著名的建筑,它是19世纪全球最高的建筑物②。会徽向上拔起的运动趋势预示着能量、欢乐以及不断追求更高水平的美好愿望。该造型还可以看作一张紧密编织的网,象征着奥林匹克的永恒主题——全世界人民的紧密团结。

温哥华冬奥会(2010年加拿大第21届冬奥会)会徽的设计灵感来源于象征因纽特人的巨型石刻。五块矩形石块组成充满力量的拟人像"伊拉纳克",像一位身着装备、魁梧高大的冰球运动员③。"伊拉纳克"在因纽特语中是

① 最设计:《冰天雪地:历届冬奥会会徽(1932—2018)》,2016年8月4日,见http://blog.sina.com.cn/s/blog_68f02f1a0102wqi4.html。

② 最设计:《冰天雪地:历届冬奥会会徽(1932—2018)》,2016年8月4日,见http://blog.sina.com.cn/s/blog_68f02f1a0102wqi4.html。

③ 石晶:《冬奥会视觉文化的传播价值研究——以都灵、温哥华、索契三届冬奥会为例》,《冰雪运动》2015年第3期。

“朋友”的意思，他张开双臂拥抱世界，体现了“友谊，热情，力量，视野和团队精神”。“伊拉纳克”由五个部分、五种颜色组成：头部为绿色，臂膀为深蓝色，躯干为天蓝色，左腿为红色，右腿为金色。绿色、深蓝色和天蓝色分别代表温哥华沿海地区的森林、山区和群岛；红色是加拿大国家标志枫叶的颜色；金色代表温哥华的夕阳胜景。“伊拉纳克”源自因纽特人的巨型石刻，标志着独特的土著文化；“伊拉纳克”的五个组成部分与奥运五环数量相同，蕴含着奥林匹克精神；不同色彩的搭配，体现了温哥华独特的地貌特征与人文胜景。

索契冬季奥运会（2014 年俄罗斯第 22 届冬奥会）会徽是根据索契组委会的国际域名设计而成的。会徽选用了蓝色为主色，不仅是俄罗斯国旗上的主色之一，同时还营造出冬季的冰蓝和水晶的感受；会徽上方写着英文“Sochi.ru”，下方是数字 2014 和奥运五环标志，以镜像的方式上下对应放置，仿佛水中倒影，栩栩如生，代表着索契是坐落于山与海之间的海滨城市；简洁的单色系将最重要的元素——奥运五环衬托得无比醒目①。索契首次将国际域名作为冬奥会会徽图案的一部分，使奥运标识极具“数码”感，将时代感灵活地应用于创意构思中，用科技优势吸引更多青年人走近冬奥会，巧妙地传播了奥运精神②，同时形象地将俄罗斯南部沿海的地理位置特点及现代化气息展现出来。

由以上个案可以看出，会徽是展现主办国、主办城市冬奥理念、文化传统、资源禀赋、时代特色的重要载体，优秀的会徽创意和设计，让人耳目一新，进而对主办国和主办城市留下深刻的印象。

二、冬奥会吉祥物

吉祥物一词，源于法国普罗旺斯语 Mascotto，是指能带来吉祥、好运的人、

① 赵继荣：《论现代标志设计发展的新趋势》，《甘肃联合大学学报》2006 年第 2 期。

② 姜佳昕：《索契冬奥会的文化创意研究》，硕士学位论文，哈尔滨体育学院体育教育训练学院，2015 年，第 25 页。

动物或东西。吉祥物表达了人们对欢乐、和谐、美好事物的一种向往和憧憬。奥运会吉祥物一般以东道国最珍爱的、具有代表意义的动物形象为创作原型。吉祥物除了表现本届奥运会的主题以外,还反映了举办地的地域特征、历史文化和人文特色,是展示和传播主办国文化的载体①。

下面以几个具有代表性的冬奥会吉祥物为例进行说明。

因斯布鲁克冬奥会(1976 年奥地利第 12 届冬奥会)吉祥物是奥地利山区泰洛尔人造型的雪人。圆圆滚滚的雪人,戴着泰洛尔人帽子,长着红红的胡萝卜鼻子,造型非常讨人喜爱,象征着纯洁的冬奥文化。

普莱西德湖冬奥会(1980 年美国第 13 届冬奥会)的吉祥物名为 Roni,是美国伊洛克族印地安人浣熊的简称。伊洛克族印地安人和浣熊,是普莱西德湖当地原住民及其原生动物,是土著文化的典型代表。

利勒哈默尔冬奥会(1994 年挪威第 17 届冬奥会)的吉祥物来自挪威的童话故事。该吉祥物以童话故事中的两个孩子主角——Hakon 和 Kristin 命名。这使得该届冬奥会的吉祥物与历届不同,充满故事性和趣味性。

温哥华冬奥会(2010 年加拿大第 21 届冬奥会)的吉祥物是根据当地的神话传说创作的两个卡通形象——米加、魁特奇。米加是一只正在滑雪的北极熊,其创意来自哥伦比亚省原住民的民间传说;魁特奇是一只留着棕色胡须、戴着蓝色耳罩的北美野人,其身上承载着加拿大广阔荒原的神秘故事。整个创意充分表达了全球化视域下对传统文化和人类共同问题(生态环境)的关注。

索契冬奥会(2014 年俄罗斯第 22 届冬奥会)吉祥物由北极熊、雪豹和兔子组成。熊是俄罗斯民族的图腾,熊的力量和勇敢一直是俄罗斯英雄主义的写照,在俄罗斯各类神话、传说及文学作品中都有反映;雪豹是力量、速度与美的结合,是俄罗斯最具特色的动物,也是稀有且濒危的保护动物②;兔子代表

① 赵荣:《索契冬奥会吉祥物与俄罗斯传统文化和价值》,《文学教育》2014 年第 5 期。

② 石晶:《审美视域下第 22 届冬奥会吉祥物设计的衍变及启示》,《冰雪运动》2013 年第 3 期。

活力与聪慧,象征着国家创新与改革。这届冬奥会的吉祥物是由俄罗斯全体国民投票选出来的,反映了俄罗斯人民的奥运情怀、地域文化、民族特征和人文理念。

平昌冬奥会(2018 年韩国第 23 届冬奥会)的吉祥物是一只名叫"Soohorang"的白老虎。白老虎与韩国的传统文化有着很强的关联性,同时它还象征着冬季奥运会与自然环境的密切联系①。白老虎被认为是神圣的守护兽,其颜色也象征着冰雪体育运动。白老虎的名字"Soohorang"是由多个韩语含义词汇相结合组成的:"Sooho"是韩语"守护"的意思,表示对所有奥运会参与者的保护;"Rang"是韩语"ho-rang-i(老虎)"的中间字,同时也是主办城市所在地江原道的传统民谣"Jeongseon Arirang(旌善阿里郎)"的最后一个字。

总之,奥运会吉祥物在其产生与发展的历程中,其设计理念、价值取向都蕴含着奥林匹克的核心理念和主办国的美好期盼。冬奥会吉祥物作为奥林匹克的重要标识,其包含的奥运精神、地域文化、民族特色和人文理念,逐渐超越国界而成为世界人民的共同财富②。

三、冬奥会火炬

奥运会火炬的原型都为传统火把,但各届奥运会火炬的外形、颜色、制作、材质以及寓意具有各自的特点。下面以几个代表性的冬奥会火炬进行说明。

1976 年第 12 届冬奥会是奥地利因斯布鲁克举办的第二次冬奥会。其火炬灵感来源于滑雪跳台形象,并配有镂空五环标志。中央部分刻有"Olympische Winterspiele 1976"的铭文,不锈钢材质,长为 73 厘米。

卡尔加里冬奥会(1988 年加拿大第 15 届冬奥会)火炬以卡尔加里市最著名的地标建筑"卡尔加里塔"为设计原型,长 60 厘米,顶部为铝合金材质,手

---

① 新华网:《2018 年韩国平昌冬季奥运会暨冬季残奥会吉祥物首公开》,2016 年 6 月 2 日,见 http://korea.xinhuanet.com/2016-06/02/c_135407939.htm。

② 赵荣:《索契冬奥会吉祥物与俄罗斯传统文化和价值》,《文学教育》2014 年第 5 期。

柄部分为木质。火炬燃烧头部分印有本届冬奥会的名称、会徽以及奥林匹克座右铭（更快、更高、更强）。手柄部分用激光刻有 10 个冬季项目的运动图案①。

利勒哈默尔冬奥会（1994 年挪威第 17 届冬奥会）火炬是历届冬、夏季奥运会中长度最长的一把，它由一个长桦木把手和顶部的金属组成，长度约为 152 厘米。火炬上印有“1994 年利勒哈默尔冬奥会”的字样、奥运会会徽以及体育象形图。桦木手柄象征着挪威的传统，顶部抛光的金属片反映了其工业的现代技术。选择柔韧细长的形状和较长的火炬长度，以期与火炬手形成一个和谐的整体。

长野冬奥会（1998 年日本长野第 18 届冬奥会）火炬的设计理念源自日本古代的松枝火把，刻有运动项目图案和本届冬奥会会徽图案，长度为 55 厘米。六边形的火炬代表了雪晶；火炬主体选择银色表现冰雪覆盖的风景；黄绳是日本传统的设计元素②。

盐湖城冬奥会（2002 年美国盐湖城第 19 届冬奥会）火炬整体由手柄、火炬身、皇冠三部分组成，以银色为主调，搭配熊熊燃烧的圣火。火炬顶部围绕着火焰的玻璃皇冠，是第一次将玻璃材质融入奥运火炬的设计，代表着冬天和冰，上面刻着本届奥运会的口号“点燃心中之火”。火炬的表面从中心部分的老化处理（代表过去）到下部的抛光处理（代表现代）各不相同。这两个表面的连接处，即火炬手举着火炬的地方，寓意过去和现在之间的桥梁③。

都灵冬奥会（2006 年意大利都灵第 20 届冬奥会）火炬是“以赛车科技的工业标准”制作。火炬外形就像滑板和冰刀的艺术整合体，将冬奥会冰雪项

① 光明网：《北京冬奥火炬揭开神秘面纱历届冬奥会火炬都长啥样？》，2021 年 2 月 5 日，见 https://m.gmw.cn/baijia/2021-02/05/1302093295.html。

② 搜狐网：《冬奥记忆：回顾历届冬奥火炬，你们最喜欢的是？》，2021 年 2 月 7 日，https://www.sohu.com/a/449457954_120055157。

③ 光明网：《北京冬奥火炬揭开神秘面纱历届冬奥会火炬都长啥样？》，2021 年 2 月 5 日，见 https://m.gmw.cn/baijia/2021-02/05/1302093295.html。

目的特征完美凝结在火炬上。这支火炬最大的特点是火焰在火炬内部燃烧，点火后火炬四周将被火焰吞没，可以保证即使在大风天气下，火炬依然能保持正常燃烧。

2010年温哥华冬奥会（2010年加拿大第21届冬奥会）的火炬长约1米，为流线型设计，颜色主要为白色。设计灵感来源于加拿大白雪覆盖的起伏地形和滑雪者下坡时在雪上留下的痕迹。火炬上镶有冬奥会会徽，还有一个红色的枫叶形开口，枫叶是加拿大的象征①。

索契冬奥会（2014年俄罗斯第22届冬奥会）火炬的设计灵感来源于俄罗斯民间关于不死鸟的传说。火炬的整体造型像鸟的羽翼，配有镂空的设计装饰；正面与侧面选用亮银色，是整个火炬主体色调；后面、镂空处及把手下方则配以红色加以点缀。设计师从俄罗斯严酷凛冽的天气特征出发，通过精心的构思和创造，采用先进的现代科技对火炬进行整体设计，向世人充分展现了俄罗斯独特的文化创意魅力和追求完美的民族精神②。

由以上具有代表性的火炬可以看出，冬奥会火炬的设计或者与主办国的传统元素有关，或者表达冰雪运动主题，或者展示时代意义，或者阐发奥运精神，或者采用全新材料或工艺。而通过火炬反映本国元素并弘扬奥运精神，是冬奥会火炬设计的主流思想。

四、冬奥会奖牌

每个民族在自身的繁衍生息过程中创造了属于自己的文化。在世界民族之林中每种文化都是独特的，是民族个性的体现。要在艺术设计和创意中体现民族文化属性，就必须从自身的民族文化传承中寻找符合要求的部分，如神

① 光明网：《北京冬奥火炬揭开神秘面纱历届冬奥会火炬都长啥样?》，2021年2月5日，见 https://m.gmw.cn/baijia/2021-02/05/1302093295.html。

② 姜佳昕：《索契冬奥会的文化创意研究》，硕士学位论文，哈尔滨体育学院体育教育训练学院，2015年，第26页。

话传说、民间谚语、民族工艺等。冬奥会奖牌的设计和制作在造型、工艺、材料等方面,也全力体现出民族特色。

以下以几个具有代表性的冬奥会奖牌为例进行说明。

因斯布鲁克冬奥会(1976 年奥地利第 12 届冬奥会)奖牌的正面由奥运五环和因河大桥组成,因河大桥是因斯布鲁克的标志性建筑,也是该城市名字的由来,它象征着各民族的团结和友谊。奖牌的背面是以阿尔卑斯山为背景的滑雪区域,右边有奥运圣火。

长野冬奥会(1998 年日本第 18 届冬奥会)的奖牌设计采用了涂漆技术。将漆涂在圆形的黄铜板上,运用泥金画、景泰蓝和精细的金属加工技术制作而成。奖牌正面是橄榄枝环绕的朝阳和奥运会标志。奖牌背面是用泥金画技术描绘的信州地区在朝霞映衬下层峦叠嶂的群山和本届冬奥会的标志①。

盐湖城冬奥会(2002 年美国第 19 届冬奥会)奖牌的正面刻有冲出冰山与火焰重围的运动员的图样,代表着奥林匹克精神、人类的精神活力和被激发出的能量,本届冬奥会主题口号"Light the Fire within"(点燃心中之火)的字样则被镌刻在奖牌正面左方。背面是希腊的胜利女神 NIKE 手持象征橄榄枝桂冠的一片树叶,女神臂弯里是奖牌所属的运动项目图案。奖牌的形状像犹他河里的卵石,具有现代和乡村的风格,象征着美国西部精神。

都灵冬奥会(2006 年意大利第 20 届冬奥会)的奖牌设计成功地体现了都灵冬奥会的独特魅力。奖牌为圆形,中间有一块圆形镂空,代表着意大利广场。挂着奖牌的丝带不是直接连在奖牌的顶部,而是穿过中间的圆洞,随意而优雅地系在奖牌上。奖牌的正面是冬奥会的图案,反面刻着运动箴言。为了突出本届冬奥会的主题口号"激情在这里燃烧"(Passion Lives Here),奖牌使用了具有光泽和光滑质感的材料。

温哥华冬奥会(2010 年加拿大第 21 届冬奥会)的奖牌设计在文化创意上

---

① 央视网:《第十八届长野冬季奥运会奖牌》,2011 年 12 月 21 日,见 http://sports.cntv.cn/20111221/122936.shtml。

实现了奥运史上的多项首创。第一,颠覆了传统的平面设计。奖牌创造性地采用了波浪式的设计,将加拿大的海浪、飞雪、山峦等壮丽的景观,以及温哥华地区崎岖不平的地形特点尽显其中。第二,奖牌图案有分有合。奖牌正面的图案源自加拿大原住民设计师考琳·亨特创作的两幅民族风抽象画,每枚奖牌均由激光随机雕刻出画作中的一小部分。这意味着没有一枚奖牌的正面图案是相同的,而所有奖牌放在一起则是完整的画面。该设计既充分表达了世界人民大团结的奥林匹克精神,又满足了每一名运动员实现自我价值的需求。第三,奖牌采用环保材料。在奖牌的材质上,首次将显像管、线路板等电子回收材料用于奖牌的制作,此创意充分、有力地体现了奥林匹克运动的生态保护及可持续发展理念①。

索契冬奥会(2014 年俄罗斯第 22 届冬奥会)的奖牌设计体现了许多俄罗斯元素,制作过程中仅传统手工艺就多达 28 种。奖牌由贵重金属与高强度的透明材质“聚碳酸酯”共同组成。极具俄罗斯民族风格的镂空设计巧妙地把奖牌主体分为两部分:一边是体现金银铜奖牌属性的实心部分,另一边是体现索契风光的镶嵌镂空部分。奖牌上的“拼接花纹”是 2014 年索契奥运会的招牌特色,体现了俄罗斯多文化发展、多民族融合的国家特征②。

自 1928 年第 9 届夏季奥运会(荷兰阿姆斯特丹)开始,以后各届夏季奥运会奖牌正面的图案保持不变,只把举办地名与届数作相应的变更。但冬奥会与此不同,主办国家和城市可以根据自己的意愿设计奖牌的形状和图案。因此,冬奥会奖牌的设计伴随着主办国的不同而迥然不同,每一届冬奥会奖牌都是独特、唯一的,都体现着设计者独具匠心的思想和创意。因此,每一枚冬奥会奖牌都具有极高的文化价值和收藏价值③。

① 阚军常、张宏宇:《都灵、温哥华、索契冬奥会文化创意的比较分析》,《首都体育学院学报》2015 年第 6 期。

② 阚军常、张宏宇:《都灵、温哥华、索契冬奥会文化创意的比较分析》,《首都体育学院学报》2015 年第 6 期。

③ 孔繁敏等:《奥林匹克文化研究》,人民体育出版社 2005 年版,第 20—21 页。

五、冬奥会海报

历届奥运会主办城市都会创作大量的宣传海报。宣传海报由奥组委授权设计并选定,对促进奥林匹克精神与主办城市的密切融合、塑造主办城市的品格文化、打造奥运会独特魅力具有十分重要的作用。现代奥林匹克运动的百年发展历程中,海报已成为最重要的形象标志之一①。奥运会海报是奥运会历史上最早、最便捷和最普及的奥林匹克视觉形式,担负着传达赛事信息、烘托比赛气氛、构建奥林匹克视觉形象以及宣扬奥运理念的重任,同时也是展示各主办国文化、历史、风俗以及科技发展成果、艺术设计水平的重要媒介②。下面以几个典型的冬奥会海报进行说明。

普莱西德湖冬奥会(1932 年美国第 3 届冬奥会)海报的背景是美国地图,并标明了普莱西德湖的地理位置;正中是一个高台滑雪运动员在空中飞行的雄姿,一方面展示了冬季奥林匹克运动项目的美感,另一方面展现了“更快、更高、更强”的奥运精神和美国人勇往直前、敢于挑战的民族性格。

圣莫里茨冬奥会(1948 年瑞士第 5 届冬奥会)海报的主体部分是雪山上正闪耀着光芒的太阳。海报的最上方是太阳光线的末端,有 10 片巨大的像剪裁过的雪花,悬挂在黑色的天空上。在“霜效”的辅助下,冬天的主题被烘托出来。伴随着“花朵剪接”,天空的色彩不断变幻。海报的下方是一对滑雪者,像时尚、休闲的旅游者。这幅海报至少表达了两个信息:第一,告诉人们将要到来的冬奥会以及它的举办地;第二,宣传和介绍圣莫里茨的滑雪板运动和旅游业。本届冬奥会的海报采用了瑞士旅游海报的风格,具有运动会海报和旅游海报的双重特点③,体现了东道主的文化特点。

---

① 秦杰:《魅力独特的奥运会海报》,《北京档案》2008 年第 6 期。

② 唐娜:《现代奥运会海报设计的本土性研究》,硕士学位论文,西北师范大学美术学院,2008 年,第 1 页。

③ [瑞士]阿夫斯罕·豪雅、陈哲:《奥运会海报》,《体育文化导刊》2006 年第 9 期。

温哥华冬奥会(2010年加拿大第21届冬奥会)和冬残奥会海报的主体都是半片枫叶,两者拼接在一起,构成一片完整的枫叶。枫叶的颜色不是我们印象中的红色,而是采用蓝绿白相间,代表着温哥华冬天的景色——蓝天、大海和雪山。枫叶上充满不同形状、极具动感的线条以及冰球、花样滑冰、高山滑雪等项目的插图,象征了加拿大的年轻、多元、活力和欢乐的特征①。

总之,历届奥运会海报是多元文化融合的精神产品,每一件作品都透出鲜明的时代特点和浓郁的本土气息。奥运会海报像一面旗帜,将奥运会的理念传达出去,以达到充分传播、沟通和交流的目的。冬奥会海报反映了不同历史时期的时代主题和文化内涵,突出该届奥运会的主题,并体现了冰雪运动的特征②。

六、冬奥会体育图标

体育图标,又叫体育运动图标或体育单项图标,是指由简练、形象、具有一定可识别性和文化特色的图画表示体育运动项目的一类标识。体育图标是奥运会基本形象开发的重点项目之一,它的功能是通过超越语言文字局限的图标形式,清晰、简练地表现奥运会各个比赛项目的内容和特点③。奥运会体育图标是构成一届奥运会景观的最重要的形象元素之一,是传达奥运会举办理念和主办国文化的重要载体,具有很强的功能性④。下面以几个典型的冬奥会体育图标进行说明。

利勒哈默尔冬奥会(1994年挪威第17届冬奥会)体育图标的设计源于挪

① 邹硕:《温哥华冬奥会对城市发展影响研究》,硕士学位论文,北京体育大学人文学院,2017年,第4页。

② 秦杰:《魅力独特的奥运会海报》,《北京档案》2008年第6期。

③ 李金龙、张志学:《现代奥运会项目图标的特征研究》,《北京体育大学学报》2011年第4期。

④ 索笑雯、张志学:《奥运会运动项目图标的典型风格分析》,《沧州师范专科学校学报》2007年第4期。

威的古代岩画，体现了图腾符号性，所表达的信息能够被观看者准确、快速、有效地接受与认知。挪威北部一座小岛上发现了距今约 4000 年的石刻岩画，岩画刻画了一个穿着巨大滑雪板的人正在滑雪。在此基础上以北欧图腾为特色符号，设计出一整套冬奥会体育图标视觉形象，搭建起挪威古老艺术与现代文明的桥梁①。

索契冬奥会（2014 年第 22 届俄罗斯冬奥会）体育图标的设计包括两种色彩风格。一种风格运用了会徽主体标志颜色——蓝色的单一色彩，保持了一贯的简洁感，为冬奥会增添了一份鲜明的目标感和突出的活力感。另外一种比较有特色的色彩设计来源于 Bosco 团队创作的拼布形象“patchworkquilt”，辅助色彩几乎涵盖了从暖红色到冷蓝色的所有色彩领域②。通过这种多元化的色彩设计和强烈的色彩碰撞，将传统的纹样艺术与绚丽的时尚色彩进行组合，充分呈现了俄罗斯独特的民族热情与澎湃的奥运激情。这种多元化的体育图标设计，反映了时代潮流，充满了人文气息和勃勃生机，完美地诠释了奥林匹克精神。

平昌冬奥会（2018 年第 23 届韩国冬奥会）体育图标的设计主要特色是融合了韩国朝鲜民族的文字文化。人物的造型设计以韩文字母的解构和组合为主要思路，从韩语字母 16 个元音和 14 个辅音中选择三个元音和四个辅音，将其反映在象形图中，使文字的字形与人物的动态特征巧妙地结合起来。平昌冬奥会体育图标选择了每个比赛项目中最具代表性的姿势，斜线和曲线都以简约的方式表现了人体关节和四肢的运动特征。这些流线组合和动态图像，充分反映了参赛运动员无限的潜力、澎湃的激情和挑战的精神③。

总之，奥运会体育图标设计既是展示东道主国家设计和创意水平的舞台，

---

① 仇琛：《图形语言之美与奥运元素传承——奥林匹克运动项目体育图标设计对比研究》，《长春教育学院学报》2014 年第 20 期。

② 尚山江：《体育赛事类视觉形象设计的革新——2014 索契冬奥会视觉形象设计分析》，《装饰》2014 年第 4 期。

③ 邵梓耕、易晓丽：《冬奥会运动项目图标设计研究》，《体育文化导刊》2018 年第 5 期。

也是反映当代艺术风格的最好媒介。它以独特的视角向全世界观众展示体育赛事的魅力,用别样的艺术手法展现时代风格,从而形成了一个又一个大型赛事体育图标经典案例①,丰富了冬奥会的文化形式和精神内涵。

七、冬奥会邮票

邮票的设计与发行是现代奥林匹克文化的重要组成部分。1896 年,希腊发行了世界第一套现代奥运会邮票。截至 2022 年,奥运邮票已有 126 年的发展历史②。从第 3 届开始,在每届冬奥会举办期间,各冬奥会主办国均发行了相关的邮票以示纪念③。在各国发行的冬奥会纪念邮票中,大部分以冬奥会运动项目为主图,辅以五环、会徽、圣火、雪花等,也有部分国家的邮票展示了本国的主题和内容。下面以几套冬奥会邮票为例进行说明。

科蒂纳丹佩佐冬奥会(1956 年意大利第 7 届冬奥会)主办国发行了一套四枚纪念邮票,主图案是该届冬奥会的比赛场馆,展示了东道主在冬奥会硬件建设方面的成就④。

萨拉热窝冬奥会(1984 年南斯拉夫第 14 届冬奥会)在冬奥会邮票上刻画了主办城市的风土人情。邮票图案以萨拉热窝的城市街道、桥梁以及建筑为背景,展现了前南斯拉夫共和国与众不同的城市风格和社会文化⑤。

利勒哈默尔冬奥会(1994 年挪威第 17 届冬奥会)东道主发行的冬奥会邮票由挪威国旗、火炬、古迹、五环等组合而成。其中古迹展示了主办国的历史

① 郭振山、姚览:《大型体育赛事运动项目图标的艺术风格分析》,《美术大观》2017 年第 7 期。

② 黄金霞:《现代奥运会邮票设计研究》,硕士学位论文,苏州大学艺术学院,2005 年,第 4 页。

③ 91 邮票网:《历届冬奥会主办国邮票介绍》,2021 年 1 月 1 日,见 http://www.91youpiao.com/stamp/show.asp? id=771。

④ 延年集邮的博客:《历届冬奥会主办国邮票》,2015 年 8 月 5 日,见 http://blog.sina.com.cn/s/blog_4c5d015e0102vzll.html。

⑤ 王沂、董宇:《冬奥会邮票文化研究》,《湖北理工学院学报》2016 年第 3 期。

遗迹和文化传统①。

长野冬奥会(1998年日本第18届冬奥会)主办国日本发行了两套共12枚邮票。第一套共两枚,分别为本届冬奥会的会徽和吉祥物。第二套共10枚,图案分别为五个冬奥会运动项目和五种长野著名的花卉。花卉分别为蓝、黄、黑、绿、红五种颜色,与奥运五环的颜色一致②。五种颜色的花卉既反映了当地的特色物产和优美环境,又传播了奥运文化。

都灵冬奥会(2006年意大利第20届冬奥会)主办国发行了多组邮票。主办国的风土人情、文化传统再一次成为冬奥会邮票的设计主题。都灵冬奥会邮票的设计突出了风光名胜,展现了都灵这座城市的旅游文化特色。

温哥华冬奥会(2010年加拿大第21届冬奥会)主办国发行了一套两枚邮票,图案分别为温哥华都市夜景和海岸山脉风光,极力渲染了加拿大特有的城市风貌及海洋地理特征③。

索契冬奥会(2014年俄罗斯第22届冬奥会)发行了多组邮票,内容涉及本届冬奥会火炬、吉祥物、运动项目、体育场馆、体育明星以及俄罗斯黑海沿岸的旅游风景等,充分展示了俄罗斯丰富的旅游文化资源和优越的地理人文环境④。

总之,邮票是冬季奥林匹克运动文化遗产的重要组成部分。冬奥会邮票或以冬奥会系列文化标识为载体,或以冬奥会运动项目为内容,或以主办城市的风土人情为主题,共同构成了其视觉文化表达的完整体系。冬奥会邮票不仅承担着传播、创新奥林匹克文化的重要使命,还是传承、发扬民族和本土文化的重要载体。

① 延年集邮的博客:《历届冬奥会主办国邮票》,2015年8月5日,见 http://blog.sina.com.cn/s/blog_4c5d015e0102vzll.html。

② 邹小亮:《冬奥会的由来及主办国发行的邮票(续)》,《集邮博览》2006年第7期。

③ 王沂、董宇:《冬奥会邮票文化研究》,《湖北理工学院学报》2016年第3期。

④ 王沂、董宇:《冬奥会邮票文化研究》,《湖北理工学院学报》2016年第3期。

八、冬奥会纪念钞

2008年8月,第29届夏季奥林匹克运动会在北京举办。为了纪念这次奥运会,中国人民银行发行了世界上第一枚奥运主题纪念钞,为奥林匹克标志文化增添了新的种类和载体。受此影响,2014年俄罗斯索契冬奥会、2018年韩国平昌冬奥会也发行了冬奥会纪念钞,借此形式传播主办国特色资源和文化。

为纪念首次举办冬奥会,俄罗斯中央银行发行了索契冬奥会纪念钞。这是俄罗斯历史上第一枚奥运会纪念钞,也是世界上第一枚冬奥会题材纪念钞。索契冬奥会纪念钞规格为150毫米×65毫米,面值为100卢布。纪念钞的正面图案是一名腾空而起的冬季滑雪板运动员的英姿,背景是巍峨的雪山以及波尔肖冰宫等奥运场馆的俯瞰图。纪念钞的背面是索契冬奥会主要比赛场馆之一菲施特奥林匹克体育场,索契城市建筑,滑雪、花样滑冰、冰球等冬季运动项目等因素组成的“菱形拼布”图案,以及一只火鸟图案。票面为纵向形式,符合现代潮流,有助于展现独特的视觉感受①。图案涵盖了冬奥会场馆、比赛项目、城市建造、自然景观以及本土传统文化,整体设计前卫、华丽,充分展现了俄罗斯风情。

平昌冬奥会是韩国第一次举办的冬奥会。为纪念此次盛会,韩国银行发行了冬奥会纪念钞。平昌冬奥会纪念钞的规格为140毫米×75毫米,面值为2000韩元。纪念钞的正面印有速度滑冰、跳台滑雪、冰球、冬季两项、冰壶、有舵雪橇、无舵雪橇7个比赛项目以及江原道山岳地形图案。纪念钞的背面印有朝鲜王朝著名画家金弘道的作品《松下猛虎图》②。比赛项目图案表达了冬奥会元素,山岳地形、民族绘画图案则传播了韩国美丽的自然地理环境和独特的民族传统文化。

---

① 裴雨:《俄罗斯、韩国冬奥会纪念钞欣赏》,《集邮博览》2020年第6期。
② 裴雨:《俄罗斯、韩国冬奥会纪念钞欣赏》,《集邮博览》2020年第6期。

总之,冬奥会纪念钞具有传播奥运精神和主办国本国文化的价值,又具有欣赏、纪念和收藏价值。我们相信,在今后举办的奥运会上,将会出现更多内容和形式丰富多样的纪念钞,奥运会纪念钞对奥林匹克精神的阐释也会更加丰富多彩。奥运会纪念钞是展现主办国优秀文化和发展成就的亮丽名片,是传播奥林匹克精神的重要媒介,也将会得到全世界专家、学者的关注和研究①。

第三节　冬奥会的大型活动

冬奥会大型活动是指在冬奥会举办前后以及举办期间,东道主举行的人数众多、规模较大、影响广泛的现场展示、表演活动,主要包括冬奥会火炬传递、开幕式、艺术节等。

一、冬奥会火炬传递

"火"代表着生命、热情和希望。在古希腊奥林匹亚遗址点燃的圣火,象征着发祥于古希腊的文明之光,激励着人类追求光明与理想,朝着崇高的目标不断进取。奥运圣火是连接古代奥运会和现代奥运会的桥梁,它传递奥运理想,延续奥运精神,在全世界范围内传播奥林匹克理念②,成为一种独特的奥运文化。奥运圣火文化包括奥运会火炬的设计、圣火的采集、圣火的传递、圣火的点燃等一系列的仪式和活动。其中,圣火的传递和点燃是最具吸引力和创造力的一项活动。

奥运圣火文化有一个逐渐形成、发展的过程。为了悼念在第一次世界大

① 房然:《北京奥运会与索契冬奥会纪念钞比较研究》,硕士学位论文,华中师范大学体育学院,2014年,第2页。

② 王成:《奥林匹克圣火传递的历史研究》,硕士学位论文,南京师范大学体育科学学院,2008年,第63页。

战中去世的人们，1920年比利时安特卫普第7届奥运会主办者在主会场首次点燃了象征和平的火炬；1928年国际奥委会作出规定，今后每届奥运会都要在主会场点燃火炬，同年在阿姆斯特丹奥运会上点燃了火炬，但没有进行接力传递火炬；1934年国际奥委会雅典会议决定，恢复古代奥运会传递圣火的仪式，从奥林匹亚到主办国都采取火炬接力的方式传递圣火，为保持圣火的纯洁性，在整个火炬接力中只能使用从奥林匹亚采集来的圣火①；1936年在奥林匹亚举行了隆重的现代奥林匹克火炬采集仪式，随之开始了较大声势的火炬接力，现代奥林匹克运动会的圣火采集、传递、点燃仪式正式形成，并在实践中不断发展和创新。

圣火传递活动是奥运会的前奏，是奥林匹克诸多文化活动中独具特色、颇具魅力的部分。奥运圣火的采集、传递、点燃等环节，吸引了全球几十亿人的关注，对奥林匹克运动以及当今社会产生着巨大而深远的影响。第一，圣火传递活动是奥林匹克仪式的重要组成部分。圣火的采集庄严肃穆、神圣光荣，圣火的传递充满激情、令人振奋，圣火的点燃最具悬念、创意非凡，这些仪式具有极大的感召力和震撼力，成为人类承载、寄托奥林匹克精神的有效载体。第二，圣火传递活动是奥林匹克文化的重要传播手段。圣火传递直接展现了本届奥运会的理念、标识和特色，显示了东道主的历史文化、自然风光和民族风情，是全球没有机会亲自参加奥运会的人们认识、参与奥运会的重要途径，扩大了奥林匹克运动在全球的影响力。第三，圣火传递活动是奥林匹克遗产的重要内容。在圣火传递的过程中，大量的文字、图片和影像作品，以及火炬设计、传递路线、传递手段、点燃方式等，成为奥林匹克运动中最为珍贵的遗产之一。

与夏季奥运会相比，冬季奥运会火炬传递仪式的发展历程较短。在冬奥会发展的中期，其火炬传递活动逐渐与奥林匹克的理念、仪式保持一致。以下

① 朱冀：《奥林匹克圣火传递的人类学意义》，《河南教育学院学报》2008年第3期。

对部分冬奥会的圣火文化（除火炬设计外）进行简介，着重突出其在圣火采集、传递、点燃等方面具有创意和特色的内容。

1952年挪威奥斯陆第6届冬奥会首次开始了冬奥会火炬传递活动，并在开幕式上首次举行了圣火点燃仪式。人们认为冬季奥运会与古代奥运会没有传统的联系，因此这届冬奥会的火种不是采集于希腊的奥林匹亚，而是取自挪威冰雪运动奠基人松德雷·诺德海姆生前居住过的村子里。为了突出本国的特色，挪威特别运用了滑雪的方式传递火炬。火炬途经的地方是曾在挪威霍尔门科伦滑雪大赛、北欧运动会、冬季奥运会上取得优异成绩的挪威选手所居住的城镇。开幕式上，挪威著名探险家弗里迪奥夫·南森的孙子埃吉尔·南森点燃了主火炬，成为冬奥会历史上第一位点燃开幕式现场主火炬的人①。

1964年奥地利因斯布鲁克第9届冬奥会首次从希腊奥林匹亚采集圣火，进行传递，并点燃了会场主火炬。至此，冬奥会圣火传递从理念、形式上完成了与夏奥会的“接轨”。

1968年法国格勒诺布尔第10届冬奥会圣火传递中，火炬手持火炬游过马赛港，使火炬传递方式突破了陆地限制，为以后奥运会火炬传递方式的创新提供了启示。

1972年日本札幌第11届冬奥会首次来到了亚洲。日本组委会组织1.5万名青少年进行了声势浩大的火炬接力仪式。开幕式上由中学生高田英纪点燃了奥林匹克圣火，这是冬奥会历史上第一次将点燃主火炬的荣誉授予了学生。一大批青少年参与冬奥会火炬传递仪式，表达了战后重建时期的日本对未来的自信和希望②。

1976年奥地利因斯布鲁克第12届冬奥会是该市第二次举办的冬奥会。

---

① 韩双：《冬奥会火炬传递仪式研究》，硕士学位论文，北京体育大学人文学院，2016年，第19页。

② 韩双：《冬奥会火炬传递仪式研究》，硕士学位论文，北京体育大学人文学院，2016年，第23页。

为显示这一殊荣，组委会特意在主会场设立了两个火炬塔：一个是 1964 年奥地利因斯布鲁克第 9 届冬奥会的火炬塔，另一个是本届冬奥会新设立的火炬塔。开幕式上奥地利著名雪橇运动员约瑟夫·费斯特曼特尔和著名高山滑雪运动员克里斯特尔·哈斯共持火炬登上圣火台。约瑟夫首先点燃了本届冬奥会火炬塔，然后把火炬交给克里斯特尔，克里斯特尔随即点燃了 1964 年奥地利因斯布鲁克第 9 届冬奥会的火炬塔，两个主火炬同时燃烧起来。这是冬奥会历史上第一次由两个人共同完成的圣火点燃仪式，象征着这座城市享有的举办过两届冬奥会的荣誉。

在 1980 年美国普莱西德湖第 13 届冬奥会上，更多的女性参与到火炬传递活动中。火炬传递人员由 52 名运动员组成。与以往不同的是，点燃这次主会场火炬的不是东道主国家著名运动员或社会名流，而是一位普通的普莱西德湖市民。

1984 年南斯拉夫萨拉热窝第 14 届冬奥会是第一次在社会主义国家举办的冬奥会。火炬手在希腊奥林匹亚点燃火炬后，专门到顾拜旦纪念碑前举行纪念仪式，以表达对现代奥运之父的敬意。圣火从希腊运到南斯拉夫后，采取了与以往不同的路线，分南、北两路进行火炬接力，最后在波斯尼亚—黑塞哥维那会合①。

1988 年加拿大卡尔加里第 15 届冬奥会的主火炬由当地 12 岁的业余滑雪运动员罗宾·佩里点燃。这是冬奥会举行圣火点燃仪式以来，第一次将这一殊荣授予一名少年业余运动员。

1994 年挪威利勒哈默尔第 17 届冬奥会邀请了来自十余个国家的 30 名著名冰雪运动员参与火炬传递（其中包括我国运动员王秀丽）。这是冬奥会历史上第一次有非主办国的代表参与的火炬传递。在传递途中，有 3000 名艺术工作者、4000 名演艺人员参与了舞蹈、绘画、音乐等的创作和表演，直到运

① 韩双：《冬奥会火炬传递仪式研究》，硕士学位论文，北京体育大学人文学院，2016 年，第 24 页。

动会闭幕才结束，这是对火炬传递仪式的进一步丰富和拓展。本届冬奥会在圣火传递中举办艺术活动、邀请非主办国选手参与，为以后冬、夏季奥运会提供了借鉴。

2002年美国盐湖城第19届冬奥会在圣火传递过程中，有一支庞大的雪佛兰车队伴随。开幕式上的主火炬由1980年夺得冬奥会冰球金牌的美国国家队全体队员点燃。

2006年意大利都灵第20届冬奥会的火种采集遇到了困难。按原定时间在希腊赫拉神庙进行火种采集时，因阴云密布无法用聚光镜采集到火种，女祭司只好使用彩排时保留下来的火种。都灵冬奥会创造性地使用了红色法拉利跑车、“水城”威尼斯贡多拉小船等交通工具传递圣火，充满了意大利特色①。

2010年加拿大温哥华第21届冬奥会圣火的主要运输工具是空军运输机。代表加拿大传统文化的部族酋长和长老将圣火护送到迎接活动现场，展现了加拿大对传统文化的传承与传播②。

2014年俄罗斯索契第22届冬奥会刷新了冬奥会火炬的最长传递路线、最多传递人数、最丰富传递方式、最强大文化辐射等多项纪录。火炬在奥运会历史上首次乘坐核动力破冰船到达北极，经受了低温冰冻检验，顺利完成极地探险之旅；火炬还首次潜入了世界最深湖贝加尔湖的湖底，攀上欧洲最高峰厄尔布鲁士峰的峰顶；最受世人瞩目的是索契冬奥会火炬随“联盟TMA-09M”号飞船到达太空，进行了“太空漫步”，成为冬奥会上的一项伟大创举；索契冬奥会的圣火传递除了汽车、火车、飞机等普通交通工具外，还使用了狗拉雪橇、卡丁车、雪橇摩托、联合收割机、四轮马车、骆驼等充满俄罗斯地域特色和民族

① 阚军常：《都灵、温哥华、索契冬奥会文化创意的比较分析》，《首都体育学院学报》2015年第6期。

② 张亮：《冬奥会体育文化创新对比分析——以都灵、温哥华、索契冬奥会为例》，《黑河学院学报》2017年第9期。

风情的手段和方式。火炬传递路线还经过俄罗斯著名的历史遗迹和文化名胜，全方位展现了俄罗斯的风土人情①。

2018年韩国平昌第23届冬奥会火炬传递采用了机器人、海底缆车、热气球、溜滑索、蒸汽机车和牛车等别具特色的方式。火炬每到一地都会举行当地特色文艺表演，充分展现韩国现代科技和传统文化。在济州岛举行了别具一格的海女水下圣火传递；在韩国"科技之都"大田市，两名"机器人火炬手"传递圣火，这是奥运史上首次使用机器人进行圣火传递；在江原道首府春川市，火炬手以乘坐热气球的形式出发，在空中完成了圣火传递；当圣火抵达"韩牛"原产地横城郡，火炬手在牛车上进行传递；在原州市，两名火炬手在韩国最长的徒步悬索桥上进行了交接②。

奥林匹克圣火传递是重要的奥林匹克文化传统之一。奥林匹克圣火的采集、传递、点燃直至最终的熄灭，象征着四年一届的人类体育盛会的隆重召开与圆满落幕。历届冬奥会的圣火传递活动是东道主经济、科技、政治等实力的集中展现，也是奥林匹克文化、冰雪文化、东道主文化的完美融合，是人类创造、创新、创意能力的最终体现，是最珍贵的冬奥会文化遗产之一。

二、冬奥会开幕式

奥运会开幕式是在奥林匹克运动会正式开赛之前举行的庄重、热烈的仪式活动。奥运会开幕式有其相对稳定的程式，主要包括：欢迎贵宾入场；升主办国国旗、奏主办国国歌；文艺演出；运动员入场；升奥运会会旗、奏会歌；主办国致辞、奥委会主席致辞；运动员、裁判员、教练员宣誓；点燃圣火；焰火表演

---

①　姜佳昕：《索契冬奥会的文化创意研究》，硕士学位论文，哈尔滨体育学院体育教育训练学院，2015年，第27页。

②　新华社新媒体：《展现韩国科技文化　奥运圣火照亮未来——平昌冬奥会火炬传递综述》，2018年2月8日，见https://baijiahao.baidu.com/s?id=1591808055934194522&wfr=spider&for=pc。

等。主办国可适当调整这些程式的先后顺序①。其中,大型文艺演出最能彰显主办国的历史文化和民族特色,是开幕式中最精彩的部分;而关于倒计时展示、奥运五环图案显示、奥运主火炬点燃、和平鸽放飞等,是最能体现东道主创意和智慧的环节。

一直以来,人们对夏季奥运会的关注度要高于冬季奥运会,这与冬奥会举办地域的局限性有关。但值得关注的是,奥运会开幕式中的很多变化最先出现在冬奥会开幕式上,如1932年美国普莱西德湖冬奥会开幕式出现了奥运会历史上第一个由女性运动员担任旗手的代表团;1956年意大利科蒂纳丹佩佐冬奥会开幕式在奥运会历史上第一次由女运动员宣誓;1960年美国斯阔谷冬奥会组委会专门制作了奥运会主题曲;1988年加拿大卡尔加里冬奥会是第一次完全禁烟的奥运会;1992年法国阿尔贝维尔冬奥会第一次出现了和平鸽的造型②。因此,虽因季节、地域等原因造成传播范围相对较小,但由于其创新意义和独特价值,冬奥会开幕式的影响日益凸显出来。

现代冬奥会开幕式具有重要的社会功能。其中,开幕式文艺表演的创意主旨主要包括以下几方面:(1)进行奥林匹克教育和文化传播;(2)展示举办地独特的历史文化与民族风情;(3)反映现代科技和时代脉搏;(4)突出冰雪运动和冰雪文化。下面以部分冬奥会开幕式为例进行说明。

1968年第10届法国格勒诺布尔冬奥会开幕式别出心裁,主办方将3万朵色泽艳丽的红玫瑰从直升飞机上撒向笼罩着节日气氛、拥有7万名观众的运动场。鲜红的花瓣散落在洁白的雪地上,显得十分鲜艳夺目,特别浪漫飘逸。玫瑰在格勒诺布尔有着特别的含义,该城的城徽以3朵红玫瑰作为标志,象征着这里的工业、文化教育、旅游和冬季运动三大特色。这届冬奥会借鉴了

---

① 高芳婿:《奥运会开幕式解说风格创新研究》,硕士学位论文,北京体育大学人文学院,2015年,第11页。

② 牛静、郭传鑫:《现代奥运会开幕式历史演进的研究》,世界图书出版广东有限公司2013年版,第171页。

1964 年东京夏季奥运会开幕式弥漫菊花香气的经验,无疑是冬奥会开幕式历史上最浪漫、最美妙、最馨香的创意。

1998 年第 18 届日本长野冬奥会开幕式上,独具匠心的设计是五洲同唱《欢乐颂》。北京故宫神武门前、纽约联合国大厦广场上、开普敦印度洋畔、悉尼歌剧院前、柏林勃兰登堡门下 5 个分会场与长野冬奥会主会场同步,跟随着著名指挥家小泽征尔的指挥棒引吭高歌,将开幕式的气氛推向了高潮。5 个分会场与主会场欢腾的歌舞表达了人们对世界和平、各国人民团结的美好期盼。长野冬奥会开幕式通过现代通信技术将五大洲连为一体,充分阐释了五环旗蕴含的奥林匹克精神①。

2006 年第 20 届意大利都灵冬奥会开幕式分为激情长驻、来自阿尔卑斯的问候、意大利、奥林匹克之城、奥林匹克精神、但丁和他的运动员们、激情意大利以及和平八个部分。在八个篇章中每一部分都伴有精彩的舞蹈演出和杂技节目。在开幕式接近尾声时,后场背景采用杂技的形式,几十名白衣人顺着空中垂下的白绸向上有节奏地攀爬,最后在空中组成了一只巨大的白色鸽子的形象,向阿富汗、伊拉克等尚处战乱中的人们送去和平的祝福;在场中央则由穿着不同颜色服装的近千人摆出一个正在启动、准备出发的高台滑雪运动员的姿态,由开始姿势到起步滑行、起飞,近千人同步完成一名巨型高台滑雪运动员的技术动作,令人耳目一新。都灵冬奥会开幕式以人体动作的形象语言,把冰雪运动与文化教育结合起来,用"友谊、团结、公平竞争"等精神教育青年,促进全世界各族人民相互了解②,巧妙地展现和阐释了奥林匹克运动的宗旨。

2010 年第 21 届加拿大温哥华冬奥会开幕式倒计时,一名单板滑雪运动员从天而降,穿越奥运五环向全世界展示"欢迎来到 2010 年温哥华冬奥会"

---

① 陈鸿斌:《二十世纪最后一次五环盛典——长野冬奥会》,《国际展望》1998 年第 4 期。

② 程其练、周美芳:《论 2006 都灵冬奥会展现出的奥林匹克精神》,《江西教育学院学报》2006 年第 3 期。

的一幕，堪称全场的经典之作。开幕式上，四个巨型因纽特人石刻造型被放置在舞台中央，象征着热情、友谊和团结。整场开幕式的文艺表演充分展现加拿大的民俗风貌，舞台以裂变的冰块形式展现冬季奥林匹克运动的特色。温哥华冬奥会的文化创意除了表达团结友爱的奥林匹克精神之外，更多的是在传递加拿大奥运惠及大众的人文体育观念①。

2014 年第 22 届俄罗斯索契冬奥会开幕式的开场短片中，导演利用 33 个俄文字母，讲述了俄罗斯在不同时期、不同领域取得的辉煌成绩。这里每一个字母都代表着一份俄罗斯民族的骄傲，如伟大的音乐大师柴可夫斯基、对直升机的发明贡献卓越的西科斯基、大文豪托尔斯泰、世界第一位登上月球的宇航员加加林、"蒙太奇之父"爱森斯坦等。在文艺演出中，导演利用俄罗斯的文化艺术成就完成叙事：在中世纪的俄国部分，展现了俄罗斯特有的"洋葱顶""尖顶"教堂；在彼得大帝章节，出现改良的俄语字母、世界四大教堂之一的伊萨基辅大教堂；在俄法战争部分，展示了撼动世界文坛的《战争与和平》、俄罗斯人骄傲的芭蕾舞艺术；在十月革命章节，整个体育场被苏联革命的红色布满，巨大的齿轮、蒸汽机车相继而入，工业化大生产到来；开幕式最后，柴可夫斯基的《天鹅湖》经典音乐响起，身穿 LED 舞裙的舞者犹如三十只"白鸽"，在深黑的夜空中翩翩起舞，这些"和平鸽"的放飞代表着俄罗斯梦想的起飞②。索契冬奥会开幕式呈现出鲜明的俄罗斯民族特色，其提升国家文化软实力的战略设计、民族传统文化的传承与创新等值得借鉴。

2018 年第 23 届韩国平昌冬奥会的开幕式在象征和平的钟声中拉开了帷幕，这是本届冬奥会开幕式的主题，体现了人们对和平的渴望和珍惜。身着韩国传统服饰的演员在舞台中央翩翩起舞，半人半鸟的出现寓意着天地融合、和谐共处，人的部分象征着大地，鸟的部分象征着天空。一位 77 岁的老人演唱

---

① 阚军常：《都灵、温哥华、索契冬奥会文化创意的比较分析》，《首都体育学院学报》2015 年第 6 期。

② 胡杨：《索契冬奥会开幕式中集体记忆的符号化建构》，《视听》2015 年第 2 期。

《阿里郎》——朝鲜半岛文化中一个重要的文化符号。在开幕式升国旗唱国歌部分，唱韩国国歌的小朋友选自韩国跨国婚姻家庭，以表现韩国文化的包容势态。在运动员入场过程中，先后播放了包括《手拉手》《江南 style》等十三首具有韩国流行文化特色的代表音乐作品。当《手拉手》的音乐响起时，勾起了无数人对 1988 年汉城奥运会的回忆。在平昌冬奥会开幕式上，韩国利用其传统文化元素和流行文化元素，展示了韩国的起源、发展和未来，向全世界奉献了一场具有韩国民族特色的视觉盛宴①。

总之，奥运会开幕式展现“相互理解、友谊、团结和公平竞争”的奥林匹克精神，展示主办国的经济实力、科技水平、人文精神、民族文化、政治态度、国际关系等，表达对世界各国来宾的热情欢迎，所以奥运会开幕式被称为“奥运会之花”②。冬奥会的历史虽不如夏奥会古老和深邃，但冬奥会同样书写着奥林匹克运动的多彩历史，散发着奥林匹克文化与艺术的耀眼光芒③。

三、冬奥会艺术节

奥林匹克艺术节是奥运会的重要组成部分，是国际奥委会根据奥林匹克主义的原则，力图把体育运动与文化、教育融合起来的重要活动。在每一届奥运会举行期间，奥运会组委会经国际奥委会同意，都要组织各种能充分展示主办国和世界各国文化特色的文化艺术活动，这些活动统称为奥林匹克艺术节活动。现行《奥林匹克宪章》对此作了具体规定，奥运会组委会需制定文化活动计划，并提交国际奥委会执委会批准。内容包括在奥运村举办象征人类文化的普遍性和多样性的活动，以及主要在主办城市举行的同样活动。文化活

---

① 董燕圆：《媒体奇观视野下冬奥赛事传播的研究》，硕士学位论文，南京体育学院体育教育与人文学院，2019 年，第 21—22 页。

② 孙春萌：《奥运会开幕式多元文化及价值探讨》，硕士学位论文，安徽工程大学体育学院，2010 年，第 2 页。

③ 董宇：《冬奥会开幕式探究》，《体育文化导刊》2015 年第 8 期。

动需至少贯穿奥运村开放的整个时期①。

奥林匹克艺术节经历了百年历史，形式从初期的艺术竞赛、艺术展示，发展到1992年巴塞罗那奥运会的“文化活动”(Cultural Event)，再到2012年伦敦奥运会的“文化项目”(Cultural Programme)。奥林匹克艺术节是奥运会期间必不可少的一项活动，也是展示民族文化的最好契机，各届奥运会主办国都不失时机、花大力气地对其进行组织策划，从而提升本民族的文化形象②。冬奥会同样举行艺术节活动，与夏奥会不同之处主要是侧重于体现冬季运动特征和冰雪文化特色。下面以近几届冬奥会为例进行说明。

盐湖城冬奥会(2002年美国第19届冬奥会)文化艺术的比赛与展示，门类众多，精彩纷呈，主要包括展览、舞蹈、电影、音乐、广播、特别节目、朗诵、散文与诗、社区活动和新闻报道等。(1)展览：分为临时展览和巡回展览两种形式，包括绘画展览、雕塑展览、古奥运会文物展览和冰雕比赛等十余项内容。(2)舞蹈：有十余场，包括芭蕾舞、民族舞、儿童舞、爵士舞、戏剧舞蹈、舞蹈音乐会等。(3)电影：主要是巴德·格林斯潘电影展，巴德·格林斯潘从艺40多年共拍摄了六部体育电影，获美国电影导演工会终身成就奖。(4)音乐：分为交响乐、通俗音乐、音乐剧、军乐、宗教音乐等，包括10多个主题，组委会为给冬残奥会筹集资金还专门举办了慈善音乐会。(5)广播：美国专业广播牛崽协会以《北美挑战》节目获指定广播报道权。(6)特别节目：包括人权奖授予仪式、饭桌上的艺术、肯尼迪中心举办的梦幻庆典活动(对青少年及其家人进行表演和视觉艺术教育)。(7)朗诵：包括音诗之夜、我喜爱的诗朗诵等两项活动，参与者涉及不同地区、口音、年龄、职业、教育、社会背景的美国人。(8)社区活动：涵盖了从展览到演出几乎所有的艺术形式，超过了30项活动③。

---

① 罗时铭等主编：《奥林匹克学》，高等教育出版社2007年版，第220—224页。
② 郑国华：《北京奥运会中的民族精神观照》，《江西师范大学学报》2006年第4期。
③ 王军：《盐湖城冬奥会文化计划实施解读》，《体育文化导刊》2003年第3期。

温哥华冬奥会(2010 年加拿大第 21 届冬奥会)前后,当地社区组织了丰富多彩的文体娱乐活动,主要目的是激发社区居民参与冬奥会的热情,提高居民自豪感,鼓励居民主动创造与冬奥会有关的社区遗产。其中,惠斯勒社区的生活文化节是这些文体活动的代表。惠斯勒生活文化节在温哥华冬奥会前后的 27 天里举办,是惠斯勒地区举办的规模最大、历时最长的文化节。文化节期间展示了加拿大本国和外国的音乐、舞蹈、绘画、电影等大众文化,为当地居民和游客提供了丰富多彩的文化盛宴。特别是在民族社区中开展土著文化艺术展示活动,加深了人们对土著文化的了解;开设免费的滑雪课程,成立土著滑雪队伍,培养土著运动员;开发土著旅游等活动。在冬奥会结束后,土著团体在惠斯勒建设永久性的斯阔米什—里沃尔土著文化中心,并借此向世界传播土著文化①。丰富多彩的文体娱乐活动在为冬奥会成功造势的同时,也为当地社区留下了独一无二的遗产。

索契冬奥会(2014 年俄罗斯第 22 届冬奥会)组委会自 2010 年起便积极与其他地区协作,推出"索契 2014"文化奥林匹亚系列活动,精心挑选最能代表俄罗斯文化精髓的内容和形式。在 2010 年至 2013 年,多达数千场文化活动在俄罗斯各地举办,文化奥林匹亚系列活动每年以一种艺术形式设定一个主题,2010 年为电影年、2011 年为戏剧年、2012 年为音乐年、2013 年为博物馆年。在 2014 年,来自奥地利、英国、白俄罗斯等多个国家的近 500 名文艺爱好者在俄罗斯开展了一场公开竞赛,参赛者年龄从 14 岁至 50 岁不等,艺术形式涵盖了经典音乐和流行音乐、铜管乐队、爵士乐队、民乐、流行舞蹈等,获胜选手将参与"索契 2014"文化奥林匹亚系列活动,在奥运会的舞台上展现本国的民族文化和艺术②。在索契冬奥会期间,俄罗斯冬季艺术节切合索契冬奥会

---

① 孙葆丽、宋晨翔:《温哥华冬奥会遗产工作研究及启示》,《北京体育大学学报》2017 年第 10 期。

② 黑迪:《奥运赛事文化活动对 2022 年冬奥会的启示和可持续发展研究》,硕士学位论文,北京体育大学中国田径运动学院,2019 年,第 24 页。

的文化创意主题，成为了备受瞩目的文化活动，俄罗斯向世界展示了自己的体育成就和文化成果；索契的旅游服务部门精心组织，积极行动，让世界各地的体育健儿、游客在观赏精彩的体育赛事之余，还可以领略索契这一世界闻名的旅游休闲名城，充分享受并融入俄罗斯文化①。

平昌冬奥会(2018 年韩国第 23 届冬奥会)在开幕前举办了一系列文化庆典活动。江原道政府投入 582 亿韩元(约合人民币 3.5 亿元)，分 5 个领域举行 41 项文化庆典活动；春川市举行了纪念冬奥会倒计时 50 天和 30 天的“浪漫庆典”以及“烟花文化节”等活动；江陵市举行了城市庆典、2018 江陵冬季文化庆典、韩国流行音乐演唱会等活动；旌善郡举办了大韩民国阿里郎庆典，以阿里郎为主题进行舞蹈、音乐会等丰富多彩的演出；平昌郡举行了 2018 平昌冬季庆典，举办传统滑雪、徒手抓鱼、马拉松、雪雕比赛等多项体验活动。在冬奥会举办期间，平昌冬奥组委组织的各类文艺、展览、体验活动达到 1200 场②。特别是，韩国在平昌奥林匹克广场上设立“传统文化馆”，主要由传统艺术展览和汇演构成，前来参观的游客每天都能在馆内欣赏到伽倻琴、盘索里等韩国民族特色的文艺演出以及别具一格的韩国传统礼仪节目③；近 20 个国家在冬奥赛事场馆附近设置了参赛国国家文化展馆，宣传了各国的文化④。这一系列庆典文化活动，向全世界传播了韩国对奥林匹克主义的理解以及渴望和平、融入世界的愿望。

总之，奥林匹克艺术节既是对主办国文化的大型展示，也是世界性文化艺术的集中会演。音乐、舞蹈、文学、戏剧、绘画、摄影、雕塑、建筑、邮票等各种文

① 姜佳昕：《索契冬奥会的文化创意研究》，硕士学位论文，哈尔滨体育学院体育教育训练学院，2015 年，第 33 页。

② 刘正：《2018 平昌冬奥会奥林匹克教育研究》，《北京体育大学学报》2019 年第 2 期。

③ 黑迪：《奥运赛事文化活动对 2022 年冬奥会的启示和可持续发展研究》，硕士学位论文，北京体育大学中国田径运动学院，2019 年，第 14 页。

④ 董燕圆：《媒体奇观视野下冬奥赛事传播的研究》，硕士学位论文，南京体育学院体育教育与人文学院，2019 年，第 23 页。

化艺术形式争奇斗艳，将体育与人类创造的各类文化成果紧密结合，展示了健美的身体与健全的精神和谐交融的巨大魅力，构成了一道独特的奥林匹克文化景观，把奥林匹克运动提升到“世界共同的文化财富”的审美境界①。冬奥会艺术节传承奥林匹克精神，展示冬季运动和诠释冰雪文化，向世界传递主办国的民族文化和审美取向，不断吸引着世界人民的目光。

本章从冬奥会的主题作品、文化标识、大型活动三个方面，展示和分析世界各国在承办冬奥会过程中是如何推介和传播本国优秀传统和特色文化的。由此可见，冬奥会不仅仅是一场高水平的冰雪运动竞技，更是一场大型的冬季文化盛宴。这些标识和活动，不仅满足设计和活动本身的功能需求，更注重从本土独特的地理风貌、历史文化、民族精神等方面，提炼概括最能代表本民族独特性的色彩、图形、语言、动作、音符，将本国最具魅力的一面展现出来。冬奥会的这些文化标识和活动，是承载时代性、地域性、民族性、文化性、前瞻性的符号化视觉语言。这种符号化视觉语言，不断追寻文化、精神、科技与时代的融合，成为人与人、国家与国家、民族与民族交流的重要方式和媒介②。

① 王军：《盐湖城冬奥会文化计划实施解读》，《体育文化导刊》2003 年第 3 期。

② 尚山江：《体育赛事类视觉形象设计的革新——2014 索契冬奥会视觉形象设计分析》，《装饰》2014 年第 4 期。

第七章 北京冬奥会与中国传统冰雪运动文化的传播(一):北京冬奥会举办前的传播

第一节 提出特色鲜明的冬奥会赛事理念

一、赛事理念概述

理念是指人们对于某一事物或现象的理性认识、理想追求以及所形成的观念体系①。体育赛事理念即对体育赛事的认识以及所追求的一系列观念的集合,其主要作用是解决“办什么样的比赛”“怎样办这样的比赛”这两个主要问题②。奥运会的赛事理念一般包括申办奥林匹克运动会的理念(简称“申办理念”)、申办奥林匹克运动会的口号(简称“申办口号”)、筹办奥林匹克运动会的理念(简称“办奥理念”)、奥林匹克运动会主题口号(简称“主题口号”)等。

2008 年北京奥运会先后提出了一系列让人印象深刻的赛事理念。2000

① 韩延明:《大学理念论纲》,人民教育出版社 2003 年版,第 58 页。

② 徐子齐、孙葆丽:《北京 2022 年冬奥会赛事理念从申办到筹办嬗变探究》,《体育文化导刊》2018 年第 6 期。

年2月1日,北京奥申委举行第二次全体委员会,通过了申奥口号"新北京、新奥运"(New Beijing,Great Olympics);2000年12月13日,北京奥申委代表团在洛桑国际奥委会总部向执委会介绍了申奥理念"绿色奥运、科技奥运、人文奥运"(Environment-friendly Olympics,Technology-empowered Olympics,Culture-enriched Olympics);2005年6月26日,中共中央政治局原常委李长春正式宣布了北京2008年奥运会主题口号"同一个世界,同一个梦想"(One World,One Dream)①。这些赛事理念,短小精悍,朗朗上口,含义隽永,成为奥林匹克运动珍贵的文化遗产。

下面,对北京冬奥会的赛事理念进行介绍和分析。

二、北京冬奥会赛事理念

(一)申办理念

2014年11月7日,原北京市市长、北京冬奥申委主席王安顺率北京冬奥申委代表团,出席在泰国曼谷召开的国家和地区奥林匹克委员会协会大会,提出了北京申办2022年冬奥会的理念。该理念的具体内容为:以运动员为中心、可持续发展、节俭办赛。

"以运动员为中心"理念,就是要更加突出运动员的核心地位,把方便运动员、服务运动员作为首要标准,在训练、竞赛、交通、住宿、餐饮、医疗、安全保障、文化交流等各个环节提供全方位、高水平、人性化的服务,使每个运动员达到最佳的竞技状态,奉献更加精彩的比赛,实现个人的远大梦想②。中国传统文化十分重视人的价值,素有"天地之间人为贵"的思想。"以运动员为中心"理念的提出,是对2008年北京奥运会"人文奥运"理念在新形势下的继承和

---

① 新华社:《北京奥运会主题口号问世:同一个世界,同一个梦想》,《楚天都市报》2005年6月27日。

② 人民网:《以运动员为中心、可持续发展、节俭办赛》,2014年11月8日,见http://military.people.com.cn/n/2014/1108/c172467-25994071.html。

发展,是对奥林匹克运动宗旨和《奥林匹克2020议程》改革方向的预判和实践,体现了“以人为本”“人文关怀”的体育内涵和奥运精神,直观、深刻地诠释了人与体育、运动与精神的根本关系,是北京申办冬奥会的强大优势之一①。“以运动员为中心”的理念将运动员作为北京冬奥会一切工作的出发点、关注点和落脚点。运动员是世界各个国家、各种文化的代表者、传播者,在奥林匹克运动会中处于核心地位。他们汇聚在奥林匹克运动会中,在追求“更快、更高、更强、更团结”的过程中,不断向个人极限、人类极限发出挑战,向世界输送不畏困苦、顽强拼搏、奋发有为等各种正能量。

“可持续发展”理念就是把申办、筹办和举办冬奥会与城市生态环境改善、经济社会发展紧密结合起来,树立奥林匹克运动与城市互动发展、共赢发展、继续发展的典范,创造更多、积极、持久的奥运遗产,更好地惠及公众②。可持续发展是当今世界的主导潮流,是国际奥委会《奥林匹克2020议程》确立的改革方向,也是中国政府的施政理念。“可持续发展”理念要求我们在申办、筹办和举办冬奥会过程中除了生态环境保护、场馆赛后循环利用外,还要继续发展冰雪运动。在中国,冰雪运动长期以来在东北部地区发展较好。北京申办2022年冬奥会必将打破中国冰雪运动发展的地域局限性,有效推进中国冬季运动的“南北融合”,让中国东部甚至南方的人们感受到冰雪运动的魅力,鼓舞和实现三亿人参与冰雪运动。借助举办冬奥会的“东风”,冰雪运动在世界上人口最多的国家得到普及和推广,是对国际奥林匹克运动和精神的有效传播,将有力推动冬奥会全面、可持续发展③。

“节俭办赛”理念就是在保障成功举办北京冬奥会的基础上,最大限度地

① 崇礼信息网:《“三大理念”助力北京申办2022年冬奥会》,2015年6月9日,见 http://www.chonglitong.com/article-view-808.html。

② 中国政府网:《以运动员为中心、可持续发展、节俭办赛——北京申奥三大理念》,2014年11月7日,见 http://www.gov.cn/xinwen/2014-11/07/content_2776251.htm。

③ 崇礼信息网:《“三大理念”助力北京申办2022年冬奥会》,2015年6月9日,见 http://www.chonglitong.com/article-view-808.html。

降低办赛成本,减少铺张浪费,增加社会福利①,提高民众幸福感、获得感。倡导勤俭节约、反对铺张浪费是中华民族的传统美德,也是国家治理和社会改革应遵守的基本原则之一;降低奥运会申办、筹办和举办成本,也是《奥林匹克2020议程》的重要改革措施之一。北京冬奥会硬件设施的建设坚持科学、严谨、务实、节俭的四大原则。在承办比赛的12个场馆中,有11个场馆利用2008年奥运会的场馆(其中国家体育场用于举办开闭幕式、国家体育馆用于举办女子冰球比赛、首都体育馆用于举办短道速滑和花样滑冰、国家游泳中心用于举办冰壶比赛、五棵松体育馆用于举办男子冰球比赛);充分利用京津冀经济社会一体化发展的趋势,减少额外的基础设施投入,有效降低成本和预算;借鉴2008年奥运会的筹办经验,采取以租代购的形式,购置器材装备的成本降低了30%,仓储、资产储值的成本也得到有效降低;同时充分调动各类企业的参与热情,15.1亿美元的场馆预算其中65%是企业投入的,北京、延庆以及张家口三个赛区的奥运村建设资金100%是由企业投资的②。

(二)办奥理念

如果说北京冬奥会申办时期的赛事理念主要陈述的是"办什么样的冬奥会"问题,那么北京冬奥会筹办时期的赛事理念就是阐明"如何办这样的冬奥会"的问题③。

2015年11月24日,习近平总书记对办好北京冬奥会作了重要指示,提出了"绿色办奥、共享办奥、开放办奥、廉洁办奥"的四大办奥理念④,这对全

---

① 中国政府网:《以运动员为中心、可持续发展、节俭办赛——北京申奥三大理念》,2014年11月7日,见 http://www.gov.cn/xinwen/2014-11/07/content_2776251.htm。

② 王静:《北京承诺节俭办赛》,《中国体育报》2015年8月3日。

③ 徐子齐、孙葆丽:《北京2022年冬奥会赛事理念从申办到筹办嬗变探究》,《体育文化导刊》2018年第6期。

④ 《习近平对办好北京冬奥会作出重要指示》,《人民日报》2015年11月25日。

面、协调、高效地筹办北京冬奥会具有重要的指导意义,为我国成功主办2022年北京冬奥会打下了坚实的理论基础。

“绿色办奥”理念就是要提升全社会的环保意识,加强环境治理和污染防控工作,把绿色发展理念贯穿筹办冬奥会的工作始终①。绿色办奥理念来自习近平总书记关于生态文明建设的思想——只有绿色发展才能实现新时代中国经济高质量转型发展,进而成为办奥理念的重要内容;该理念顺应了奥林匹克运动环境发展理念,即注重奥林匹克运动发展的环境保护和生态效益,为全世界生态环境的发展做出新的贡献;该理念也是2008年北京奥运会三大理念“绿色奥运、科技奥运、人文奥运”的继承、发展与创新②。经过高标准、严要求的规划和建设,北京冬奥会新建冰上项目场馆、非竞赛场馆将全部达到绿色建筑三星标准。所有竞赛场馆将100%使用绿色电力。本届冬奥会四个冰上项目场馆(举办女子冰球比赛的国家体育馆、举办短道速滑和花样滑冰比赛的首都体育馆、举办冰壶比赛的国家游泳中心、举办男子冰球比赛的五棵松体育馆),采用目前世界上最环保的制冰技术——新型二氧化碳制冷剂,碳排放趋近于零。延庆赛区共计完成214万平方米的生态修复工作……为冬奥会打下美丽中国底色。北京冬奥会协调委员会主席、国际奥委会副主席胡安·安东尼奥·萨马兰奇说:北京冬奥会将成为“最绿色”的奥运会③。

“共享办奥”理念就是要积极调动社会力量参与办奥,提高城市管理水平和社会文明程度,加快冰雪运动的普及和发展,使广大人民群众从中受益④。党的十九大报告明确提出“共建共管共享”的社会治理理念,这为国家、社会

---

① 《习近平对办好北京冬奥会作出重要指示》,《人民日报》2015年11月25日。

② 邵锦梅、李雷:《2022年北京冬奥会办赛理念研究——基于“四个办奥”理念的诠释》,《体育科技文献通报》2020年第8期。

③ 中国政府网:《抓住北京冬奥机遇,推动全民健身和体育强国建设》,2021年8月8日,见http://www.gov.cn/xinwen/2021-08/08/content_5630185.htm。

④ 《习近平对办好北京冬奥会作出重要指示》,《人民日报》2015年11月25日。

与市场“共享办奥”提供了理论指引;共享理念的传播与实践同样是《奥林匹克宪章》《奥林匹克2020议程》有关可持续发展、文化遗产理念的核心内容。实现“共享办奥”要做到以下三点:(1)必须动员利益相关者的广泛参与,在国家、社会与市场的三维空间中形成共识,凝心聚力,共同为北京冬奥会的筹备和举办工作发力;(2)要为全面实施京津冀协同发展战略起到引领作用,推动京张体育文化旅游带的打造,带动沿线群众就业、增收和致富;(3)要加强对北京、张家口、崇礼地区冰雪小镇的建设,着力打造冰雪之都和滑雪胜地,积极引导广大群体参与冰雪运动,全面提升冰雪运动的普及程度,全面实现“三亿人上冰雪”的目标。“共享办奥”理念的着力点和落脚点,就是共享北京冬奥会的发展成果,实现区域经济的协同发展,让广大人民群众拥有更多的幸福感、获得感①。

“开放办奥”理念就是要借鉴2008年北京奥运会和其他国家举办大型赛事的经验,发扬奥林匹克精神,推动中外体育交流,促进东西文明交融,展示中国良好形象②。对外开放是中国繁荣发展的必由之路,习近平总书记反复强调,改革开放只有进行时没有完成时。国际奥委会始终秉承“卓越、友谊、尊重”的奥林匹克核心价值观,主张多元文化的交流、碰撞和融合;始终秉持促进人类社会和平与发展的宗旨,坚持以开放的姿态推动奥林匹克运动在全球的发展和传播③。2015年以来,北京冬奥组委与国际奥委会、国际残奥委会、国际冬季单项体育联合会等组织保持良好合作;吸收社会资金和社会力量参与冬奥会筹办工作;从全球18个国家和地区遴选57名特聘专家,分散到北京

① 邵锦梅、李雷:《2022年北京冬奥会办赛理念研究——基于“四个办奥”理念的诠释》,《体育科技文献通报》2020年第8期。

② 《习近平对办好北京冬奥会作出重要指示》,《人民日报》2015年11月25日。

③ 王润斌、肖丽斌:《新发展理念下北京冬奥会举办理念的贯彻与前瞻》,《上海体育学院学报》2019年第1期。

冬奥组委十几个部门工作,北京冬奥会成为对外开放的助推器①。特别是,通过筹办北京冬奥会,加强体育、文化、社会等领域的国际交流,从而"讲好中国故事、发出中国声音、展现中国形象"。2017 年 10 月,北京冬奥组委在加拿大举行面向当地居民和华人华侨的冬奥会推介活动,向海外讲述北京冬奥故事。同月,北京冬奥组委迎来 35 个国家和地区的 160 名"北京友好城市青年交流营"营员,开展冬奥体验日活动,各国青年通过体育和文化紧密团结在一起②。

"廉洁办奥"理念就是要严格预算管理,强化过程监督,控制办奥成本,提高综合效益,让冬奥会像冰雪一样干净纯洁③。"廉洁办奥"理念是党的十九大关于党风廉政建设和反腐败斗争工作在体育领域的延伸,为新时代我国建设社会主义体育强国提供了有力保障。国际奥委会在"盐湖城冬奥丑闻"之后进行了全面、深入的改革,《奥林匹克和体育运动善治的基本通则》对诚信和道德标准、《奥林匹克 2020 议程》对透明度设计都提出了明确的要求④。为推动"廉洁办奥"理念的落实,近年来北京冬奥组委简化办赛运行方案,努力实现精彩办赛和节俭办赛的统一;加强项目审计监督,确保筹办工作廉洁高效;坚持勤俭节约、不搞铺张浪费,用最节俭的方式承办冬奥会。例如,北京冬奥会预算编制工作团队由政府财政部门的负责人、会计师事务所的代表以及参与过北京 2008 年奥运会的财务专家和奥林匹克学者共同组成,遵循科学、严谨、审慎、可行的原则,编制了北京冬奥会预算方案;北京冬奥组委建立、健全对场馆建设项目、技术服务项目等的招投标制度,切实做到"阳

① 中国政府网:《抓住北京冬奥机遇,推动全民健身和体育强国建设》,2021 年 8 月 8 日,见 http://www.gov.cn/xinwen/2021-08/08/content_5630185.htm。

② 王润斌、肖丽斌:《新发展理念下北京冬奥会举办理念的贯彻与前瞻》,《上海体育学院学报》2019 年第 1 期。

③ 《习近平对办好北京冬奥会作出重要指示》,《人民日报》2015 年 11 月 25 日。

④ 邵锦梅、李雷:《2022 年北京冬奥会办赛理念研究——基于"四个办奥"理念的诠释》,《体育科技文献通报》2020 年第 8 期。

光办奥”①;国家雪车雪橇中心放弃高薪聘请外国团队的做法,自主研发和创新,喷射浇筑出一条1.9公里的混凝土赛道,为冬奥会硬件建设节省了资金②。

(三)冬奥口号

奥运会口号是该届奥运会举办理念的高度概括和集中体现。奥运会口号将一届奥运会的理念浓缩为一句简短有力、容易记忆的话,具有较强的视觉、听觉表现能力,富有强烈的情感色彩,能被不同文化背景的人们接受,并能广泛传播、深入人心,成为展示该届奥运会精髓的核心载体③。奥运会口号一般分为申办口号和主题口号。

1.申办口号

北京2008年奥运会的申办口号“新北京、新奥运”(New Beijing, Great Olympics),表达了北京经过改革开放洗礼,以崭新的面貌进入新世纪,以饱满的热情欢迎全世界人民共同参与奥运会,使奥林匹克精神在拥有13亿人口的中国得到广泛的传播。北京2008年奥运会的主题口号“同一个世界,同一个梦想”(One World, One Dream),集中体现了奥林匹克运动的精神实质和普遍价值观,深刻反映了北京奥运会的核心理念④。

2014年10月15日至2014年11月21日,北京2022年冬奥申委口号征集活动办公室开展了北京冬奥会申办口号征集活动。其中影响较大的一个口号是“纯洁的冰雪,激情的约会”(Joyful Rendezvous upon Pure Ice and Snow)。该口号同时是北京2022年冬奥申委制作的宣传片的名称。该宣传片在2014

---

① 王润斌、肖丽斌:《新发展理念下北京冬奥会举办理念的贯彻与前瞻》,《上海体育学院学报》2019年第1期。

② 中国政府网:《抓住北京冬奥机遇,推动全民健身和体育强国建设》,2021年8月8日,见http://www.gov.cn/xinwen/2021-08/08/content_5630185.htm。

③ 搜狐体育:《北京2022年冬季奥林匹克运动会申办口号征集》,2014年10月17日,见https://sports.sohu.com/20141017/n405206780.shtml。

④ 搜狐体育:《北京2022年冬季奥林匹克运动会申办口号征集》,2014年10月17日,见https://sports.sohu.com/20141017/n405206780.shtml。

年12月8日荣获第32届米兰国际体育电影电视节体育短片单元“金花环”大奖，使这一口号蜚声海内外。

2. 主题口号

冬奥会主题口号是一届冬奥会举办理念的高度凝练，是该届冬奥会主旨和精神的核心载体，也是该届冬奥会其他文化产品设计、开发和制作的基本依据。结合2008年北京奥运会的主题口号①、2022年北京冬奥会申办口号的征集要求②，北京冬奥会主题口号的创作和遴选工作，应遵循和体现以下原则和要求：一是集中凝练和体现“绿色办奥、共享办奥、开放办奥、廉洁办奥”四大理念；二是在表现本届冬奥会理念的同时，还要表现奥林匹克永恒的价值观以及冬季奥林匹克运动的文化和特点；三是展示主办国家、主办城市的发展成就、文化特色和精神风貌；四是简洁明快、响亮有力、易记上口，便于视觉表现、富于情感色彩、能够打动人心；五是中文和英文口号要使全世界不同文化背景的人都能理解和接受。

2021年9月17日，北京2022年冬奥会主题口号正式发布。北京冬奥组委通过征集创作、筛选修改、讨论推敲等多轮科学、严谨的工作，最终确定中文“一起向未来”和英文“Together for a Shared Future”作为北京2022年冬奥会主题口号。

“一起向未来”这一主题口号，简洁明快，便于识记，具有丰富的文化内涵。第一，凝练了北京冬奥会的鲜明特征。它揭示了全体中国人民经过7年不懈努力向世界奉献一届伟大奥运盛会的奋斗历程，展现了“双奥之城”的独特魅力和中华儿女团结一心的优秀品格。第二，体现了奥林匹克运动的价值追求。它彰显了奥运会团结世人共创未来的人文情怀，诠释了包容差异、携手超越的重要价值，让奥林匹克运动更具有解决世界发展之需的时代性。第三，

---

① 吴志菲：《北京奥运会主题口号趣闻》，《福建党史月刊》2013年第11期。

② 搜狐体育：《北京2022年冬季奥林匹克运动会申办口号征集》，2014年10月17日，见https://sports.sohu.com/20141017/n405206780.shtml。

表达了中华民族的独特声音。它寄托着中国民众的一致诉求,展现了中国走和平发展、合作发展、共同发展的全新道路和构建人类命运共同体的坚定决心。第四,描绘了世界人民的共同愿景。在世纪疫情等全球性挑战面前,它是世界各国人民不畏困难坚强赴约、携手共筑美好未来的准确体现和热切期盼①。

总之,该主题口号是诠释更快、更高、更强、更团结奥林匹克格言的中国方案,表达了世界需要携手走向美好未来的共同愿望,是北京又一次给奥林匹克运动留下的中国印迹②。

第二节　设计具有民族风格的冬奥会文化标识

冬奥会文化标识按性质划分,可分为平面设计类和实物设计类等。冬奥会文化标识一般体现奥林匹克文化的基本精神、主办国家和主办城市的文化特征以及设计者的智慧和创新,是冬奥会丰富多彩的文化遗产的重要组成部分。北京冬奥会文化标识的设计,要讲好中国故事、展现中国形象,充分体现民族因素、民族风格和民族特色。

一、北京冬奥会的平面设计

冬奥会的平面设计类文化标识,一般包括会徽、海报、体育图标、邮票、纪念钞等。下面仅以会徽、体育图标、邮票为例进行说明。

(一)北京冬奥会会徽

1. 会徽简介

会徽是冬奥会最显著的标识。北京冬奥组委于 2016 年 7 月启动会徽征集

① 唐兴、张祥贝:《深刻认识“一起向未来”的时代价值》,《当代广西》2022 年第 8 期。

② 姬烨、王梦等:《北京冬奥发布主题口号:一起向未来》,《新华每日电》2021 年 9 月 18 日。

设计工作，以“绿色办奥、共享办奥、开放办奥、廉洁办奥”理念为指导，借鉴 2008 年奥运会和近几届冬奥会经验，经过中外专家和社会各界代表的精心评选、认真评议，由北京冬奥组委报冬奥会工作领导小组批准和国际奥委会认可，最终揭晓的 2022 年北京冬奥会会徽是中央美术学院副教授林存真设计的“冬梦”。2017 年 12 月 15 日晚，“冬梦”在国家游泳中心水立方正式亮相①。

冬奥会会徽是体育与文化的完美融合，其感性的外观设计和理性的人文内涵相互表征，反映着奥运精神和主办国文化的有机统一②。

2. 会徽外观设计分析

会徽是奥运会视觉形象中的核心部分。会徽的外观设计主要包括形态、颜色、文字、布局等因素。

(1)会徽的形态。2022 年北京冬奥会会徽最凸显的是位于正上方的以蓝色为主色调的中国书法“冬”字。该字的上半部分是滑冰运动员形象，下半部分为滑雪运动员姿态，中间舞动的线条代表各种比赛场地和节日飘舞的丝带。会徽的中间是汲取了中国书法和剪纸特色的“BEIJING 2022”，表明举办地和举办时间。会徽的最下方是五环图案，这是奥林匹克运动最重要的标志，体现世界人民在奥林匹克运动号召下的团结和友谊。

(2)会徽的颜色。北京冬奥会会徽使用了蓝、黑、红、黄、绿多种颜色，其中蓝色包括浅蓝和深蓝。会徽以蓝色为主色调，象征冬日的冰雪，寓意梦想与未来。红色和黄色是中国的代表色，寓意着节日与喜庆，象征运动的激情与活力。绿色象征着青春、希望和机遇，寓意举办冬奥会机会难得和珍贵。文字使用的黑色与蓝色一样具有高饱和度，寓意权威、神圣和高雅。整个会徽所使用的颜色与奥运五环的颜色相符，体现了北京冬奥会国际化、多元化和现代化的特色。这些高饱和度、高情态、高对比度色彩的完美融合，赋予了图像强烈的

① 新华网：《冬梦飞跃　雄心激荡——2022 年北京冬奥会和冬残奥会会徽诞生记》，2017 年 12 月 15 日，见 http://www.xinhuanet.com/politics/2017-12/15/c_1122119505.htm。

② 任海：《奥林匹克运动读本》，人民体育出版社 2005 年版，第 321—324 页。

视觉冲击和远视性,使得会徽整体极具生命力和表现力①。

(3)会徽的文字。在北京冬奥会会徽中,图形“冬”字约占整体版面的大半部分,色彩鲜亮,动态十足,夺人眼球。下方是排列有序、大小一致的“BEIJING”和“2022”,黑色字体较粗,字母均为大写,极具突显性,显得十分庄重、严正。会徽以汉字“冬”字为灵感来源,是因为在中华民族五千年文明发展史中,汉字是承载文化基因最多的载体之一。正如中国美术馆馆长吴为山所说,现在全世界学习汉语的人越来越多,用汉字“冬”设计冬奥会会徽,是讲好中国故事、展现中国精神、让世界了解中国的一种方式,可以让世界各国对中国文化产生美感和敬意②。

(4)会徽的布局。会徽整体成椭圆形,上中下三部分错落有致,浑然一体。会徽下方的奥运五环标志与上面的“冬”字图形形成上下对称,中间黑色字母与数字形成左右对称。整个会徽由上到下,层次分明;由左到右,对称协调,视觉效果美观大方,几近极致③。

3. 会徽人文内涵分析

2022年是中国迈上全面建设社会主义现代化国家新征程、向第二个百年奋斗目标进军的重要一年。北京冬奥会是继北京奥运会后中国举办的又一次大型国际体育盛会,应更好地利用冬奥会会徽这一形象语言来表达自己的理念、意志和诉求,体现国际话语权。黑格尔认为“美是理念的感性显现”④。北京冬奥会会徽除了具有美丽的外观设计,还蕴含着深邃的人文内涵。

(1)凸显冬奥特征。冬奥会会徽与夏奥会会徽最重要的区别就是冰雪文

---

① 刘立春:《多模态话语意义建构——以2022年北京冬奥会会徽为例》,《现代交际》2019年第1期。

② 央视网:《北京2022年冬奥会会徽和冬残奥会会徽诞生记》,2017年12月15日,见http://sports.cctv.com/2017/12/15/ARTIAHgMHR33Wkc64lXjYHK1171215.shtml。

③ 刘立春:《多模态话语意义建构——以2022年北京冬奥会会徽为例》,《现代交际》2019年第1期。

④ 诸葛铠:《设计艺术学十讲》,山东画报出版社2006年版,第92页。

化。冰雪文化是知冰识雪的各国人民在特定的时空里形成的一种文化形态，是冬奥会会徽独特的文化属性①。北京冬奥会会徽“冬梦”的设计理念，是北京冬奥会申办标识“墨舞冬奥”的延续。两者都以中国汉字“冬”为设计原型，均以蓝色为基调。“冬”字和蓝色的结合体现了冬奥会的冬季运动特征。主体图案是滑雪、滑冰两个运动员正在赛道上奋勇前行，表达了不畏寒冷、顽强拼搏、冲击极限、创造辉煌的冰雪竞技特征，弘扬了“更快、更高、更强、更团结”的奥林匹克精神②。

(2)展现民族文化。一个国家的国旗、国花、文字和传统建筑，是这个国家文化的精髓，是一个民族的精神的凝结。把民族色彩、吉祥图案、标志性建筑等富有民族元素的图形设计成构思精妙的抽象符号，是会徽设计的重要思路③。纵观所有的冬奥会会徽，无论是巍峨的阿尔卑斯山脉、奇特的北极和高大的圣塔，还是浪漫的玫瑰、美丽的樱花与圣洁的雪莲，其设计造型都将民族特色、地域文化展现得淋漓尽致。北京冬奥会会徽“冬”字图案的中间，是两条舞动的线条，像行云一样流畅，并且充满了韵律感，象征着举办地起伏的山峦、赛场、冰雪滑道以及飘舞的丝带，为会徽增添了节日喜庆的视觉感受④。“冬”字图案下的文字“BEIJING 2022”，融合了中国两大传统艺术形式——书法和剪纸。书法和剪纸是中国古老文明的两种重要代表，也是人们庆祝欢乐喜庆日子的表达方式。这些设计体现了冬奥会会徽中的中国元素、民族特色和地域风情⑤，表达了主办国对民族文化的认同、传承和发扬。

---

① 白铂、印文晟:《冬奥会会徽设计的审美价值研究》,《哈尔滨体育学院学报》2013 年第 5 期。

② 黄二青、孙继龙:《2022 年北京冬奥会会徽的话语诠释》,《安徽师范大学学报》2021 年第 3 期。

③ 白铂、印文晟:《冬奥会会徽设计的审美价值研究》,《哈尔滨体育学院学报》2013 年第 5 期。

④ 央视网:《北京 2022 年冬奥会会徽和冬残奥会会徽诞生记》,2017 年 12 月 15 日,见 http://sports.cctv.com/2017/12/15/ARTIAHgMHR33Wkc64lXjYHK1171215.shtml。

⑤ 黄二青、孙继龙:《2022 年北京冬奥会会徽的话语诠释》,《安徽师范大学学报》2021 年第 3 期。

(3)塑造城市品牌。会徽不仅体现出主办国、主办城市的人文特色和奥运会的精神宗旨,同时对冬奥会的宣传推广、市场开发具有至关重要的作用。2008年北京奥运会的成功举办,让世人对北京留下了美好的印象。北京和张家口联合举办2022年冬奥会,将进一步打造北京和张家口新的城市品牌。会徽"冬梦"中赛道的元素来源于张家口崇礼的国际滑雪赛道。2021年初,习近平总书记在主持召开北京2022年冬奥会和冬残奥会筹办工作汇报会时强调,要加快京张体育文化旅游带的建设①。我们要以冬奥会为契机,在中国三亿人中更好地推广冰雪运动,同时建设好京张体育文化旅游带,让中国的北京和张家口成为世界性的滑雪旅游胜地,使冰雪运动成为该地区的支柱性产业,打造驰名中外的中国城市品牌和体育产业品牌。

(4)扩大国际影响。北京冬奥会是我国重要历史节点的重大标志性活动,是展现国家形象、促进国家发展、振奋民族精神的重要契机,是助推对外开放、推动构建人类命运共同体的重要舞台,是向世界传播中华优秀文化、推动东西文明交融的重要载体。北京冬奥会会徽是一种高质量、高层次的中国体育话语权,不但能表达中国冰雪运动的诉求和声音,拓宽中国冰雪运动走向世界的路径②,而且能传播中国冰雪运动文化,提高中国冰雪运动的影响力。会徽"冬梦"通过冬奥会视觉形象系统,表达了中国人心中的"冰雪梦"和"体育强国梦",向全世界传达了中国声音、中国形象和中国故事。北京冬奥会会徽所呈现的中国传统文化,不但展示出强大的文化自信,并且能与西方文化互补,解决当代世界精神文化单一的危机,呈现多元化的文化繁荣景象,进一步塑造中国的新形象,提高中国的影响力③。

总之,会徽是北京2022年冬奥会最重要的图形元素,是视觉形象系统与景观

① 《习近平考察冬奥,首次部署这项任务》,《新民晚报》,2021年1月21日。

② 曾诚、邓星华:《体育国际话语权与中国国家形象构建》,《体育学刊》2016年第2期。

③ 黄二青、孙继龙:《2022年北京冬奥会会徽的话语诠释》,《安徽师范大学学报》2021年第3期。

设计的基础,也是冬奥会成功举办的重要标识之一。北京2022年冬奥会会徽融中国文化底蕴、现代国际风格、冬季运动特征为一体,生动地展示了中国的时代风貌和文化魅力,形象地体现了冰雪运动的澎湃激情与无限活力,传递出运动员超越自我、奋力拼搏的精神,表达了13亿中国人民对冬奥会的美好憧憬①。正如中国美术馆馆长吴为山所说,在国际传播当中,既要抓到普遍的心理存在和审美定势,又要突出民族特色、地域特色和事件特色。会徽"冬梦"体现了中国元素和民族符号,特别是刻画了蕴含在作品中富有乐感、动感和生命的韵律,辨识度很高,传播力很强,会成为人们对北京冬奥会的一个永久记忆而载进世界的体育史②。

(二)体育图标

1.体育图标简介

北京冬奥会体育图标由北京冬奥组委组成的专门团队设计,前后历时约半年时间,经过反复研讨、修改,并征求各国际冬季单项体育联合会建议后修改、完善,最终于2020年12月31日正式发布。

2.体育图标的基本内涵

北京2022年冬奥会体育图标的设计以中国汉字为灵感来源,以篆刻艺术为主要呈现形式,将冬季运动元素与中国传统文化巧妙结合,既展现出冬季运动挑战自我、追求卓越的特点,也体现了中华传统文化的厚重与精深,彰显了北京冬奥会的理念和愿景,又一次为奥林匹克运动贡献了"中国文化符号"。图标以霞光红为底色,寓意着日出东方,代表着热情和希望,也为在春节期间举行的北京冬奥会烘托出喜庆气氛③。

---

① 新华社:《北京2022年冬奥会会徽和冬残奥会会徽揭晓》,2017年12月16日,见http://www.gov.cn/xinwen/2017-12/16/content_5247570.htm。

② 央视网:《北京2022年冬奥会会徽和冬残奥会会徽诞生记》,2017年12月15日,见http://sports.cctv.com/2017/12/15/ARTIAHgMHR33Wkc64lXjYHK1171215.shtml。

③ 人民日报网:《北京2022年冬奥会和冬残奥会体育图标发布》,2020年12月31日,见https://baijiahao.baidu.com/s? id=1687603844636099879&wfr=spider&for=pc。

北京2022年冬奥会体育图标与北京2008年奥运会会徽“中国印”的设计理念遥相呼应。两者均为印章风格,都选择了篆刻形式,既是北京这座“双奥之城”留给世界独特的文化印记,也体现了奥林匹克运动的文化传承。不同的是,北京冬奥会体育图标更偏重“汉印”风格,透过刀锋所体现出的书法笔意与方寸间的高妙布白,将书法与镌刻相结合,传达出跨越千年的悠久传统与生动神韵。方寸之间,气象万千。古老艺术和现代设计完美结合,创造出新的时尚①。

3. 体育图标的创作来源

北京冬奥会体育图标的创作来源包括灵感、形式、风格、构图、色彩等方面。(1)灵感来源是汉字。汉字是中华文明的重要载体,承载着中国的历史与文化,是中华民族几千年文化的瑰宝。新石器时代的刻画符号中已经初步体现出文字特征,三千年前的殷商甲骨文已经成为完备的文字系统。北京冬奥会体育图标通过汉字元素,连接起历史、现在与未来。(2)形式来源为篆刻。篆刻艺术结合书法的笔意、绘画的构图、刀法的刻艺,借用契刻文字的方式展现“方寸之间,气象万千”,并与北京2008年奥运会会徽“中国印”的理念相呼应,体现“双奥之城”和奥林匹克文化传承。(3)风格来源是“印宗秦汉”。秦汉时期的印章是中国篆刻艺术史上的顶峰,“印宗秦汉”成为后世文人篆刻的金科玉律,其中汉印的风格典雅庄重、生动活泼、古朴淳厚。(4)构图来源为东方美学。体育图标的构图运用中国传统美学技艺,通过虚实相间的手法展现优美的图底关系,体现中国气韵,同时满足黄金分割比例,展现最美的图形关系。(5)色彩来源是霞光红。体育图标的色彩来源于北京2022年冬奥会色彩系统中主色之一的霞光红,也是传统印泥的颜色朱砂色②。

---

① 人民日报网:《北京2022年冬奥会和冬残奥会体育图标发布》,2020年12月31日,见https://baijiahao.baidu.com/s? id=1687603844636099879&wfr=spider&for=pc。

② 搜狐网:《北京2022年冬奥会和冬残奥会体育图标发布》,2021年1月4日,见https://www.sohu.com/a/442472115_120209831。

总之,体育图标是北京2022年冬奥会重要的形象元素之一,是展示冬季体育项目特点,彰显北京冬奥会理念、愿景和中国优秀传统文化的重要载体。正如北京冬奥组委文化活动部副部长高天所说,北京冬奥会体育图标既是运动项目符号,也是文化符号,是体现中华传统文化与冬季运动相结合的创新性成果,能让大家深切地感受到冬季运动的热情与活力,体验到中华传统文化的力与美①。

(三)邮票

1.冬奥会邮票简介

冬奥会邮票的产生、演变是冬季奥林匹克运动与世界邮政通信事业二者蓬勃发展、相互促进的产物。从1932年第3届美国普莱西德湖冬奥会开始,冬奥会邮票正式载入冬季奥林匹克运动发展的史册。冬奥会邮票体系完善、功能多元、内涵丰富、特征鲜明,它不仅反映了作为邮资凭证的基本属性,而且促进了人类文化的不断进步,素有冬季体育文化“小百科全书”和“国家名片”之称②。冬奥会邮票文化不仅是冬季奥林匹克文化全球化传播的重要方式,也是世界多元民族文化交融发展的展现平台。

下面对北京冬奥会发行的邮票进行简要介绍。

2.北京冬奥会邮票举例

《北京申办2022年冬奥会成功纪念》邮票。为祝贺北京和张家口成功获得2022年冬奥会举办权,2015年7月31日,中国邮政发行了《北京申办2022年冬奥会成功纪念》邮票。该套邮票全套一枚,面值1.20元,由夏竞秋设计。邮票突出表现了2022年北京冬奥会的申办标识“墨舞冬奥”,同时以白雪覆盖的长城为衬托,带给人们冬季茫茫白雪的视觉感受。整体设计简洁清晰,较好地诠释了在中国举办冬奥会的主题。邮票印制上的珠光绚彩效果,与北京

---

① 人民日报网:《北京2022年冬奥会和冬残奥会体育图标发布》,2020年12月31日,见https://baijiahao.baidu.com/s? id=1687603844636099879&wfr=spider&for=pc。

② 王沂、董宇:《冬奥会邮票文化研究》,《湖北理工学院学报》2016年第3期。

冬奥会申办口号“纯洁的冰雪　激情的约会”完美融合①。

《北京2022年冬奥会会徽和冬残奥会会徽》纪念邮票。2017年12月31日,《北京2022年冬奥会会徽和冬残奥会会徽》纪念邮票在北京首发。会徽纪念邮票一套2枚,一枚为冬奥会会徽,一枚为冬残奥会会徽,设计者是史渊。邮票设计主题突出,力求最大限度还原会徽本身的精神内涵。图案以2022年北京冬奥会会徽“冬梦”和冬残奥会会徽“飞跃”为核心元素,背景采用简洁的冬雪白,既给人以画面纯净的视觉感受,又突出冬季运动的基本特征②。在印制工艺上,通过特殊印制材料的应用,票面充满较强的科技感和绚丽的视觉感;邮票中呈现的22个“BEIJING 2022”字样,在不同的光照角度下隐约可见;邮票采用集艺术和防伪功能于一体的镂空工艺,在邮票版张的上下边饰制作了镂空的“BEIJING 2022”字样③。

《北京2022年冬奥会——雪上运动》纪念邮票。2018年11月16日,中国邮政发行了《北京2022年冬奥会——雪上运动》纪念邮票一套4枚,全套邮票面值为4.80元,设计者为沈嘉宏。邮票图案名称分别为越野滑雪、高山滑雪、冬季两项、自由式滑雪。邮票以雪上运动项目中四个经典动作提炼的几何造型图形为主,点线面结合,用动感来表现雪上运动项目的速度、力量和美感。四枚邮票的运动员分别以水平横线、同心圆、网点和放射线,排列形成各自的组合规律,表现每个雪上项目的运动特征和张力。邮票的背景用流线型的波浪线和渐变的色带把雪山、雪松和雪花等冬季环境元素有机连接,体现了雪上运动的节奏和韵律④。

---

①　新华网:《〈北京申办2022年冬奥会成功纪念〉邮票首发仪式在京举行》,2015年7月31日,见 http://www.xinhuanet.com/politics/2015-07/31/c_1116108443.htm。

②　中国日报网:《〈北京2022年冬奥会会徽和冬残奥会会徽〉纪念邮票今日首发》,2017年12月31日,见 https://baijiahao.baidu.com/s? id=1588289565227018200&wfr=spider&for=pc。

③　搜狐网:《〈北京2022年冬奥会会徽和冬残奥会会徽〉纪念邮票在京首发》,2018年1月3日,见 https://www.sohu.com/a/214299111_812031。

④　中国邮政集团公司:《发行通告》,2018年11月8日,见 http://www.chinapost.com.cn/html1/stamp/181430/9046-1.htm。

《北京2022年冬奥会吉祥物和冬残奥会吉祥物》纪念邮票。中国邮政于2020年1月16日发行了《北京2022年冬奥会吉祥物和冬残奥会吉祥物》纪念邮票一套2枚,面值为2.40元,由史渊设计。邮票图案名称分别为北京2022年冬奥会吉祥物、北京2022年冬残奥会吉祥物。邮票设计简洁大气,背景的白色与吉祥物的黑色、红色对比强烈,视觉效果清新明快。两枚邮票的白底色中一共出现22个"BEIJING 2022"字样,在设计上与2017年发行的《北京2022年冬奥会会徽和冬残奥会会徽》纪念邮票保持延续,同时进一步丰富了画面的细节,增添了邮票的观赏性。邮票印制采用艺术化手法,在版张边饰上镂刻出若隐若现的雪花造型,同时把"冰墩墩""雪容融"的表情包图案设计在版张边饰上,营造出冬季冰雪运动的浪漫氛围①。

《北京2022年冬奥会——冰上运动》纪念邮票。2020年11月7日,中国邮政发行了《北京2022年冬奥会——冰上运动》纪念邮票一套5枚,全套面值6元,由张强设计。邮票图案名称分别为短道速滑、花样滑冰、速度滑冰、冰壶、冰球。邮票采用电脑手绘的方式,展现了运动员在冰上的飒爽英姿和精彩瞬间。邮票大胆地使用了暖色,不仅运动员的服饰以红橙黄色为主,而且背景的环境与雪花造型绚丽缤纷,色彩跳跃性很强,在白茫茫、带着寒意的冰雪背景下展现出冰上运动火一样的激情和活力,体现运动员的飒爽英姿和拼搏精神,同时红黄色也是中国传统的主色调,象征着让冰雪运动在中国红火起来、中国运动员在赛会上取得好成绩。画面背景搭配北京2022年冬奥会核心图形,5枚邮票衔接紧密,视觉效果自然流畅,营造出喜迎北京冬奥会的热烈氛围。该套邮票采用影写版工艺印制,邮票背景中的雪花晶莹剔透,是使用特殊感光油墨印刷的。整版边饰上的"BEIJING 2022"字样则采用镂空工艺,集艺

① 中国邮政集团公司:《发行通告》,2019年12月19日,见 http://www.chinapost.com.cn/html1/stamp/2001/2761-1.htm。

术和防伪功能于一体,增强了邮票的趣味性①。

《北京2022年冬奥会——竞赛场馆》纪念邮票。2021年6月23日,中国邮政发行了《北京2022年冬奥会——竞赛场馆》纪念邮票一套4枚,小型张1枚,全套邮票面值为10.80元,由郭志义设计。该套邮票内容分别为:首钢滑雪大跳台(又叫"水晶鞋")、国家游泳中心(又叫"冰立方")、国家跳台滑雪中心(又叫"雪如意")、国家雪车雪橇中心(又叫"雪游龙"),小型张为国家速滑馆(又叫"冰丝带")。邮票采用平面设计手法,画面构图饱满、色彩丰富。4枚邮票采用连票设计形式,以富有变化的曲线贯穿;小型张邮票根据场馆的结构特点采用椭圆形票幅展现,并在边饰中点缀雪花图形。邮票上的北京2022年冬奥会会徽和体育图标,使票面更具节奏感和韵律感。标示邮票面值的字体进行了重新设计,打破以往使用固有印刷字体的窠臼,使视觉语言得到统一②。

3. 北京冬奥会邮票的意义

前国际奥委会主席萨马兰奇曾说,奥运会不仅仅是体育的竞争,更是文化的竞争③。冬奥会邮票内涵丰富,形式多样,不仅是弘扬民族文化的重要载体,还秉承着传播奥林匹克文化、推动冬季运动发展的重要使命。2022年北京冬奥会的邮票设计,在全面考察冬奥会邮票文化发展历程和特点的基础上,以我国博大精深的传统文化为主线,既彰显了我国体育文化的内涵特质,又突出了现代奥林匹克文化的价值诉求,实现了主办国传统文化、邮票文化以及冬季奥林匹克文化的完美融合。

二、北京冬奥会的实物设计

冬奥会的实物设计类文化标识主要包括吉祥物、火炬、奖牌、制服、领奖台

① 中国邮政集团公司:《发行通告》,2020年10月29日,见http://www.chinapost.com.cn/html1/stamp/2011/344-1.htm。

② 危春勇:《每个细节都为突出主题——访〈北京2022年冬奥会竞赛场馆〉纪念邮票设计者郭志义》,《中国邮政报》2021年7月27日。

③ 易剑东:《百年奥运史》,百花洲文艺出版社2008年版,第12—13页。

等。下面以北京冬奥会的吉祥物、火炬为例进行说明。

（一）北京冬奥会吉祥物

1. 吉祥物简介

吉祥物是世界各国人民在与自然斗争过程中躲凶避恶、祈福求祥的一种事物图腾①。奥运会吉祥物是传达本届奥运会理念、弘扬奥林匹克精神、宣传主办城市历史文化、营造奥林匹克节日氛围的重要载体。2018 年 8 月 8 日，北京冬奥会吉祥物设计全球征集活动正式开始。2019 年 9 月 17 日，北京 2022 年冬奥会和冬残奥会吉祥物正式发布。由广州美术学院团队设计的"冰墩墩"（Bing Dwen Dwen）和吉林艺术学院团队设计的"雪容融"（Shuey Rhon Rhon）成为北京冬奥会和冬残奥会的吉祥物②。

2. 对"冰墩墩"的诠释

冬奥会吉祥物"冰墩墩"以熊猫为原型进行设计创作。"冰"象征纯洁、坚强，是冬季运动的特点；"墩墩"意喻活泼、可爱、敦厚、健康，契合熊猫的整体形象，象征着冬奥会运动员强壮的身体、坚忍的意志和激昂的精神。"冰墩墩"设计的来源、色彩、构图的具体含义分析如下。

（1）"冰墩墩"的来源。大熊猫自 800 多万年以前存活至今，数量和分布地区都非常稀少，是世界上最珍贵的动物之一，也是科学家研究和探索生物进化的"活化石"。大熊猫的良好生存和繁衍情况，不仅能反映所在地区优越的自然条件和生态环境，也能展现出人与自然和谐共生、人类社会和平发展的美好理想和追求。因此，大熊猫具有其他事物不可替代的历史地位和文化意义③。大熊猫作为中国的特有动物，自唐朝以来就扮演着我国"外交使者"的角色，传达着中国传统的"和""天人合一"等文化内涵。1972 年美国前总统

---

① 刘蕾、王瑾：《2022 年北京冬奥会吉祥物的设计分析》，《艺术教育》2021 年第 6 期。

② 尹少淳、刘晓文：《北京冬奥会吉祥物的儿童趣味》，《美术观察》2019 年第 12 期。

③ 刘蕾、王瑾：《2022 年北京冬奥会吉祥物的设计分析》，《艺术教育》2021 年第 6 期。

尼克松访华后,大熊猫以国礼的身份被世界人民所熟知,并引发了全球性的“熊猫热”。国宝大熊猫象征的“友好”“和平”等意义,被世界人民认可和接受①。

(2)“冰墩墩”的色彩。冰墩墩的主导色彩选择了黑色和白色,主要来源于主体图案——大熊猫的真实色彩,具有很强的识别性。在中国,鲜明的黑白对比与中国传统的阴阳太极思想相呼应。研究中国历史文化可以发现,无论是太极图、围棋还是山水画,都是以简约的黑白两色向人们传达中国思辨的哲学文化②。因此,冰墩墩主导色象征着淳朴、博大的中华文化内涵。

(3)“冰墩墩”的构图。设计师提取带有地域特色的奥运场馆、充满爱的“心”形符号、带有冰雪含义的冰晶外壳等元素进行辅助图形设计。从吉祥物的头部来看,设计师选取了国家速滑馆外部 22 条流畅的“冰丝带”和五环的色彩,将其与“冰墩墩”的面部相互交融,最终形成了“冰墩墩”面部明亮、鲜艳的彩色光环。光环中舞动的线条,不仅蕴含了“圆满”“完满”等中国传统吉祥文化心理,还代表着举办地起伏的山峰、刺激的赛道、飘舞的丝带和中国蓬勃发展的 5G 科技。从吉祥物的四肢来看,“冰墩墩”手掌里的爱心,以其热烈的中国红向世界人民传达主办国的热情与友好。设计师采用透明的冰晶外壳为“冰墩墩”塑造了一个酷似航天员的造型,表达追求卓越、创造非凡、引领时代、探索未来等寓意。③

3. 对“雪容融”的简介

冬残奥会吉祥物“雪容融”以灯笼为原型进行设计创作。灯笼是世界公认的“中国符号”,代表着收获、温暖和光明等含义,是欢乐、喜庆节日气氛的象征。“雪”象征洁白、美丽,是冰雪运动的特点;“容”意喻宽容包容、交流互

---

① 杨兆芬:《保护生物学在中国的发展》,《武夷科学》2003 年第 1 期。

② 张红华、刘伟娜:《〈易经〉智慧与中国传统水墨画美学思想》,《长江大学学报》2010 年第 3 期。

③ 新华社:《冰雪晶莹　点亮梦想——北京冬奥会冬残奥会吉祥物诞生记》,《工会博览》2019 年第 29 期。

鉴;“融”意喻温暖融合、相知相融。“雪容融”顶部的如意造型象征吉祥和幸福;和平鸽与天坛构成的连续图案寓意和平与友谊,突出了主办地的特色;装饰图案融入了中国剪纸艺术,表现了中国传统文化和审美特色;面部的雪块表现了吉祥物的活泼可爱,既体现了拟人化的设计,又表达了“瑞雪兆丰年”的寓意。灯笼以“中国红”为主色调,渲染了2022年中国春节的节日气氛。身体发出光芒,寓意着点亮梦想、温暖世界,体现了冬残奥运动员的拼搏精神和激励世界的冬残奥理念①。

4. 吉祥物的意义

黑格尔说:“真正不朽的艺术作品当然是一切时代和一切民族所共赏的。”②“吉祥物设计代表了一个国家或民族的审美高度,它体现的是这个国家或民族将吉祥物视觉化的美学能力。”③2022年北京冬奥会、冬残奥会吉祥物的设计,遵循现代奥运会吉祥物的设计原则,着眼过去,面向未来,以包容开放的理念拥抱世界,不仅汲取了中华传统文化的精髓,还融入现代人的审美情趣,是一种有效展示奥林匹克精神与文化的视觉形象艺术。2022年北京冬奥会、冬残奥会吉祥物向世界展示了新时代中国的精神风貌、发展成果和中华文化的独特魅力,体现了中国人民对冰雪运动的热爱和对冬奥会、冬残奥会的期盼,表达了中国推动世界文明交流互鉴、构建人类命运共同体的美好愿景④。正如国际奥委会主席巴赫所说,北京冬奥会、冬残奥会吉祥物集中国和中国人民最精华的元素、特色于一身,一定会成为中国和北京冬奥会的杰出大使⑤。

---

① 吉林艺术学院“雪容融”设计团队:《谈北京2022年冬残奥会吉祥物“雪容融”的创意设计与文化内涵》,《吉林艺术学院学报》2019年第6期。

② [德]黑格尔:《美学》第一卷,朱光潜译,商务印书馆1979年版,第336—337页。

③ 牛克诚:《卷首语》,《美术观察》2019年第11期。

④ 尹少淳、刘晓文:《北京冬奥会吉祥物的儿童趣味》,《美术观察》2019年第12期。

⑤ 新华社:《冰雪晶莹　点亮梦想——北京冬奥会冬残奥会吉祥物诞生记》,《工会博览》2019年第29期。

(二)北京冬奥会火炬

奥运会火炬作为奥林匹克圣火的载体,是举办国艺术和技术设计的一个缩影,能展示一个国家的综合实力①。2021年2月4日晚,北京冬奥会和冬残奥会火炬"飞扬"在国家游泳中心正式发布。北京冬奥组委自2020年4月24日起,通过公开征集和定向邀请的方式开展火炬外观设计工作。经过规范、严格的征集、评审、修改以及打样测试等工作,火炬设计方案最终得以确定②。

1. 北京冬奥会火炬的外观设计

北京冬奥会火炬"飞扬"的整体外观与北京2008年奥运会开幕式主火炬塔的形态相呼应,体现了"双奥之城"的传承与发展。火炬的外观从祥云纹样开始,自下而上,旋转上升,逐渐过渡到剪纸风格的雪花图案,犹如丝带飘舞,最后呈现为飞扬的火焰。"祥云"表达吉祥的寓意,是2008年北京奥运会的延续;"雪花"表现冬奥会的特征,是2022年北京冬奥会的创新。火炬交接时,两支火炬的顶部可以相扣,是设计上的创新,既象征着不同文明交流互鉴,又体现出"让世界更加相知相融"的北京冬奥会愿景。

北京冬奥会火炬包括红色与银色两种颜色,寓意冰火相约,激情飞扬。红色线条随火炬转动而上下贯通,象征着激情四射的冰雪赛道和光明向上的火种,表达了奥林匹克运动的力量以及人类生生不息、向往和平、追求卓越的期望。

2. 北京冬奥会火炬的科技创新

北京冬奥会火炬的设计秉持绿色、可持续发展的理念,体现了艺术设计与科技创新的完美融合③。

---

① 杨黎炜:《历届奥运会火炬的风采》,《中国邮政报》2008年6月24日。

② 中国网:《北京2022年冬奥会和冬残奥会火炬"飞扬"发布》,2021年3月18日,见http://sports.china.com.cn/xinandiqu/yejiezixun/detail2_2021_03/18/2687848.html。

③ 中国网:《北京2022年冬奥会和冬残奥会火炬"飞扬"发布》,2021年3月18日,见http://sports.china.com.cn/xinandiqu/yejiezixun/detail2_2021_03/18/2687848.html。

采用氢作为燃料是火炬“飞扬”的第一个科技亮点。火炬“飞扬”除具有环保属性外,还考虑了冬奥会火炬接力要在低温的环境中运行这一特殊要求。氢燃料的特性保证了火炬能在极寒天气中使用。火炬的研制过程中解决了火焰颜色、稳定性、高压储氢、氢能安全利用等多项技术难题,安全可靠性高,可抗10级风,能在极寒天气中正常使用。

新材料的使用是火炬“飞扬”的第二个技术亮点。火炬“飞扬”的外壳采用了重量轻的耐高温碳纤维材料,燃烧罐也以碳纤维材质为主。火炬外壳由碳纤维及其复合材料制成,呈现出了“轻”“固”“美”的特点。“轻”是指碳纤维复合材料与同一体积的铝合金相比,重量减轻了20%以上;“固”是指该材料具有高强度、耐腐蚀、耐高温、耐摩擦、耐紫外线辐射等特点;“美”是指材料的制造运用了具有国际先进水平的三维立体编织成型技术,将高性能的纤维编织成目前这样具有复杂形状的优美整体①。

3. 北京冬奥会火炬的意义

北京冬奥会火炬“飞扬”集中了多个领域的智慧和科技,具有较高的设计水平,富有鲜明的中国特色,体现了北京“庄重、典雅、大气、开放”的城市特点,充分展现了中国风格、民族风采和时代风貌。正如国际奥委会执委会所说,火炬“飞扬”的设计再次证明了奥运会是体育与文化、艺术、科技的巧妙结合,既有文化传承,又有科技创新。中国的文化艺术得到完美展现,不仅体现了“双奥之城”的特点,而且展现了奥林匹克的精神②。

第三节　开展蕴含传统文化的宣传活动

北京冬奥会举办前开展蕴含传统文化的宣传活动,主要包括创作和发布

① 《北京冬奥会火炬诞生记》,2021年2月4日,见https://baijiahao.baidu.com/s? id=1690780182104828767&wfr=spider&for=pc。

② 《北京冬奥会火炬诞生记》,2021年2月4日,见https://baijiahao.baidu.com/s? id=1690780182104828767&wfr=spider&for=pc。

音视频作品、举办北京冬奥会倒计时活动、开展北京冬奥会火炬传递活动三个方面的内容。

一、创作北京冬奥会音视频作品

北京冬奥会的音视频创作主要包括冬奥歌曲、冬奥宣传片、冬奥电影的创作与发行等。

(一)北京冬奥歌曲

1. 冬奥歌曲简介

一届成功的奥运会,离不开一首广为流传、深入人心的主题歌。主题歌是整个奥运会开幕式的基调和灵魂①。历届奥运会的主题歌一般都能体现奥林匹克文化的内涵,展示主办国和主办城市独有的历史文化、地方特色和发展现状,以不同的音乐诠释主办国对体育、艺术和奥林匹克精神的理解②。

1988 年汉城奥运会主题歌《手拉手》是流传最为广泛的奥运歌曲之一,其中的唱词"阿里郎"成功地将韩国民族文化推向世界③。2008 年北京奥运会主题歌《我和你》是东方文化内涵与西方艺术风韵、中国传统音乐文化与西方曲体结构在奥运舞台上的一次水乳交融,堪称中国特色与国际风格的完美结合④,在全世界产生了广泛而深远的影响。

2. 北京冬奥歌曲的创作情况

2019 年 8 月 8 日,2019 年度北京冬奥会和冬残奥会音乐作品征集活动在河北省张家口市启动。北京冬奥会和冬残奥会音乐作品征集活动在 2019 年

---

① 林惠芬、朱寒笑:《奥运会开幕式音乐编排和效果分析》,《体育文化导刊》2006 年第 7 期。

② 李丹:《奥运会主题歌的文化内涵与北京冬奥会主题歌曲创作研究》,《广州体育学院学报》2020 年第 2 期。

③ 周娜:《现代夏季奥运会开幕式主题曲研究》,博士学位论文,山西大学体育学院,2009 年,第 91 页。

④ 刘子昱:《奥运会主题曲〈我和你〉之音乐文化分析》,《黄河之声》2015 年第 12 期。

至2021年连续举办三年，每年一次。每次征集活动的截止日期为当年的12月31日[①]。

北京2022年冬奥会和冬残奥会第一届冬奥优秀音乐作品于2020年7月13日正式发布。第一届冬奥优秀音乐作品推出了10首优秀歌曲、20首优秀歌词，同时启动了第二届冬奥音乐作品的征集[②]。

第一届冬奥优秀音乐作品的主题包括歌颂祖国大好河山（如《冰雪冬奥》）、展现独特民族风情（如《银色花火》）、称赞冰雪健儿英雄事迹和奥林匹克精神（如《冰雪英雄》《冰雪情怀》《冰在舞雪在烧》《冬奥阳光》）、弘扬冬奥会主人翁精神和志愿者精神（如《冬奥有我》《燃烧的雪花》）、欢迎世界各国朋友热情相聚（如《相约北京》《2022去北京》）等。

下面以其中的《2022去北京》为例进行介绍。

歌曲《2022去北京》由中国和芬兰两国的音乐人共同创作。中国和芬兰有着悠久的体育交流历史。1952年，应芬兰政府邀请，我国第一支奥运会代表团在赫尔辛基第15届夏季奥运会上亮相。2019年初，中芬两国元首在北京共同启动中芬冬季运动年，两国体育合作迈上新台阶。为了颂扬两国传统友谊、共同迎接2022北京冬奥会，2019年4月20日至27日，在河北体育代表团访问芬兰期间，中芬双方共同创作了歌曲《2022去北京》。这首歌于2019年5月11日在河北奥体中心举办的“北京冬奥会倒计时1000天”主题系列活动中首唱。

歌曲音乐由芬兰著名青年歌手创作，具有鲜明的国际化、年轻化特色。音乐突出体现了北欧风格，金属乐、电子乐展现了芬兰音乐的多元和独特，诠释了北欧音乐特有的冷静、清澈、敏锐与深刻；整首歌曲节奏明快，大量运用电

① 李丹：《奥运会主题歌的文化内涵与北京冬奥会主题歌曲创作研究》，《广州体育学院学报》2020年第2期。

② 人民网：《北京冬奥会首届冬奥优秀音乐作品发布》，2020年7月14日，见http://bj.people.com.cn/n2/2020/0714/c82846-34153913.html。

声,极具穿透力;歌曲配以节奏感很强的中文说唱和电声改编的中国民乐元素,凸显歌曲的国际合作特征。这首歌曲的MV将我国首次参加1952年赫尔辛基夏奥会、2022举办北京冬奥会的情景以及中国北京、河北崇礼、雄安新区等元素,与芬兰的赫尔辛基、沃卡提、冰雪运动等元素有机串联、巧妙融合,向世界发出了2022去北京"共赴冬奥盛会、共享欢乐冰雪"的倡议。

这首歌曲充分展现了中芬两国体育文化交流成果,以世界眼光看待中国的体育发展和奥运历程,以国际视角祝福中国和期盼北京2022年冬奥会召开,以芬兰青年名义倡议世界青年共同关注、支持和参与2022北京冬奥会,饱含奋勇拼搏、实现梦想的奥林匹克体育精神①,是一首十分杰出、具有很强感染力的北京冬奥音乐作品。

3. 北京冬奥会主题歌

体育之中蕴含着艺术之美,艺术之中潜藏着体育精神。奥运会的主题曲通过美妙的音符来阐释和维系不同种族、肤色、信仰的世界各国人民相同的奥运精神、体育情怀以及人文诉求②。根据对历届奥运会、冬奥会主题歌的发展情况、表达主题和艺术特点的分析,未来的北京冬奥会主题歌至少蕴含以下内容或特征:第一,诠释奥林匹克人文精神和体育精神③;第二,紧扣冬奥主题,突出冰雪元素;第三,展现中华文化,体现北京、张家口的城市特色;第四,体现时代风貌,具有国际化特征;第五,旋律优美,风格新颖,简洁明快,易于传唱④。

我们如果能在承袭现代音乐元素的同时,将民族性、国际性、时代性与奥

① 搜狐网:《激情冰雪唱响冬奥——〈2022去北京〉》,2019年8月23日,见https://www.sohu.com/a/335798486_114731。

② 周娜:《现代夏季奥运会开幕式主题曲研究》,博士学位论文,山西大学体育学院,2009年,第1—2页。

③ 李丹:《奥运会主题歌的文化内涵与北京冬奥会主题歌曲创作研究》,《广州体育学院学报》2020年第2期。

④ 吴鹏娟:《〈2022去北京〉:用原创动画讲述中国故事》,《中国广播影视》2020年第16期。

林匹克精神相结合，恰当地融入民族特色的音乐因素，一定会产生一首像《手拉手》《我和你》一样十分优美、万众喜爱、独一无二和影响深远的北京冬奥会主题歌。

2022年2月4日，在第二十四届北京冬奥会开幕式上，由赵麟担任音乐总监、张帅创作词曲、杨力率领北京爱乐合唱团演唱的北京冬奥会主题歌《雪花》响彻国家体育场，打动了全世界的观众。作为有史以来收视率最高的一届冬奥会的主题歌，该作品通过各类媒介传遍全世界，获得了无数赞誉。

中国人历来对雪花有很多赞美和比拟。北京冬奥会主题歌将雪花用直达心灵的音乐语言表达出来，使雪花变得更加灵动和梦幻。北京冬奥会主题歌《雪花》具有鲜明的文化特色。第一，深邃的意蕴。《雪花》以浪漫简约空灵的旋律，用神韵之笔拨动了隐于人们心灵深处对雪花的冥想和感悟，把人们对北京冬奥会激动、自信、悠远、复杂的思绪，凝结成了气蕴深厚、充满魅力的冬季奥运会主题意象。第二，包容的心态。《雪花》摆脱了奥运主题歌常见的"奋发""争强"特点，摆脱了热闹的流行歌曲色彩，也抛弃了娱乐和消费符号的堆砌。它以空灵的风格、普世的语言和纯真的童声，展现了当下中国人平和、包容、开放地面对世界的心态。第三，诚挚的情感。《雪花》呈现了人类共通的、超越地域文化的本真情感，这种情感将无数不同时空的人联结在一起，让全世界的人们对未来充满无限的憧憬。

歌声是时代的韵脚，能反映宏阔的群体记忆和个人情感。正如中央音乐学院党委书记赵旻所说，《雪花》的旋律只要听一遍在脑海中就难以忘记，它表达了建设人类命运共同体"一起向未来"的求索，传达出坚韧高洁的奥运精神，成为团结敦睦、笙磬同音的融合剂，也成为留给奥运时空的永久回响。①

---

① 中央音乐学院：《大道至简　和光同尘——冬奥主题歌《雪花》何以成功?》，2022年3月2日，见 https://www.ccom.edu.cn/xwyhd/xsjd/2021f/202203/t20220302_85359.html。

(二)北京冬奥宣传片

宣传片是以具体题材为内容的视觉元素组合,通过视觉符号本身的能指层面(符号的形式)直达引起受众心理变化的所指层面(符号的意义),从而完整地表达视觉符号所构成的影像作品的深层寓意以及文化观点①。奥运宣传片时长一般控制在五分钟之内,既展示本国风土人情、人文特征,又弘扬奥林匹克文化、体育精神;不仅传达对世界人民的欢迎与热情、对他国文化的包容,更要体现对本国文化的自信,尤其是对本国文化进行充分的表现与传播②。

北京冬奥会宣传片包括申办冬奥会宣传片(简称"申冬奥宣传片",下同)和举办冬奥会宣传片(简称"冬奥宣传片",下同)两种类型。申冬奥宣传片是指为获得冬奥会主办权而拍摄的各种宣传短片;冬奥宣传片是指北京获得冬奥会主办权后对北京冬奥会及其相关内容进行全面介绍和传播的视频短片。

申冬奥宣传片主要包括2014年11月先后推出的《纯洁的冰雪,激情的约会》《这里是北京》《北京2022申冬奥剪纸征集活动蔚县宣传片》《美丽延庆北京画廊》,2015年3—4月推出的《申冬奥宣传片喜迎新春佳节》《申冬奥沙画之京张牵手》,以及2015年7月31日我国代表在北京冬奥会申办陈述会上推出的四部宣传片《紫气东来》《万事俱备》《江山代有才人出》和《不虚此行》等。这一系列内容丰富、制作精良的宣传片,使用现代艺术手段,蕴含中国传统文化,传递中国人民热爱体育、爱好和平的愿望,构成了新媒体时代的文化记忆③。

① 莫谨榕:《北京2008申奥片中的中国形象:看申奥片如何通过表征系统构建中国形象》,《文学界》2011年第3期。

② 石晶:《奥运宣传片的视觉文化诉求解析——以2022北京冬奥会申奥片为例》,《冰雪运动》2017年第1期。

③ 吕方舟:《网络宣传片中的文化记忆——以我国申冬奥会宣传片为例》,《新媒体与社会》2015年第2期。

下面，以申冬奥宣传片为例，对北京冬奥会宣传片的主要元素和基本内涵进行简要分析。

1. 北京申冬奥宣传片展示的元素

申冬奥宣传片展现的内容和元素主要包括城市景观、民俗文化、少年儿童、日常生活、冰雪运动等。

(1)城市景观。城市景观承载着一个城市的历史记忆，是国家形象的基本体现，在跨文化传播中具有重要的作用。城市建筑是城市景观的基本组成部分，体现着这座城市乃至整个国家的特点，人们常以一个城市的地标性建筑作为这个城市乃至这个国家的标志。因此，在申冬奥宣传片的叙事中，城市建筑是宣传国家形象的要素之一。在北京申冬奥宣传片《不虚此行》中，开头部分就是中国的标志性建筑——皑皑白雪中的万里长城和故宫，将观众带进了冰天雪地中的中国。随后外国游客身影出现在首都国际机场、国家大剧院、天坛、鸟巢、颐和园和世贸天阶等地。这些古典与现代建筑群来回切换，并与人群相互交映①，表现出明显的国别特征。

(2)民俗文化。在全球联系日益紧密的今天，跨文化交流愈加频繁，保持不同民族文化的个性和差异，是跳出民族文化均质化，实现文化有效传播的路径②。在申冬奥宣传片中使用民俗艺术，不仅能突出国家与民族文化，还能提升整个国家的形象传播效果。《蔚县宣传片》中的剪纸、窗花、红灯笼、红烛、中国结等，《这里是北京》中的画舫、烤鸭、糖葫芦、糖人等，是传统工艺和民族瑰宝的典型代表，是展示申办国独特文化的重要素材。宣传片还将中国老百姓的日常生活有机融合进去：在清早、傍晚，老年人们齐聚小区一隅，耍太极球、跳广场舞；年轻的妈妈领着幼童在嬉戏玩耍；园林工人拿着工具浇灌花草、

---

① 常涛：《浅析北京申办冬奥会宣传片中的中国文化力量的体现》，《新闻研究导刊》2016年第13期。

② 孙新：《“冰雪”中的“国家与民族”范式——基于2022年北京冬奥会申奥片的视觉文化传播研究》，《卫星电视与宽带多媒体》2019年第11期。

修剪枝叶;放风筝、包饺子、抖空竹、练书法等画面不断变换。这些充满生活气息的片段,凸显了京张两地人民的日常生活和文化记忆,向世界展现了东方大国的异域风情①。

(3)少年儿童。儿童代表着未来,也意味着传承。北京申冬奥宣传片运用了大量的儿童形象,体现冰雪项目在中国的传承和发展情况。《江山代有才人出》中有很多展现儿童练习滑冰、冰球等冬奥会运动项目的镜头。他们在杨扬、申雪、赵宏博等中国冰雪运动代表人物的悉心指导和传授下,刻苦练习,勇于挑战,体现中国冰雪运动项目人才辈出、不断发展的景象②。

(4)冰雪运动。申冬奥宣传片对冰雪运动的展示,体现出较高的艺术水准。《喜迎新春佳节》借助电脑剪辑技术,将皮影与速滑放在一起,两种看上去不搭界的文化形成了新的文化关联:提到皮影时就会联想到两腿交替并有节奏地摆动的速滑运动;看到速滑,也会联想到中国的皮影戏。《蔚县宣传片》利用糖人技术制作申奥标志,采用动态沙画展现奥林匹克运动,借助电脑技术使煲汤的锅变成了五环③。尤其是京剧翻跟头带出自由式滑雪空中技巧,太极拳引出冰壶,花式调酒带出单板滑雪 U 形槽,书法引出速度滑冰,两个外国朋友用筷子夹饺子带出冰球。冰雪运动项目和本国文化元素巧妙结合,融为一体,取得了理想的宣传效果④。

2. 北京申冬奥宣传片表达的主旨内涵

通过这些文化元素的展现,我们可以体会到宣传片所表达的主旨、蕴含的

---

① 吕方舟:《网络宣传片中的文化记忆——以我国申冬奥会宣传片为例》,《新媒体与社会》2015 年第 2 期。

② 常涛:《浅析北京申办冬奥会宣传片中的中国文化力量的体现》,《新闻研究导刊》2016 年第 13 期。

③ 吕方舟:《网络宣传片中的文化记忆——以我国申冬奥会宣传片为例》,《新媒体与社会》2015 年第 2 期。

④ 常涛:《浅析北京申办冬奥会宣传片中的中国文化力量的体现》,《新闻研究导刊》2016 年第 13 期。

意蕴以及传递的力量。

(1)展示国家实力。体育发展离不开殷实的经济基础,大型体育赛事尤其是冬奥会的举办,不仅需要设施良好的体育场馆,还需要完善的交通、住宿等配套设施。《纯洁的冰雪,激情的约会》展望了2022年冬奥会场馆的赛事安排、建设中的京张高铁以及从北京、延庆、张家口三地之间乘坐公共交通所需的时间等,展示了申办国强大的综合实力。宣传片将北京夜景、奥运场馆鸟巢、奥运圣火与旗帜以及2008年北京奥运会开幕式上姚明带领中国代表队入场等极具代表性的场景一一展示,引起观众对2008年北京奥运会的记忆。中国经历夏季奥运会,对奥林匹克精神、奥运会服务理念、环保要求、赛事组织、文化传播等具有深刻的理解和丰富的经验①。这是其他国家或城市无法匹敌的优势,更容易唤起国际社会对北京承办冬奥会的信任和认可。

(2)弘扬民族文化。“万里长城万里长,长城内外是故乡”。伴随着《长城谣》优美的旋律,申冬奥宣传片《纯洁的冰雪,激情的约会》中首先映入眼帘的是在雪花图案映衬下依次闪现的长城烽火台、故宫角楼、天坛祈年殿等历史景观。这些画面,完美地诠释了中华古老文化的魅力。片中舞龙舞狮、祖孙两代打太极、儿童点燃烟花等场面,体现了中国传统文化,展现了中国社会和谐、人民安居乐业的景象②。

(3)传承奥运精神。《纯洁的冰雪,激情的约会》通过黑白镜头、彩色画面的转换,对历届冬奥会情景进行了回顾,将各国运动员竞技、欢呼、面部特写以及领奖镜头交错呈现,表达了人民对奥林匹克精神的崇敬与向往,也表达了北京冬奥会将汲取历届冬奥会的文化精髓,发扬顽强拼搏、团结进取、重在

---

① 石晶:《奥运宣传片的视觉文化诉求解析——以2022北京冬奥会申奥片为例》,《冰雪运动》2017年第1期。

② 常涛:《浅析北京申办冬奥会宣传片中的中国文化力量的体现》,《新闻研究导刊》2016年第13期。

参与的体育精神,将冬奥会建成具有更高水准的世界体育文化盛会的美好愿望①。

(4)显示体育水平。体育形象是国家形象中不可缺少的一部分,申冬奥宣传片更加突出了这一形象。《纯洁的冰雪,激情的约会》不断快速切换不同年龄段的中国人民热情参与冬季运动的场景,从大众娱乐的冰雪游戏到专业的高山滑雪、室内滑冰和冰球,从教练员、运动员到手持国旗的孩子,展示了中国竞技体育、群众体育交相辉映、蓬勃发展的景象,向世界传递中国冰雪运动的普及程度以及未来发展潜力②。

(5)传递相邀情谊。在宣传片《不虚此行》中,有众多外国游客与中国人相处的镜头:外国游客在中国导游的引领下参观天坛,学习使用筷子;外国游客在中国人的陪伴下乘坐高铁;中国人向外国游客表演京剧、展示书法等。这些画面展现出人类共有的感情——真挚、平等与友好③。《纯洁的冰雪,激情的约会》在热情欢呼的场景中,运动员、观众纯真热情的笑脸定格成不同民族、不同年龄、不同职业的笑脸集合,表达友爱、和谐与美好,将整部宣传片的情感进一步升华;最后在各国运动员、观众欢呼和笑脸背景中融入冰凌雪花,申办口号"纯洁的冰雪,激情的约会"(Joyful Rendezvous upon Pure Ice and Snow)随之映衬在雪花之中,寓意祥和、纯洁和激情,表达了诚恳邀请全世界人民的心愿和情谊④。

总之,宣传片承担着宣传北京冬奥办会理念、推广冰雪运动项目、传播民族优秀文化的重要任务。这些宣传片以视觉符号、影视语言为载体,将奥运文

① 石晶:《奥运宣传片的视觉文化诉求解析——以2022北京冬奥会申奥片为例》,《冰雪运动》2017年第1期。

② 石晶:《奥运宣传片的视觉文化诉求解析——以2022北京冬奥会申奥片为例》,《冰雪运动》2017年第1期。

③ 常涛:《浅析北京申办冬奥会宣传片中的中国文化力量的体现》,《新闻研究导刊》2016年第13期。

④ 石晶:《奥运宣传片的视觉文化诉求解析——以2022北京冬奥会申奥片为例》,《冰雪运动》2017年第1期。

化、冰雪文化、中国文化完美呈现，赢得世界的认可和尊重。

(三)北京冬奥电影

冬奥电影一般包括冬奥官方电影(主办国针对本届冬奥会举办过程拍摄的纪录片)、冬奥题材电影(以冬奥为题材拍摄的故事片)。下面分别以北京冬奥会官方电影《北京 2022》、北京冬奥会题材故事片《我心飞扬》为例进行分析。

1. 北京冬奥会官方电影《北京 2022》

(1)制作情况。奥运会官方电影是国际奥委会要求每届奥运会举办城市制作的、记录奥运会的电影，是一种独特的体育纪录电影，是奥运会珍贵的历史档案和文化财富①。北京冬奥会官方电影《北京 2022》由北京冬奥组委、国际奥委会、文投控股股份有限公司共同出品，张和平担任总顾问，张艺谋监制，陆川执导。该片于 2023 年 5 月 19 日在中国大陆上映。《北京 2022》从 2020 年开始筹备，历时近三年，陆川导演带领团队走遍 8 个国家，协同 1000 多位年轻电影人，记录了 1000 多个小时的素材，历经多重艰难，最终形成这部约 103 分钟的影片②。

(2)主要内容。《北京 2022》讲述了中国为举办冬奥会举国上下齐心协力，全面兑现申办承诺的真实故事。影片故事以"北京——铸造赛场"和"运动员——回归赛场"为主线，讲述中外怀揣梦想的"冬奥人"，在漫长的筹办、备战和等待中，用努力和坚持克服各种困难，实现突破和超越，最终圆梦冬奥的故事，在弘扬奥林匹克精神的同时，彰显人类共同合作和团结向前的重大意义③。电

---

① 千龙网：《巴赫盛赞北京冬奥会官方电影〈北京 2022〉》，2023 年 5 月 6 日，见 https://beijing.qianlong.com/2023/0506/8022183.shtml。

② 腾讯网：《北京冬奥会官方电影〈北京 2022〉公映，深情回眸北京冬奥会精彩瞬间》，2023 年 5 月 19 日，见 https://new.qq.com/rain/a/20230519A09ASM00。

③ 腾讯网：《北京冬奥会官方电影〈北京 2022〉公映，深情回眸北京冬奥会精彩瞬间》，2023 年 5 月 19 日，见 https://new.qq.com/rain/a/20230519A09ASM00。

影继续沿用北京冬奥会开闭幕式的风格,在其中加入许多中国特有的元素,让全世界再次领略中国风的独到之美。全片共分为三个部分,分别以《疾》《勇》《融》命名,讲述了疫情之下承办国际大型赛事的艰难历程;运动员突破极限超越自我的体育精神;幕后那些平凡人的默默坚守,才让全世界看到了一场举世瞩目的冬日狂欢①,最后在庆祝北京冬奥会圆满成功、世界各地更多人参与冰雪运动中结束。影片将镜头对准紧张刺激赛事的幕后,叙说荣耀背后汗水与泪水交织的故事,赞颂了处于逆境的"冬奥人"在面对竞赛压力、身体伤痛、比赛失败、建设困难、疫情困扰时永不言败、勇毅前行的精神品质②。该片突出展现了举国上下团结协作、攻坚克难,向世界奉献一届简约、安全、精彩的冬奥盛会的真实事迹,从而诠释新时代中国可信、可爱、可敬的形象③。

该片公映后,引起了较大反响。现场观众认为,这是一部兼具故事性与艺术性的影片,导演用国际化的语言记录了一个属于中国的故事,反映的绝不只是一场盛会,而是参与其中的形形色色的人物,以及各自对奥林匹克故事脚本的理解,诠释了中国智慧、中国方案。④ 国际奥委会主席托马斯·巴赫观看后盛赞:"中国人民可以再一次为 2022 年冬奥会的举办感到非常非常自豪。"并为官方电影题词:"祝贺真正无与伦比的北京冬奥会拍摄了精彩、令人印象深刻的官方电影。"⑤

---

① 网易:《〈北京 2022〉我们的 2022》,2023 年 5 月 19 日,见 https://www.163.com/dy/article/I53MK8AS052984J7.html。

② 千龙网:《巴赫盛赞北京冬奥会官方电影〈北京 2022〉》,2023 年 5 月 6 日,见 https://beijing.qianlong.com/2023/0506/8022183.shtml。

③ 中国新闻网:《北京冬奥会官方电影〈北京 2022〉定档 5 月 19 日》,2023 年 4 月 23 日,见 https://baijiahao.baidu.com/s? id=1763970492767332058&wfr=spider&for=pc。

④ 新民晚报官方账号:《5 月 19 日一起见证北京冬奥独家记忆》,2023 年 4 月 23 日,见 https://baijiahao.baidu.com/s? id=1763957688256174141&wfr=spider&for=pc。

⑤ 腾讯网:《北京冬奥会官方电影〈北京 2022〉公映深情回眸北京冬奥会精彩瞬间》,2023 年 5 月 19 日,见 https://new.qq.com/rain/a/20230519A09ASM00。

2. 北京冬奥会题材故事片《我心飞扬》

(1)制作情况。中国电影在深情叙事、深层思考中见证着民族命运的起伏变迁,记录着中华儿女的艰苦奋斗,讲述着民族复兴的宏大故事①,体育题材电影更是如此。2022 年 2 月 22 日,北京冬奥会题材电影,即北京冬奥组委特许授权电影故事片《我心飞扬》在北京举办了首映礼。该影片由北京市委宣传部、黑龙江省委宣传部联合摄制,中国冬奥首金获得者杨扬及其教练辛庆山担任顾问,徐峥监制,王放放执导②。《我心飞扬》灵感源于中国短道速滑运动员杨扬的真实经历,她在 2002 年美国盐湖城冬奥会短道速滑女子 500 米项目中夺得中国冬奥会历史上的第一块金牌,实现了"零的突破"。该片主创团队敏锐抓住这一题材,历经 4 年艰苦创作,终于在 2022 年北京冬奥会和冬残奥会举办之际顺势推出,成就一场文化和体育的精彩对话③。

(2)主要内容。《我心飞扬》以真实历史事件为基底,重现 2002 年中国冬奥首金战役,展现了几代体育人为之不懈努力才夺得了这块极具里程碑意义的金牌的过程。1980 年中国代表团开始参加冬奥会,屡次与金牌失之交臂,失败与不甘像针一样深深刺痛中国人的心。为实现"零的突破",秦杉组建以杨帆为代表的中国短道速滑国家队,立志一雪前耻。两人向金牌发起冲击,师徒关系也面临着激烈的碰撞和重重考验。该片从 1998 年长野冬奥会的短道速滑决赛切入,为国出征的杨帆与各国运动员在高速滑行中拼杀较量,冰花飞舞,在极具冲击力的同时充满紧张感。在即将为国家赢得冠军之际,杨帆被外国运动员反超,中国队与金牌再次失之交臂。每一次的赛场拼杀的背后,

---

① 人民网:《电影〈我心飞扬〉举办首映礼预告片重现冬奥首金时刻人民资讯》,2022 年 2 月 23 日,见 https://baijiahao.baidu.com/s? id=1725550603330632342&wfr=spider&for=pc。

② 李博:《电影〈我心飞扬〉公映——重现中国冬奥首金时刻,为北京冬奥会献上光影厚礼》,《中国艺术报》2022 年 2 月 25 日。

③ 袁云儿:《北京冬奥组委特许授权电影即将公映——〈我心飞扬〉讲述中国冬奥首金故事》,《北京日报》2022 年 2 月 23 日。

是中国短道速滑队极为艰苦的“魔鬼训练”。从每天早起超高强度的体能训练,到冰水泡脚、速滑姿势的技术攻坚,杨帆挥汗如雨,数年如一日。即便如此,在压力之下,杨帆依然受到无数次外界甚至自己的质疑。而教练秦杉的重要转变——从为国家实现冲金到同时帮助运动员实现个人突破,体现了我国几代体育人的历史使命,也最终成为杨帆“为国家再拼一次”的坚定信仰①。

该片作为中国奥运题材电影三部曲(《一个人的奥林匹克》《许海峰的枪》《我心飞扬》)中的收官之作,首映后立即引起较大反响。影片通过光与影的融汇、情与志的表达,深刻诠释了奥林匹克精神和中华体育精神,用豪情挥洒梦想,靠拼搏抒写荣光②。

二、举办北京冬奥会倒计时活动

倒计时活动是奥运会主办方在获得举办权后,在距离奥运会开幕的整数时间(周年或天数)举行的推介活动,是历届奥运会宣传活动的一种重要形式。例如,2019年7月24日,东京奥组委举办了“东京2020奥运会倒计时一周年庆典”活动,包括现场表演、IOC交付邀请函仪式、发布奖牌设计以及进行奥运火炬手招募宣传等种类多样的活动,向全世界的运动选手发出参加邀请,为一年后召开的奥运会誓师③,产生了较大的影响。

(一)北京2008年奥运会倒计时活动情况

北京2008年奥运会倒计时活动为北京冬奥会提供了丰富的经验。

---

① 北青网:《〈我心飞扬〉重现冬奥首金时刻青瞳视角》,2022年2月2日,见https://baijiahao.baidu.com/s? id=1725575240977625242&wfr=spider&for=pc。

② 人民网:《电影〈我心飞扬〉举办首映礼　预告片重现冬奥首金时刻人民资讯》,2022年2月23日,见https://baijiahao.baidu.com/s? id=1725550603330632342&wfr=spider&for=pc。

③ 专栏编辑:《创新表演为世界顶级体育盛典添光溢彩——松下投影机助力“东京2020奥运会倒计时一周年庆典”》,《广播与电视技术》2019年第8期。

1. 倒计时 1000 天活动

2005 年 11 月 11 日，北京奥组委在北京工人体育馆举行隆重的纪念活动，并正式发布了北京 2008 年奥运会吉祥物①；近万名北京青少年、青年志愿者代表与 30 名来自西部的青少年代表欢聚北京中华世纪坛，参加了由北京奥组委、共青团北京市委联合主办的“奥运向我们走来——北京青少年喜迎奥运会倒计时 1000 天”活动，用特殊的方式表达了对 2008 年北京奥运会的美好祝愿②。

2. 倒计时两周年活动

2006 年 8 月 7 日，来自全国各地的少数民族兄弟姐妹，身着绚丽的民族服装，齐聚北京中华民族园广场，分别展示了象征吉祥力量的藏族大象拔河、象征团队精神的傣族板鞋竞走、步调一致的景颇族跳竹竿、祝福奥运的佤族飞陀螺、健身励志的苗族上刀山等民族独特的传统体育项目，以及藏族景区里的拉木鼓、白族景区里的推铁环、蒙古族景区的抖空竹等传统民俗活动。这些庆祝活动，象征各个民族悠久的体育历史文化，彰显各族人民蓬勃向上的精神风貌，传达了全国各族人民祝福北京奥运会的美好心愿③。

3. 倒计时 500 天活动

从 2007 年 3 月 25 日开始，近百万北京市民在社区、广场、公园等场所，参与庆祝和纪念北京奥运会倒计时 500 天的活动。万人长跑和 18 公里长走比赛分别在天安门广场、朝阳公园鸣枪开赛；千人环湖接力赛在北京龙潭公园举行；“56 个民族祝福奥运多米诺骨牌表演活动”在中央民族大学举行；“水立方”建设工地举行首都“军警民”迎奥运誓师大会；21 世纪剧院举行“好运北

---

① 徐飞鹏：《2008 年奥运会倒计时一千天纪念活动隆重举行北京奥运会吉祥物诞生》，《北京日报》2005 年 11 月 12 日。

② 鑫鑫：《奥运向我们走来——北京青少年喜迎北京奥运会倒计时 1000 天》，《辅导员》2006 年第 1 期。

③ 吴东、罗乔欣：《五环辉映的民族体育之花——北京奥运会倒计时两周年民族体育展示活动侧记》，《北京日报》2006 年 8 月 8 日。

京——北京志愿者迎奥运倒计时500天暨2006北京十大志愿者颁奖典礼”;青年突击队队员代表与首都大学生志愿者代表在天安门广场共同观看升国旗仪式;北京市30多条公交线的100辆公交车上文体明星与志愿者开展《奥林匹克标志保护条例》实施五周年宣传活动;北京2008年奥运会奖牌在首都博物馆揭开神秘面纱;北京市崇文区在永定门城楼北广场开展花毽、太极扇、军体拳、新秧歌、空竹、柔力球等多种形式的传统健身活动;北京还开展了具有独特韵味的民俗展示活动,如王府井书店举行“老北京的声音——京味民俗响器、家什收藏及吆喝叫卖情景展演”等活动①。

4. 倒计时一周年活动

从2007年8月4日开始,北京奥组委、北京市政府、北京奥运会协办城市以及社会各界举办了一系列丰富多彩的北京奥运会倒计时一周年庆祝活动。北京奥组委举办了“国际奥委会奥林匹克珍品展中国巡展”开幕式、“2008奥运会景观雕塑国际巡展汇报展”、奥运家庭游北京活动、“微笑北京·志愿奥运·共创和谐——2008,我们微笑出发”等活动。8月8日在中华世纪坛隆重举行了北京市迎奥运倒计时一周年全民健身优秀项目展示暨全国亿万群众迎奥运健身行活动,近4000名群众依次展示了太极拳、广播体操、健身秧歌等三项全民健身优秀项目②。8月8日晚在天安门广场举行的庆祝活动以奥运主题歌曲演唱、民族器乐演奏和群众文化展示等形式,表达北京对世界各国的盛情邀请和热烈欢迎,时任国际奥委会主席罗格在天安门广场向世界各国和地区奥委会发送参加北京奥运会的邀请函③。与此同时,除北京以外的全国其他地方也开展了一系列丰富多彩的庆祝活动。在上海,庆祝2008年北京奥运会倒计时一周年文艺晚会在东方明珠广场举行;在天津,“健步迎奥运　牵手

① 周文丽、汪丹:《北京奥运会倒计时五百天活动丰富多彩——近百万市民将参与数十项庆祝和纪念活动》,《北京日报》2007年3月24日。

② 王建新、曹玲娟:《全国各地欢庆活动丰富多彩》,《人民日报》2007年8月9日。

③ 中秋:《奥运会倒计时一周年庆祝活动丰富多彩》,《大众科技报》2007年8月5日。

你我他——迎奥运万人健步走”活动拉开帷幕；在沈阳，杨思凡同学发出“迎奥感言”首帖，揭开了青少年“文明上网迎奥运”网络技能才智大赛的序幕；在大连，全市各街道纷纷举办居民奥运作品创作挑战赛、迎奥运趣味运动会、迎奥运礼仪知识竞答、迎奥运书画展、迎奥运英语口语比赛等系列主题活动；在香港，市民在尖沙咀文化中心露天广场举行联欢活动，迎接2008北京奥运倒计时一周年①。

5. 倒计时100天活动

从2008年4月26日开始，北京市举办了5场北京奥运会倒计时100天庆祝活动：在北京朝阳公园举行以“微笑北京、志愿奥运、共创和谐”为主题的北京国际长走大会；在北京奥林匹克公园举办北京国际长跑节；在北京工人体育馆举行“微笑北京”群众放歌活动；在北京劳动人民文化宫举行第四届北京2008奥运歌曲征集评选活动颁奖晚会；北京奥组委组织媒体记者参观国家体育场、主新闻中心（MPC）和国际广播中心（IBC）②。各行业、各系统也组织了系列庆祝活动。公安部消防局在全国部署了北京奥运会倒计时100天主题消防宣传日活动，全国各地、各级消防部门将消防宣传纳入当地迎奥运系列庆祝活动之中，广泛开展社会化消防宣传教育活动③。北京育才小学开展了精彩纷呈的校园集体舞大赛；景山学校东华门学区举行“迎奥运会倒计时100天”运动会，模拟了奥运会开幕式仪式④。美国、津巴布韦、俄罗斯、泰国、新西兰、意大利、埃及、日本的华侨华人和中国留学生纷纷举行活动或发表感想，表达对奥运会的良好祝愿⑤。

---

① 王建新、曹玲娟：《全国各地欢庆活动丰富多彩》，《人民日报》2007年8月9日。

② 林瑞华：《五大活动庆祝北京奥运会倒计时百天》，《中国文化报》2008年4月26日。

③ 丘勋锐、罗荧：《迎奥运会倒计时一百天——公安部消防局部署开展奥运消防宣传活动》，《人民公安报·消防周刊》2008年4月23日。

④ 本刊记者：《为奥运祝福——奥运倒计时100天系列活动纪实》，《体育教学》2008年第5期。

⑤ 本报记者：《海外华侨华人和中国留学生举行活动——庆祝北京奥运会倒计时一百天》，《人民日报》2008年5月2日。

(二)北京冬奥会倒计时活动开展情况

1. 倒计时1000天活动

2019年的5月10日,河北体育学院举行"北京冬奥会倒计时1000天"揭牌仪式。冰雪专业人才培养是河北省体育局承担的四项冬奥筹办工作之一,河北体育学院在此项工作中承担了大部分任务。河北体育学院在当天进行了旱雪场滑雪技能表演、轮滑技能表演、冰球训练比赛、陆地冰壶表演、室内滑雪训练、校园内越野滑雪表演等冰雪教学成果集中展演,以及教工冬奥题材书画摄影篆刻展览等活动。《新京报》推出了20个版的冬奥倒计时1000天特刊——《冬奥面孔》,采访冬奥组委的有关负责人、会徽设计者、场馆建设方、志愿者等冬奥追梦人,通过他们的讲述,引导读者共同期待1000天后到来的北京冬奥会①。

2. 倒计时500天活动

2020年9月22日,由北京冬奥组委、国家体育总局冬季运动管理中心、河北省第24届冬奥会工作领导小组办公室、河北省体育局主办的"百校万人传冬梦"2022年北京冬奥会倒计时500天庆典系列活动在河北体育学院举行。活动现场播放了韩国、俄罗斯、日本等冬奥会主办国的高校及国内学校献上的梦想祝福视频。河北体育学院师生演出了彰显冰雪激情的歌曲《冰雪情怀》《燃烧的雪花》等,轮滑旗队进行意气风发、活力四射的表演,放飞了1000只代表冰、雪的蓝色、白色氦气球②。同日,北京市石景山区职工志愿者通过健步走的形式庆祝冬奥会倒计时500天。石景山区是北京冬奥组委驻地,该区广大干部职工既是冬奥会最直接的受益者,也是冬奥会最直接的参与者和建设者。该区职工志愿者近年来相继开展了趣味运

---

①　汪雪梅:《〈新京报〉推倒计时特刊展望冬奥盛会》,《中国新闻出版广电报》2019年5月21日。

②　编辑部:《河北体育学院举办"百校万人传冬梦"2022年北京冬奥会倒计时500天庆典系列活动》,《河北体育学院学报》2020年第6期。

动会、冰壶体验、冬奥知识送基层等形式多样的活动，营造迎冬奥的良好氛围①。

3. 倒计时 300 天活动

2021 年 4 月 10 日，由北京市教委主办，首都体育学院、陈经纶中学联合举办的“携手共迎北京冬奥”北京冬奥会倒计时 300 天暨“大手拉小手”北京市中小学生模拟冬奥会冰上展示活动，在首都体育学院举行。首都体育学院和陈经纶中学的师生带来《冬奥阳光》《冰嬉》《体育颂》等精彩纷呈的冰上展示，两校冰球队进行了激烈的冰球比赛，展示了近年来北京市大中小学校普及冰雪运动的成果②。在这一天，作为北京 2022 年冬奥会和冬残奥会官方合作伙伴的中国三峡集团，与农业农村部长江流域渔政监督管理办公室、湖北省宜昌市人民政府共同主办了 2021 年长江三峡中华鲟增殖放流活动。这是《长江保护法》实施后三峡集团开展的首次大规模放流活动③，也是北京冬奥会“绿色办奥”理念的具体体现。

4. 倒计时 200 天活动

2021 年 7 月 18 日，北京市延庆区与河北省张家口市携手举办“京张文化交流活动暨延庆区迎接北京 2022 年冬奥会倒计时 200 天”主题活动。活动以“海陀儿女共庆建党百年　长城脚下喜迎冬奥盛会”为主题，设置了“红色平北　海陀丰碑”“绿色发展　生态文明”“携手启程　共迎冬奥”三个篇章，演出节目充分表达了对北京市延庆区、河北省张家口的红色文化、生态发展以及筹办举办冬奥会的赞颂与讴歌④。由北京市文化和旅游局、北京文化艺术活

---

① 马宁：《石景山区职工志愿者喜迎 2022 年冬奥会倒计时 500 天》，《工会博览》2020 年第 31 期。

② 本刊记者：《北京冬奥会倒计时 300 天——“大手拉小手”北京市中小学生模拟冬奥会冰上展示活动在首都体育学院举行》，《体育教学》2021 年第 4 期。

③ 唐东军、秦明硕：《冬奥倒计时 300 天：1 万尾大规格“子二代”中华鲟放归长江》，《中国三峡》2021 年第 4 期。

④ 光明网：《海陀儿女共庆建党百年，长城脚下喜迎冬奥盛会——京张两地携手共迎冬奥会倒计时 200 天》，2021 年 7 月 18 日，见 https://topics.gmw.cn/2021-07/18/content_35012612.htm。

动中心和石景山区联合举办,各区文化和旅游局共同参与的“北京 2022 年冬奥会倒计时 200 天——欢乐冬奥行系列群众文化活动”,在石景山区文化中心举办。启动仪式上来自全市各区优秀文化志愿者代表共同发出弘扬冬奥文化的志愿者倡议,并为区文化馆和区文化中心颁发“北京 2022 年冬奥会和冬残奥会城市文化志愿服务站”标牌。石景山区文化中心还举办了文艺演出、互动体验、知识冬奥、非遗冬奥、冬奥电影五大板块的欢乐冬奥行系列群众文化活动,近千名群众走进区文化中心,参与享受公共文化服务,学习冬奥知识,体验冬奥魅力,感受冬奥文化①。张家口市举办了“共迎未来”中外人文交流小使者迎冬奥倒计时 200 天活动。该活动由北京冬奥组委、教育部联合主办,是北京 2022 年冬奥会和冬残奥会青少年人文交流活动的重要组成部分。本活动以“携手前行 · 拥抱未来”为主题,进行了“携手 · 点亮梦想”“携手 · 繁星点点”“携手 · 熠熠星光”“携手 · 星光璀璨”四个篇章的展演,寓意各国青少年和奥运健儿汇聚北京 2022 年冬奥会和冬残奥会,形成一片星海,共同迎接美好未来。中外小使者们通过舞蹈、歌曲、戏剧等多种形式,将世界元素与冬奥主题相结合,在北京冬奥会开幕倒计时 200 天之际,共同为全世界青少年奉献了一场多元文化视听盛宴,发出 2022 年相约北京的盛情邀请,表达对冬奥的热切期盼②。

5. 倒计时 100 天活动

2021 年 10 月 27 日,2022 年北京冬奥会迎来倒计时 100 天的日子。在 10 月 27 日前后这一段时间,全国上下沉浸在喜迎冬奥盛会、祝福冰雪赛事的欢乐氛围之中,各地结合自身资源和特色,举办了一系列以冰雪运动为主要内容

---

① 北京市石景山区人民政府网:《北京 2022 年冬奥会倒计时 200 天——欢乐冬奥行系列群众文化活动在石景山区成功举办》,2021 年 7 月 19 日,见 http://www.bjsjs.gov.cn/gongkai/zwgkpd/zdly_1960/whzd_2603/202107/t20210719_41256.shtml。

② 中国政府网:《“共迎未来”中外人文交流小使者迎冬奥倒计时 200 天活动在张家口举办》,2021 年 7 月 19 日,见 http://www.gov.cn/xinwen/2021-07/19/content_5625899.htm。

的庆祝和竞赛活动①。

2021年10月26日，在北京隆重举行了北京2022年冬奥会开幕倒计时100天主题活动。活动现场，运动员、志愿者和社会各界代表相聚一堂。时任中共中央政治局常委、国务院副总理、第24届冬奥会工作领导小组组长韩正和中国首位冬奥冠军、北京冬奥组委运动员委员会主席杨扬、中国游泳奥运冠军张雨霏一同开启装置，北京冬奥会奖牌“同心”精彩亮相。时任中共中央政治局委员、国务院副总理、第24届冬奥会工作领导小组副组长孙春兰和中国跳高残奥冠军侯斌、中国轮椅击剑残奥冠军荣静，共同揭晓北京冬残奥会奖牌。活动中，中共中央政治局委员、北京市委书记、北京冬奥组委主席蔡奇致辞，并播放了国际奥委会主席巴赫的致辞视频②。在前一天晚上，北京2022年冬奥会和冬残奥会组织委员会、中央广播电视总台联合主办了“一起向未来——北京2022年冬奥会倒计时100天”主题活动。此次主题活动深入阐释“绿色、共享、开放、廉洁”的办奥理念，展示北京冬奥会、冬残奥会精彩、非凡、卓越的奥林匹克新篇章。30多位2020东京奥运会奖牌获得者相聚一堂，从希腊古奥林匹亚采集的北京冬奥会火种在现场亮相，并发布了冬奥会志愿者主题歌曲等③。

作为北京冬奥会举办地之一的河北省张家口市也举行了一系列庆祝活动。10月25日上午，由河北省体育局、河北省冰雪运动协会主办，河北体育学院承办的“百校万人传冬梦暨北京2022年冬奥会倒计时100天”庆典系列活动在张家口市崇礼区的密苑云顶乐园举行。庆祝活动分为青春歌会、抒发情怀、冬梦之灯、筑梦冬奥四个篇章。现场嘉宾点燃“冬梦之灯”，将梦想祝福

---

① 《“2022北京冬奥会倒计时100天庆祝活动”在全国各地火热开展》，2021年10月29日，见 https://baijiahao.baidu.com/s? id=1714941846877621700&wfr=spider&for=pc。

② 本报记者：《北京2022年冬奥会开幕倒计时100天主题活动隆重举行　韩正出席并发布北京冬奥会奖牌》，《人民日报》2021年10月27日。

③ 孙楠：《北京2022年冬奥会倒计时100天主题活动隆重举行》，《电视研究》2021年第10期。

传向世界。河北体育学院师生通过青春歌会、文化宣讲、舞蹈表演等形式,表达了对冬奥会的美好祝愿①。10 月 26 日晚,“我为冬奥做贡献　北京 2022 年冬奥会倒计时 100 天纪念活动”在位于张家口市崇礼区的国家跳台滑雪中心举行。活动现场,来自 100 多个行业的优秀代表在崇礼区冬奥志愿者代表的带领下庄严宣誓,愿尽己所能为 100 天之后的冬奥会做出贡献。100 位外国驻华使馆官员、国外友人、奥运冠军、文艺工作者代表、群众代表等通过视频向北京冬奥会送出了祝福。活动现场还表演了歌伴舞《雪花请柬》《冬奥有我》《一起向未来》《威风锣鼓》以及原创歌曲《赢在崇礼》②。

在此期间,全国各地也举办了内容丰富、形式多样、气氛热烈的庆祝活动。在黑龙江,以“龙江迎冬奥　冰雪惠全民”为主题的迎接北京冬奥会倒计时 100 天活动在哈尔滨举办,活动采取“线上+线下”模式,在黑龙江省体育局院区综合馆设主会场,哈尔滨、七台河、齐齐哈尔、漠河 4 个分会场联动,冰上歌曲、冰上舞蹈、冰上表演等节目全方位展示黑龙江人民对北京冬奥会的热情期盼和备战冬奥、决胜冬奥、为国争光的坚定信心。在辽宁,“庆祝 2022 年北京冬奥会倒计时 100 天活动暨国家体育总局冰雪器材捐赠仪式”“‘起动辽宁’辽宁省全民健身系列品牌活动”在 10 月 27 日正式启动,活动现场,旱地冰壶、陆地冰球、陆上滑冰模拟练习器、越野滑轮等冬季项目展演、体验活动,深受健身爱好者的欢迎。在河南,“迎接北京冬奥会开幕倒计时 100 天——2021 年度河南省大众冰雪系列活动”启动仪式,在活动主会场伏牛山滑雪场,以及河南省体育场、万象城滑冰场、河南冰立方冰壶俱乐部、大卫城滑冰场四个分会场同时启幕。越野滑雪登坡赛、速度轮滑、陆地冰球、花样滑冰、冰球、陆地冰壶等比赛在五个会场同时启动。在安徽,“我为中国冰雪加油　庆祝北京冬

① 河北体育学院:《我院举办“百校万人传冬梦”暨北京 2022 年冬奥会倒计时 100 天庆典系列活动》,《河北体育学院学报》2021 年第 6 期。

② 东南网:《北京 2022 年冬奥会倒计时 100 天纪念活动在张家口崇礼举办》,2021 年 10 月 27 日,见 https://baijiahao.baidu.com/s? id=1714757633613217140&wfr=spider&for=pc。

奥会倒计时100天”系列活动在安徽省运动促进健康中心启动，活动现场举行了安徽省首个综合类室内冰雪运动馆“安徽省五环冰雪馆”开馆仪式、安徽青少年冰球分组对抗赛、中国冰雪“大篷车”百场巡回合肥站等活动，市民们在“大篷车”活动现场参观冰雪知识展板，参与冰雪文化手工制作，参加旱地冰壶、冰球射门、冬季两项模拟射击等体验项目。在重庆，“迎接北京2022年冬奥会开幕倒计时100天”庆祝活动在南岸区南滨路弹子石广场举行，除了冰雪文艺表演外，全国第一套花样滑冰广播操在庆祝活动上进行了展演，赢得了现场观众阵阵掌声，在活动主场地之外还开展了陆地冰壶、陆地冰球、滑雪模拟、滑雪平衡、桌上冰球、电竞滑雪等一系列趣味性强、参与度高的群众冰雪项目，吸引了广大市民的热情参与。在四川，“庆祝2022北京冬奥会倒计时100天活动暨2021全国青年女子冰球锦标赛（U18）”活动吸引了来自全国5个省市的100多名运动员参加，5天的比赛为四川观众呈现10余场精彩赛事，进一步激发了四川人民对冰雪运动的热爱。在上海，10月27日上午在东方明珠电视塔城市广场正式启动了“百万市民牵手冰雪，申城逐梦喜迎冬奥——上海迎接北京冬奥会开幕倒计时100天主题活动”，上海市民和冰雪运动爱好者纷纷到活动现场拍照、打卡、送祝福，实地体验越野滑雪模拟机、陆地冰壶等项目，为100天之后的冬奥送上最真挚的祝福①。

这些活动，进一步激发了全国各地的冰雪运动热情，体现了社会各界和人民群众对北京冬奥会的期盼。

总之，奥运会倒计时活动按着时间节奏，逐步介绍本届奥运会的筹备情况，宣传特色与亮点，扩大影响力。由以上各类活动可以看出，奥运会倒计时活动具有以下特点：从时间上看，倒计时包括1000天、两周年、500天、一周年、100天等重要时间节点；从内容上看，倒计时包括文艺表演、健身活动、冰雪活动、民俗活动、奥运会重要事项发布、奥运会筹备情况介绍等；从参与主体

① 《“2022北京冬奥会倒计时100天庆祝活动”在全国各地火热开展》，2021年10月29日，见 https://baijiahao.baidu.com/s?id=1714941846877621700&wfr=spider&for=pc。

上看,一般包括高校和中小学师生、其他各行各业人员、普通群众、留学生和外国友人等。

三、开展北京冬奥会火炬传递活动

(一)奥运会火炬传递简介

1. 火炬传递的缘起

古代奥林匹克运动会圣火点燃仪式,起源于古希腊时期人类自上天盗取火种的神话。火炬手在奥林匹亚宙斯神庙前,按宗教仪式在祭坛上点燃火种,然后持火炬跑遍各城邦,传达奥运会即将开始的信息。各城邦收到召开奥运会的信息后,必须忘掉仇恨,停止战争,准备参加奥运会。因此,火炬象征着和平、光明、团结与友谊等意义。

1928 年,荷兰阿姆斯特丹奥运会上首次出现现代奥运圣火。当时顾拜旦提出这一想法,但仅限于在体育场附近的一个喷泉盛水盘上点燃圣火。1934 年,国际奥委会采纳了柏林奥组委秘书长关于举行火炬传递的建议,希腊、保加利亚等七个火炬传递即将经过的国家的奥委会均表示支持。1936 年,德国柏林奥运会正式开始现代奥运会圣火传递,火种直接采自雅典奥林匹亚的古代奥运会圣殿。从此,火炬传递成为奥运会最重要的传统和仪式而保留下来①。

2. 火炬传递形式

火炬传递最初采取跑步接力的形式,随着奥林匹克运动会在世界各地的举办,火炬传递的方式也越来越多样化。主要方式如下:

(1)雪上传递:1952 年,在第 6 届挪威奥斯陆冬奥会火炬接力期间,擅长滑雪的挪威人采用滑雪方式传递圣火。

(2)骑马传递:1988 年,第 15 届加拿大卡尔加里冬奥会由一名骑手骑马进行了火炬接力。

---

① 都都:《奥运火炬传递的起源》,《老同志之友》2016 年第 15 期。

(3)驼背上传递:2000 年,第 27 届悉尼夏季奥运会火炬接力中,使用骆驼完成了在澳大利亚中部沙漠地区的火炬传递。

(4)水中传递:1968 年第 10 届法国格勒诺布尔冬奥会火炬接力期间,一名游泳运动员手持火炬游过马赛港。2000 年第 27 届悉尼夏季奥运会火炬接力中,一名潜水运动员在大堡礁进行了水下火炬接力。

(5)空中传递:1992 年第 16 届法国阿尔贝维尔冬奥会火炬接力,从雅典到巴黎的圣火传递中使用了超音速的协和飞机。1994 年第 17 届挪威利勒哈默尔冬奥会火炬接力,在奥运史上第一次使用降落伞进行圣火传递。

(6)卫星传递:在 1976 年第 21 届加拿大蒙特利尔夏季奥运会火炬接力期间,利用人造卫星完成了从雅典到渥太华的奥林匹克圣火传递①。

(7)太空传递:2013 年 11 月 7 日,俄罗斯用运载火箭把宇航员和索契冬奥会的火炬送向了国际空间站。2013 年 11 月 9 日,两位宇航员携带火炬走出舱门,进行了太空行走。

(8)综合传递:大多数情况下,奥运会圣火采用多种方式进行传递。在 1996 年第 26 届美国亚特兰大夏季奥运会火炬接力期间,美国人使用了多种在其历史上具有重要意义的交通工具,如印第安人的独木舟、传送快递的驿马、密西西比河上的汽船、联合太平洋公司的铁路(世界上第一条贯穿大陆的铁路)等②。2014 年索契冬奥会火炬传递方式更加多样,各具特色。2013 年 11 月 4 日,圣火抵达俄罗斯北部小城纳里扬马尔,人们用一辆三套驯鹿雪橇车传递了火炬。随后换乘现代化四轮摩托车的奥运圣火沿着城市街道绕行。圣火后来还采用汽车、火车、飞机、狗拉雪橇、自行车、雪地汽车、卡丁车、雪橇摩托、联合收割机、四轮马车、骆驼、缆车、热气球、摆渡船和滑雪等方式进行传递③。

---

① 本刊编辑:《丰富多彩的奥运会火炬传递方式》,《百姓》2008 年第 8 期。

② 本刊编辑:《丰富多彩的奥运会火炬传递方式》,《百姓》2008 年第 8 期。

③ 人民网:《索契奥运火炬传递创冬奥会之最》,2013 年 11 月 19 日,见 http://sports.people.com.cn/n/2013/1119/c22176-23593333.html。

3. 火炬传递的意义

火炬传递活动是奥林匹克文化的重要组成部分,具有独特的魅力和强大的感召力,吸引了世界各地人民的目光,对奥林匹克运动文化的发展以及世界各国的联系和交流具有重要的意义。

第一,宣示奥运会即将开幕。奥运火炬传递是奥运会的前奏,提醒人们将要在某个国家举办奥运会,通知各国做好充分的准备,奉献出精彩的竞技展示。

第二,传播奥林匹克精神。火炬传递活动使主办国和世界其他国家没有机会直接参与奥运会的人,能够近距离感受奥运氛围。火炬传递活动中大量的文字、图片、影像等资料,为主办地和途经地区留下了宝贵的奥林匹克文化遗产①。

第三,促进途经城市和地区的发展。奥运火炬传递及其相关文化活动给全世界展现了主办国独特的民族文化,传播了途经地区的人文风情和自然风光②,在很大程度上加快了火炬途经城市发展的步伐。

(二)北京2008年奥运会火炬传递

北京2008年奥运会火炬传递的主题是"和谐之旅",口号是"点燃激情、传递梦想"。北京奥运会圣火采集仪式于2008年3月24日在希腊奥林匹亚举行,随后在希腊境内进行了为期6天的传递。从2008年4月1日到8月8日,北京奥运会火炬先后经历了境外、境内的传递工作,历时130天,穿越五大洲19个国家的19个城市以及中国内地和香港、澳门,总行程约为13.7万公里,火炬手为2.1万余名。2008年北京奥运会火炬传递的成功之处和重要

---

① 韩双:《冬奥会火炬传递仪式研究》,硕士学位论文,北京体育大学人文学院,2016年,第39页。

② 刘慧玲、张英:《北京奥运火炬传递中西媒体报道框架构建及表现技巧的研究》,《新闻知识》2009年第7期。

特点为:(1)传遍五大洲,推动奥林匹克运动在全球的发展;(2)重返丝绸之路,展示了中国悠久历史与民族文化;(3)凸显和谐主题,宣传了中国现代社会的文明与和谐;(4)创造了奥运会火炬传递史上的三个“之最”——最长路线、最长时间、最多人数,表达了中国人对奥林匹克的热情与尊重①。

2008年北京奥运会火炬传递穿越四大文明古国,见证华夏优秀文明,将历史与文化融为一体,向世界展示了中国五千年文明古国的风采,并通过攀登珠穆朗玛峰创下圣火传递的最新高度②。正如北京2008年奥组委主席刘淇所说,北京奥运会火炬接力把奥林匹克精神再一次传遍全球,充分体现了中国人民对奥林匹克运动的热诚;充分展现途经各国家、各地区、各城市的秀美风光、文化传统以及人民的精神风貌;增进了世界各国人民的相互了解和珍贵友谊;进一步传播了北京奥运会主题口号“同一个世界,同一个梦想”的丰富内涵,向世界各国人民发出参加北京奥运会的热情邀请,欢迎世界人民共享北京奥运会的欢乐和荣耀③。

(三)北京2022年冬奥会火炬传递

1. 火炬传递情况

2022年北京冬季奥运会火炬接力以“迎接冰雪之约,奔向美好未来”为主题,以“健康·欢乐·活力”为口号,精简传递规模,增加展示活动。火炬接力分为火种展示、传统火炬传递和网络传递三个部分。

(1)火种展示。火种展示按时间顺序分三个阶段进行。第一阶段,结合奥林匹克火炬接力主题展览,在北京奥林匹克塔进行火种展示。广泛宣扬奥

---

① 程治华:《北京奥运会火炬传递路线研究》,硕士学位论文,首都体育学院休闲与社会体育学院,2012年,第20—24页。

② 刘慧玲、张英:《北京奥运火炬传递中西媒体报道框架构建及表现技巧的研究》,《新闻知识》2009年第7期。

③ 程治华:《北京奥运会火炬传递路线研究》,硕士学位论文,首都体育学院休闲与社会体育学院,2012年,第25页。

林匹克精神,动员大家关注、参与北京冬奥会。第二阶段,部分奥林匹克全球合作伙伴和北京冬奥会官方合作伙伴结合企业公益项目进行火种展示。火种展示走进赞助企业,与他们支持的体育、文化、教育、社会公益项目相结合,进一步传播奥林匹克精神和北京冬奥会理念。第三阶段,在冰雪资源丰富、冰雪运动基础较好的黑龙江省、吉林省、内蒙古自治区和天津市等地进行火种展示。这些地区冰雪资源较为丰富,冬奥文化基础较好,主题展示与当地既有节庆活动(如雾凇冰雪节等)相结合,最大限度体现冰雪文化,带动群众热情,放大宣传效果,充分展示冰雪运动的魅力和风采,实现冬奥会"带动三亿人参与冰雪运动"的目标①。

(2)传统火炬传递。传统火炬传递在北京冬奥会三个赛区进行。时间安排在2022年2月2日至4日,共有火炬手1200名左右。传递路线立足展现北京、延庆、张家口赛区的冰雪资源、冰雪运动、冰雪文化和双奥遗产,呈现沿途的自然、历史、人文特色和现代化风貌。北京地区火炬传递围绕新发展理念,展现绿色北京、人文北京、科技北京发展战略建设成果;张家口地区火炬传递以冰雪文化、历史文化、长城文化、工业文化为载体,以践行生态文明理念、全面推进乡村振兴所取得的成效作为重点展示内容,凸显京张体育文化旅游带加速发展的态势②。

(3)网络传递。在"科技冬奥"项目的支持下,火炬传递融入更多科技元素,以人机共融等方式实现跨域火炬传递,灵活展现科技与冬奥文化的结合。火炬接力计划特别设计火炬网络宣传部分,通过新锐前沿的科技手段和丰富多彩的传播方式,让更多人特别是青年人参与到火炬接力活动中。广大网民通过AR、VR、话题挑战等多种互动形式,共享北京冬奥盛会。

---

① 中国新闻网:《精简规模、创新形式、公众参与——解读北京2022年冬奥会火炬接力计划》,2021年10月20日,见https://www.chinanews.com.cn/gn/2021/10-20/9590601.shtml。

② 中国新闻网:《精简规模、创新形式、公众参与——解读北京2022年冬奥会火炬接力计划》,2021年10月20日,见https://www.chinanews.com.cn/gn/2021/10-20/9590601.shtml。

此次火炬传递活动采取展示与接力、线上与线下相结合等多种方式进行，涉及面更广。通过具有中国特色的火炬接力形式和传递过程，向世界展示中国蓬勃向上的体育文化，展现中国人参与奥运、支持奥运的热情。

2. 火炬接力标志与器具

2021 年 10 月 20 日，北京冬奥会火炬接力标志、火种灯、仪式火种台和火炬手服装等首次呈现在国内公众面前。这些重要的形象元素，都是以一条象征奥林匹克火种与激情的丝带为视觉设计核心，并以统一的视觉语言相互贯穿，形成了延绵不绝的奥运火炬接力景观，充分彰显主办国和主办城市丰富的文化内涵和高度的文化自信①。

(1)火炬接力标志。北京冬奥会火炬接力标志设计灵感融合了中国古代神话故事和传统书法艺术，体现出共建人类命运共同体的美好愿望，高度凝练出中国人心中的奥运精神。

(2)火种灯。北京冬奥会火炬接力火种灯的创意源于“中华第一灯”——西汉长信宫灯。长信宫灯是 2000 多年前的西汉宫灯，造型轻巧华丽，设计巧妙环保。“长信”即永恒的信念，表达人们对光明、希望的追求和向往。飞舞的红色丝带环绕在火种灯顶部，与火炬“飞扬”视觉形象统一，象征着拼搏的奥运激情。方圆嵌套象征天圆地方，银色金属光泽和晶莹剔透的玻璃形成对比，表达了中华民族优秀传统文化与奥林匹克精神的完美契合。火种灯既有传统中国韵味又具现代感，灯体使用了环保材料再生铝合金，首创双层玻璃结构，保证了火种灯在低温、严寒、大风等自然环境下不会熄灭。

(3)火种台。北京冬奥会火种台以“承天载物”为设计理念，创意灵感来自中国传统青铜礼器——尊。火种台采用了尊的曲线造型，基座沉稳，象征“地载万物”。顶部舒展开阔，寓意着迎接纯洁的奥林匹克火种。祥云纹路由下而上渐化为雪花，象征了“双奥之城”的精神传承。红色丝带飘逸飞舞、环

---

① 中国新闻网：《冬奥火炬标志、火种台和火炬手服装长啥样?》，2021 年 10 月 20 日，见 https://www.chinanews.com.cn/gn/2021/10-20/9590669.shtml。

绕向上,与火炬设计和谐统一。红银交映的色彩,象征了传统与现代、科技与激情的融合①。

本章从提出特色鲜明的冬奥会赛事理念、设计具有民族风格的冬奥会文化标识、开展蕴含传统文化的宣传活动三个方面,对北京冬奥会举办前的文化传播进行了分析。北京冬奥会申奥理念、办奥理念、申办口号、主题口号等观念的提出,会徽、体育图标、纪念邮票、吉祥物、火炬等标识的设计,以及冬奥歌曲、宣传片、倒计时、火炬传递等创作和宣传活动的举行,都在不同形式、不同程度传播了民族传统文化和冰雪运动,展现了中国的综合实力和文化自信,为世界留下了独一无二、弥足珍贵的冬奥文化遗产。

---

① 中国新闻网:《冬奥火炬标志、火种台和火炬手服装长啥样?》,2021 年 10 月 20 日,见 https://www.chinanews.com.cn/gn/2021/10-20/9590669.shtml。

第八章　北京冬奥会与中国传统冰雪运动文化的传播(二):北京冬奥会举办期间的传播

第一节　做好东道主,体现东方待客之道

习近平总书记强调,北京冬奥会是我国重要历史节点的重大标志性活动,是展现国家形象、促进国家发展、振奋民族精神的重要契机。办好北京冬奥会、冬残奥会是党和国家的一件大事,是我们对国际社会的庄严承诺,做好北京冬奥会、冬残奥会筹办工作使命光荣、意义重大①。在北京冬奥会举办期间,我们首先要做好东道主,体现东方待客之道,展现华夏文明之礼,呈现中国自信之姿。主要应做好防疫、服务、体验等方面的工作。

一、科学合理:做好防疫工作

新冠疫情下办赛,北京冬奥会没有可借鉴的经验和模式。国际疫情的蔓延带来了设备器材进口困难、专家不能现场指导等挑战,加之新冠病毒传染性强、潜伏期长、易变异,疫情发展趋势难以判断,这些都是冬奥会筹办需要

① 郑铁、季芳等:《冰雪展画卷　一起向未来——写在北京冬奥会开幕倒计时100天之际》,《人民日报》2021年10月27日。

面对的巨大困难①。

北京冬奥组委、国际奥委会、国际残奥委会、中国政府相关部门以及相关领域的专家共同商讨制定了《北京 2022 年冬奥会和冬残奥会防疫手册》(以下简称《防疫手册》),提出了非必要不来华原则、分类管理原则、闭环管理原则、应急处置原则、常态化防控原则、动态调整原则六个整体防控原则。其中,分类管理原则就是运动员接种新冠疫苗“应接尽接”;其他境外人员来华则是二选一,打了疫苗免隔离,不打疫苗就一定要接受 21 天的集中隔离。闭环管理原则就是境外来华的人员,从进入海关开始体温筛查,经过核酸采样后直接通过专用的交通工具送到奥运村或签约酒店。每个奥运村和签约酒店都是一个独立的闭环。从入境到抵离交通、餐饮、住宿、训练、比赛、媒体采访,形成了多个闭环点,通过交通工具在这些闭环点连线移动,进行活动和工作,就是一个完整的闭环②。这些科学、合理的原则,有效地把疫情的影响降到最低限度。

2022 年北京冬奥会作为我国近期承办的重大国际活动,是全方位展现我国经济、社会、文化发展成果的重要平台。在全球新冠疫情肆虐的背景下,筹办好、举办好北京冬奥会更具有十分重要的时代意义。有序筹办和顺利举办的冬奥会,也将成为“后疫情”时代下世界认知中国的新名片③。

二、探索创造:优化赛事服务

冬奥会应始终把重心放在办好赛事本身,完善竞赛核心机制建设。坚持“以运动员为中心”,做好赛场专业服务,不仅要提供优越的硬件设施,更要创建舒适的软件环境,这是我国多次成功组织国际赛事的宝贵经验,也是国际奥

---

① 王莉:《疫情背景下北京冬奥会与国家形象塑造》,《河北体育学院学报》2021 年第 5 期。

② 吴东、卓然:《北京冬奥会赛时将实行闭环管理——专访北京冬奥组委疫情防控办公室副主任黄春》,《北京日报》2021 年 10 月 26 日。

③ 潘磊:《新冠肺炎疫情对 2022 北京冬奥会的影响研究》,《科技智囊》2020 年第 4 期。

委会的基本办赛宗旨。面对疫情的冲击,要充分发挥我国的制度优势,上下协调,内外联动,集中力量办赛,维护好我国信守承诺、敢于担当的体育大国形象。具体来说,就是要以节约理念规划好场馆建设和赛后利用,以绿色理念做好冬奥会环境改善工作,以科技理念创新办赛模式和方法。疫情下应多以线上方式,就赛事组织管理问题与相关国际体育组织交流,就运动技术问题向冬季项目强国请教,同时结合我国实际情况和疫情防控形势,打造服务新形式,探索训练新模式,树立办赛新样式,通过成功举办冬奥会,自然而然地体现国家综合实力,展现办赛中国风格,彰显体育大国形象①。

三、温馨有趣:创造美好体验

在科学、合理安排好训练、比赛等赛事服务之外,按照衣食住行等日常需求或吃住游购娱等旅行要求,做好全面、周到的服务,给参赛人员和来宾留下温馨、舒适的体验,体现我们的待客之道和礼仪文化。在交通方面,为创造美好的旅行体验,2019 年 12 月 30 日开通运营的北京至张家口的高速铁路,全力做好出行服务保障。京张高铁列车内,设置了无障碍车厢,采用全列盲文标识,具备轮椅固定停放、卫生间无障碍通行的能力;列车还提供无线充电、冷水直饮、听障助听以及多语言音视频服务;设置媒体车厢和开放式餐吧区,极大地方便了媒体工作者在车内办公,随时观看奥运赛事高清直播。另外,京张高铁还装备有先进的智能化调度指挥、灾害实时监测预警、北斗导航应用等服务系统,密织起一张安全保障的“天网”,为冬奥会参与人员和旅客安全出行奠定了坚实的技术基础②。在餐饮服务方面,赛时恰逢中国传统春节、元宵节,运动员菜单围绕“中国年味”,与国际上的节日相结合,增添特色饮食餐品供应。中国特色菜品包括西湖牛肉羹、木须肉、酱爆鸡丁等,中国东西南北菜系

---

① 王莉:《疫情背景下北京冬奥会与国家形象塑造》,《河北体育学院学报》2021 年第 5 期。

② 人民铁道网:《百年圆梦看京张——写在北京冬奥会开幕倒计时 100 天之际》,2021 年 10 月 27 日,见 https://www.peoplerail.com/rail/show-2020-471730-1.html。

包括川菜、粤菜、鲁菜、湘菜等①,节日特色美食包括饺子、元宵、春卷等,展示了中国饮食文化的丰富性,让世界各地运动员充分感受、体验中国美食文化魅力。

第二节　办好开幕式,展现华夏文明睿智

一、奥运会开幕式的基本程式及主火炬点燃方式

奥运会既是各国运动员体育竞技技艺的较量,也是主办国民族文化艺术展示的舞台。每届奥运会的开幕式都不同程度地将主办国的经济实力、科技水平、人文精神、民族文化、政治态度、国际关系等状况展示出来,所以奥运会开幕式又被称为“奥运会之花”②。奥运会开幕式有一系列相对稳定的程式,但最吸引人的部分主要包括大型文艺演出、奥运五环展示、主火炬点燃等。其中,最能体现东道主国家人民智慧、创意的是圣火点燃仪式。为避免与前面内容重复,本部分仅以奥运会开幕式上主火炬的点燃方式为例进行分析。

奥林匹克运动是动态、开放的世界性文化体系。火炬的研发、火种的采集、圣火的传递、主火炬的点燃形成了一个独特的奥运圣火文化,成为人类心灵之光的写照,世界和平与友谊的象征③。奥运会开幕式中主火炬点燃仪式体现了体育与科技、体育与艺术、体育与智慧、体育与想象力的完美结合,是开幕式盛典中最具悬念、最有魅力的环节,也是一届奥运会开幕式中最大的亮点④。

---

①　央广网:《北京2022年冬奥会运动员菜单发布》,2021年11月14日,见http://news.cnr.cn/2021zt/bxzg/jjda/20211114/t20211114_525660388.shtml。

②　孙春萌:《奥运会开幕式多元文化及价值探讨》,硕士学位论文,安徽工程大学体育学院,2010年,第1—2页。

③　董宇、孙玉巍:《奥运圣火点燃仪式的文化解析》,《冰雪运动》2013年第1期。

④　王成:《奥林匹克圣火传递的历史研究》,硕士学位论文,南京师范大学体育科学学院,2008年,第2页。

随着东西方文化的交流和科学技术的发展，奥运会开幕式中主火炬点燃的方式百花齐放，不断创新。如何使火炬点燃更有创意，更能画龙点睛，是一项极其艰难的劳动。历届奥运会主办方都特别注重主火炬的点燃仪式，并为此苦思冥想，大费周章，因而点燃仪式也创意迭出，精彩无限。如1988年韩国汉城奥运会另辟蹊径，在地面使用升降台把火炬手升至高处点燃主火炬；1992年西班牙巴塞罗那奥运会独树一帜，采用射箭的方式点燃圣火；2000年澳大利亚悉尼奥运会别出心裁，将瀑布搬到了现场，在水中点燃了圣火；2004年希腊雅典奥运会构思巧妙，以人在地面不动、火炬向人低头的逆向思维方式赢得了全世界的喝彩。

二、北京冬奥会开幕式上主火炬点燃方式的思考

随着东京奥运会的闭幕，北京冬奥会进入倒计时，世界人民将关注的目光投向中国。设计出一场独具特色、寓意深远的圣火点燃仪式，为冬奥会留下具有东方色彩的宝贵遗产，是国际奥委会和世界人民对2022年北京冬奥会的共同期待，同时是对我们的文化软实力、创造力的巨大挑战，也是传播民族文化、讲好中国故事的重大机遇。

奥运会开幕式点燃主火炬的精妙、出彩之处，无非体现在创新思维、科技运用、独特文化、鲜明主题、特殊选手等方面①。北京冬奥会圣火点燃方式，可以从这几个方面进行开放式、开拓式思考：(1)创新思维：点燃的手段、方式、用具与众不同，比如可以用中国传统文化中的蹴鞠、弩、弹弓等；(2)科技运用：运用中国最新、最重大的科技成果，如使用中国空间站、着陆火星的“天问一号”探测器等成果；(3)独特文化：如龙、凤凰、熊猫、灯笼、长城等中国特有的文化元素；(4)鲜明主题：如在全球抗击疫情背景下，构建人类命运共同体，提出中国方案，打造中国方舟等；(5)特殊选手：如中国冬奥会第一枚金牌获

---

① 王成：《奥林匹克圣火传递的历史研究》，硕士学位论文，南京师范大学体育科学学院，2008年，第64—65页。

得者、海峡两岸运动员等。

结合以上思路,参考历届奥运会、中国国内大型运动会等开幕式点火仪式以及王成等学者的成果,现提出以下设想,供北京冬奥会以及其他大型赛事的开幕式参考。

(一)天宫巡游

北京冬奥会可以设计出形状像我国“天宫一号”、能自由漂移的主火炬台。当全场观众看不到主火炬身在何处、正在考虑运动员如何点燃圣火时,从体育场外缓缓升起一个造型独特的“天宫一号”主火炬模型,在空中漂移一段时间之后落在体育场的外侧。然后由火炬手点燃主火炬①。这一方案既展示了中国古代神话故事中的天宫元素,又体现了我国的最新科技成果。

(二)天女散花

2022年北京冬奥会适值中国传统节日春节和元宵节。中国历来就有在春节、元宵节期间张灯结彩、赏灯猜谜的习俗,象征红红火火、吉祥如意和美满幸福。一飞天(仙女)在高空飞来,撒下无数朵鲜花一样的灯笼(小型无人机)。随后,这些灯笼同时绽开,就像燃放烟花一样,在空中相互交错,绽放出绚丽多彩的图案。在全场感叹天空这一盛景的同时,散落的烛火落到主火炬台上,点燃了圣火。这一设计体现了中华民族传统节日文化、美好祝福以及科技成果。

(三)爆竹迎新

中国民间有“开门炮仗”的说法,即旧时在新年到来之际,家家户户开门的第一件事就是烧竹子,以噼噼啪啪的爆竹声除旧迎新,继往开来。爆竹是中国的特产,亦称“爆仗”“炮竹”“炮仗”“鞭炮”等。放爆竹的最初目的是迎神、

---

① 王成:《奥林匹克圣火传递的历史研究》,硕士学位论文,南京师范大学体育科学学院,2008年,第71页。

驱邪，后来以其强烈的喜庆、吉祥色彩发展为辞旧迎新的象征。可以设计一个"二踢脚"爆竹，一个火炬手拿在手中，另一个火炬手用手中的火炬点燃。"二踢脚"第一声响起，冲上云霄；第二声响起，在高空引爆，其火焰或火星点燃主火炬。在人类共同抗击新冠疫情的背景下，这一创意具有祛除邪魔、迎来吉祥的含义。

（四）凤凰涅槃

西方有不死神鸟在火中重生的神话，中国也有火凤凰的传说。东西方这一传说的共同点就是以凤凰象征着生命、活力与激情。可以设想，在圣火点燃仪式的举办地"鸟巢"，场上有十盏象征太阳的射灯，扮演后羿的运动员从天而降，取出弓箭，将九个"太阳"逐一射落。在大地即将陷入一片黑暗时，从远处飞来一只凤凰，挺身衔住最后一个"太阳"，并与之一起落入火炬台中，主火炬顿时被点燃，凤凰也涅槃重生①。这一设想，体现了东西方文化的互鉴交融，也表达了奥林匹克运动在东方、在中国再次获得发展。

（五）金龙吐瑞

龙是中国古代传说中的神异动物，是中华民族的象征，中国人以"龙的传人"而骄傲，亚洲其他国家和民族也受到中华龙文化的影响。西方也有龙（dragon）的传说，在基督教流行之前，西方的"dragon"一直是维京人、塞尔特人和撒克逊人的民族象征。北京冬奥会可借鉴并改进我国第七届全运会开幕式的做法，在火炬台旁边设置一条金色巨龙，火炬手点燃龙尾，随即龙口喷出一枚火球，击中火炬台上，点燃火焰②。这一创意象征东方巨龙——中华民族

① 王成：《奥林匹克圣火传递的历史研究》，硕士学位论文，南京师范大学体育科学学院，2008年，第71页。

② 王成：《奥林匹克圣火传递的历史研究》，硕士学位论文，南京师范大学体育科学学院，2008年，第60页。

的和平崛起和奥林匹克文化的日益发达。

(六)熊猫蹴鞠

大熊猫在地球上生存了至少 800 万年,被誉为“活化石”,是世界自然基金会的形象大使,是世界上极其宝贵的自然历史遗产。大熊猫也是中国特有物种,被誉为中国“国宝”和“国兽”。蹴鞠是我国古代的足球运动,一般认为蹴鞠兴起于春秋战国时期的临淄,在我国流传了两千多年,2006 年获批为国家级非物质文化遗产。中国也因此被亚洲足联、国际足联等机构认定为世界足球的发源地。可以设计一个巨大的卡通熊猫,在现场表演蹴鞠技艺,最后点燃鞠,并一脚大力抽射,把鞠踢到高处的火炬台,点燃主火炬。这一设想,充分体现了我国两项世界级的自然和文化遗产,体现出开幕式的独特性。

(七)转龙射球

冬奥会与夏奥会最大的不同是冰雪运动技艺的竞赛与展示。开幕式应充分体现冰雪运动与冰雪文化的独特魅力,尤其是东道主国家和民族的冰雪特色。中华民族有历史悠久、形式多样的冰雪运动和游戏。尤其是以冰嬉为代表的民族传统冰雪运动,极大地丰富了世界冰雪运动文化。清代宫廷冰嬉中有抢等、抢球、转龙射球等竞赛和表演。可以设计这样的场景:在主会场的冰面上,有一群活泼可爱的小孩在表演冰嬉,场地中间有一个小孩身着戏曲服装,在表演冰嬉技艺后,从背后拿起弓箭,点燃箭头,拉弓射向火炬台,点燃主火炬。转龙射球把中国古老的射箭和滑冰技术相结合,展示了东道主国家历史悠久、形式独特的冰雪运动技艺,丰富了冬季奥林匹克运动的形式和内涵。

总之,如果说奥林匹克运动是展示人类文化瑰宝的一座长廊,那么开幕式则是管窥世界文化的一扇窗户①。奥运圣火已经从故乡雅典再次奔向万里长

① 董宇:《冬奥会开幕式探究》,《体育文化导刊》2015 年第 5 期。

城，闪耀中华大地，全世界炎黄子孙为此欢呼雀跃。北京冬奥会究竟奉献一场什么样的开幕式？最终以何种方式点燃圣火？怎样在世界人民面前精彩地诠释奥林匹克精神、展现新时代的中国风貌？这些悬念吸引着人们不时地期盼和关注北京冬奥会的开幕时刻。

三、北京冬奥会开幕式的亮点及主火炬的点燃方式

2022年2月4日晚8时，第24届冬季奥林匹克运动会开幕式在北京“鸟巢”国家体育场举行。30多位外国元首、政府首脑、王室成员和国际组织负责人，以及来自90多个国家和地区约3000名选手来到开幕式现场①。

1. 北京冬奥会开幕式的主要亮点

北京冬奥会开幕式严格贯彻“简约、安全、精彩”的办赛要求，前沿科技与传统文化共舞，民族特色与全球视野相融，绿色低碳与可持续发展结合②，精彩迭出，亮点不断，为世界人民献上了一场精彩绝伦的视听盛宴。

（1）展示奥林匹克精神之“巧”

奥林匹克精神生生不息的动力就是对自然的敬畏，对人性的呵护，对生命的热爱，对竞技的追求③。北京冬奥会开幕式整场演出的一个重要线索，就是对奥林匹克精神的精彩表达。

在开幕式现场的大屏幕上，随着一滴冰蓝色的水墨从天而降，瞬间幻化成黄河之水奔涌倾泻而下，犹如中国古诗“黄河之水天上来”的雄浑景象，水中升起的巨型冰块化身“大屏幕”，闪回播放前23届冬奥会的历史画面，最终定格在“2022中国北京”。冰球运动员与影像冰球击打互动，冰球在视频空间中反复撞击后，带动更为激烈的一刻——整个巨型冰块被雕刻成为一个晶莹剔

---

① 萧达：《“破冰飘雪”打造视觉盛宴 “双奥之城”喜迎老友新朋 北京冬奥会开幕式惊艳世界》，《环球时报》2022年2月5日。

② 李蔚：《北京冬奥会开幕式文化传递与价值传播探析》，《新闻论坛》2022年第2期。

③ 唐阿楠：《北京冬奥会开幕式〈一起向未来〉对构建人类命运共同体的艺术表达》，《国际公关》2022年第13期。

透的冰雪五环。该过程被定义为“破冰”,具有打破隔阂、化解矛盾、走近对方、互相理解的寓意。这一“奥运五环”展示方式,无论在形式上还是在创意上均达到震撼世人的效果,堪称奥运会历史上的一绝。44 名天真无邪的孩子以纯净、空灵的天籁之音,用希腊语完美演绎了奥运会会歌《奥林匹克圣歌》。这些孩子全部来自太行山革命老区河北保定阜平县城南庄镇的五所乡村小学,是真正的“大山里的孩子”,奥林匹克精神再次传遍中国大山南北,长河上下。在熟悉的 *Imagine* 的旋律下,4 组滑冰运动员在雪上前行,所经之处滑出长长的轨迹,轨迹上呈现出奥林匹克的口号:更快、更高、更强、更团结。中国人以独特的文化、超凡的思维和深邃的意境,将奥林匹克精神“巧妙”地展现、传播给全世界。

(2)体现冬季运动特色之“奇”

冬季奥林匹克运动会的最大特征,就是冬季气候和冰雪运动。北京冬奥会开幕式也紧紧围绕“冰”“雪”特征,全面揭示和展现冬季运动的独特魅力以及东道主的冰雪文化。

北京冬奥会开幕式整体上运用中国传统文化中托物起兴、小中见大、积微成著的思路,体现了中华美学特色。“雪花”是冬季运动的代表性符号,因而开幕式选取了“雪花”作为贯穿整场的重要元素和叙事角色。从倒计时开始,就融入了各种形态的雪花,有霜降时节红墙前的枝上初雪,有小雪时节长城内外的漫天飞雪,也有大寒时节北国风光中的冰上堆雪。从运动员入场到火炬台的升起,也是雪花串联起各国运动员齐聚北京、喜迎奥运的故事。每个代表团的引导员都手持发光的雪花造型引导牌,身着雪花图案和中国国画风格的衣服。开幕式主题歌表演《雪花》,500 个孩子拿着可爱的发光小鸽子,自由欢愉地奔跑,与脚下实时交互出现的晶莹雪花嬉戏玩耍;另有 160 个孩子合唱“千万雪花,竞相开放,万千你我,汇聚成一个家”,向全世界传递出温暖的力量①。入场

① 田湉:《2022 北京冬奥会开幕式〈雪花〉:创意理念、编排策略及其交互设计》,《舞蹈》2022 年第 2 期。

仪式完成后，写着各国名字的虚拟大雪花从鸟巢上空自由飞舞、飘洒而下又慢慢消失，随后一个大雪花形态的主火炬台慢慢升起，悬置于奥运五环的下方。雪花是飘逸的、空灵的、浪漫的，来自全世界各地不同的雪花来到中国北京，汇聚为一朵大雪花，形象地表达了“人类紧密团结在一起”的理念。

（3）倡导人类共同理想之“高”

维护和平是奥林匹克运动永恒追求的主题。北京冬奥会延续奥林匹克运动诞生的初心，共同营造一个公平竞争、相互尊重、平等对待的竞赛环境。一朵由各个国家和地区小雪花引导牌汇聚成的大雪花，化作奥运主火炬台，寓意人们紧紧团结在奥运圣火周围。由橄榄枝编成的中国结图案组成了六边形大雪花的外围，象征着奥林匹克运动会与世界和平紧紧连在一起①。国际奥委会主席托马斯·巴赫在致辞中呼吁，各国在奥林匹克运动会召开期间，停止敌对活动，一起维护世界和平，进一步彰显了北京冬奥会的“和平”主旨。

绿色环保理念贯穿北京冬奥会筹办始终。第一，“简约”是开幕式的一大特色。开幕式从一开始就放弃了人海战术，摒弃大场面、大歌舞，回归普通人。第二，开幕式的烟花表演追求“小而美”。开幕式放弃氛围焰火，只选取“五环”“雪花”“冰花”等焰火造型。使用的烟花是高科技和环保的微烟、无毒焰火，大大减少了对环境的影响。第三，在奥运历史上首次实现全部场馆 100% 绿电供能。开幕式流光溢彩的鸟巢以及其他所有赛事场馆，全部使用清洁无污染的绿色电能供电②。

科技赋能是开幕式取得成功的一个关键手段。开幕式综合运用五面裸眼 3D、人工智能、3D 动作捕捉技术、5G、AR 和云计算等先进技术，使奥林匹克精神、中国文化元素和现代影像技术完美融合，让先进技术提升视觉表达。整个鸟巢超大舞台地屏是目前最大的超高清地面显示系统，首次实现全 LED 影

① 唐阿楠：《北京冬奥会开幕式〈一起向未来〉对构建人类命运共同体的艺术表达》，《国际公关》2022 年第 13 期。

② 李蔚：《北京冬奥会开幕式文化传递与价值传播探析》，《新闻论坛》2022 年第 2 期。

像,取代了传统的地屏投影,整体面积达1万多平方米,组成模块超过42000块,画质达到16K。近60米高的竖屏、冰立方和奥运五环也均由LED屏组成。“黄河之水天上来”“五环破冰而出”和“放飞和平鸽”等精彩瞬间,都是新技术赋能呈现出的视觉盛宴①。

(4)传播中国文化精神之“亮”

充分展现和传播举办国的独特文化和建设成果,是历届奥运会开幕式的主要目的和内容之一。开幕式利用现代科技和传媒手段,对中华传统文化、中国价值观念等进行了生动、形象的展示。

第一,全面展示中国的独特文化。主创团队把中国“二十四节气”作为开幕式倒计时,每个节气后面配上了一句古诗词和相应的场景,向全世界的观众普及了中国的节令文化,展现了中华传统文化的神韵。“绿草初生”“迎客松”等烟花设计,按照中文首字笔画排列的各代表团出场顺序,带有传统中国结编织造型的雪花引导牌,采用河北民间传统图案的虎头帽,具有中国特色门窗造型的“中华门”和“中国窗”等元素的融入,让开幕式更具有中国味道,彰显了中华传统文化的独特魅力。

第二,形象阐释人类命运共同体理念。开幕式主创团队汲取了中华传统文化中的“君子和而不同”思想,以“完全不同的雪花汇聚到北京,成为一朵人类的雪花,一朵共同的雪花”为创作理念,形象表达了“人类命运共同体”理念,表达了人类对美好未来的不懈追求。当全世界都处于应对新冠疫情的特殊时期,北京冬奥会的如期举办提振了全球恢复秩序、发展经济的信心,北京冬奥会彰显的人类命运共同体理念更加深入人心②。

第三,生动表达国家统一的核心诉求。开幕式和平鸽表演中,一只小鸽子

---

① 孙敏:《内容生产和叙事策略的创新表达——北京冬奥会开幕式的传播学梳理》,《传媒评论》2022年第8期。

② 唐阿楠:《北京冬奥会开幕式〈一起向未来〉对构建人类命运共同体的艺术表达》,《国际公关》2022年第13期。

迷路掉队了,后来在同伴帮助下终于回到队伍中。这一感人情节,表面上看是团结、互助和友谊的体现,实际上有更为重要的寓意:迷路的小鸽子象征着宝岛台湾,在不久的将来,它必将回到祖国怀抱中。这一层含义并没有通过强烈的政治话语表现出来,而是以隐喻的形式含蓄地表达了祖国统一的心愿,引发了海内外广大观众的共情①。

2. 北京冬奥会开幕式主火炬的点燃方式

开幕式最具悬念、最让人期待的当属主火炬点燃仪式。奥运百年来,东道主国家均通过极为巧妙的构思和创意,采用让人意想不到的方式点燃主火炬的熊熊大火。

在北京冬奥会开幕式主火炬点燃前,观众们一直在急切地观察和推测主火炬的位置、造型以及点火的方式。在开幕式现场,杨扬、苏炳添、李琰等 7 名火炬手手持火炬彼此点燃、相互传递,代表奥林匹克精神生生不息的传承。最后一棒的火炬手赵嘉文和迪妮格尔·衣拉木江,共同将火炬放在巨型雪花上,随后雪花台缓缓旋转上升,成为北京冬奥会的主火炬。至此,观众才恍然大悟,原来,早已出现的雪花台就是主火炬台,最后一棒火炬手点燃的火炬就是主火炬。

开幕式点火仪式如此设计,是百年奥运从来未有的独创。其独到之处,至少表现在以下几个方面:第一,主火炬台的设计创意非凡。用所有参赛代表团的名字组成的主火炬台——雪花台,象征了全世界人民的大团结,是“更快、更高、更强、更团结”奥林匹克精神的形象诠释,是人类命运共同体理念的生动表达。第二,主火炬点燃方式惊诧世人。奥运圣火的最后一棒竟然直接就是主火炬,让全世界的观众为之惊叹,这是百年奥运史开幕式上的奇迹。第三,主火炬采用“微火”超乎想象。北京冬奥会主火炬是奥运史上从未有过的“微火”,比以往节省了 99.9%的能量;同时首次用氢气作燃料,燃烧时只产生

---

① 牛一冰、韦柳伊:《北京冬奥会开幕式的符号建构与意义升华》,《青年记者》2022 年第 6 期。

水,不产生二氧化碳,真正实现了奥林匹克精神与绿色环保理念的结合①。第四,展现东方哲学智慧和美学理念。整个设计和点火过程,阐释了一叶知秋、见微知著,微火永存、细水长流,星星之火、可以燎原等中国理念,体现着“大音希声,大象无形,大道至简”的中国智慧②,造就了奥运史上开幕式点火仪式的经典瞬间。正如南非《外交》杂志主编克里坦·巴哈纳所说,“完全没想到主火炬会用‘微火’方式,这很好地体现了‘简约、安全、精彩’理念,是伟大的创意”③。

3. 北京冬奥会开幕式的经验

一场惊艳世界的开幕式注定会被各国人民铭记。本届冬奥会开幕式向国际社会展现了一个由“文化中国”“绿色中国”“开放中国”构成的生机勃发、从容自信的大国形象,其宝贵经验将给更多国家和人们带来借鉴④。

北京冬奥会开幕式的经验和启示,值得进一步思考和总结。第一,开幕式的成功举办,需要与世界同频共振。想要通过开幕式和体育舞台构建一个积极、正面的大国形象,首先需要让世界人民有了解中国真实发展情况的兴趣。这就需要在国际传播中将中华文化与世界文化进行有效的沟通与嫁接,找到中国文化中与人类共同情感、世界共同关照相契合的关键点,有针对性地精准发力。在保持民族底色的同时,中国国际形象的传播需要与世界同频共振,用世界语言讲好中国故事。第二,开幕式的成功举办,需要尖端技术的支持。数字媒体技术在此次开幕式中发挥了巨大的作用。北京冬奥会 8K 与 5G 技术共同使用,将体育赛事的转播带入新时代。北京冬奥会开幕式通过主媒体中

---

① 人民网:《奥运火炬大火变“微火”北京冬奥会开幕式这些细节彰显绿色理念》,2022 年 2 月 6 日,见 https://baijiahao.baidu.com/s? id=1723986557366000823&wfr=spider&for=pc。

② 范家萁、王宇:《北京冬奥会开幕式的跨文化传播效果研究——基于 Twitter 用户发言的分析》,《传媒》2022 年第 14 期。

③ 本刊综合报道:《“这必将是一届载入史册的奥运盛会”——国际社会高度评价北京冬奥会开幕式》,《中国科技产业》2022 年第 2 期。

④ 中国社会科学网:《2022 年北京冬奥会开幕式何以惊艳世界》,2022 年 2 月 23 日,见 https://baijiahao.baidu.com/s? id=1725539076519179445&wfr=spider&for=pc。

心一块巨大的8K大屏，使众多因疫情防控等原因没能进入主会场的中外记者能观看并记录下精彩瞬间，将开幕式的“中国故事”传递到世界各地。“交往在云端”的互联网时代，善于使用尖端媒介技术，无疑为良好国家形象的传播插上了翅膀。第三，开幕式的成功举办，需要善用多维渠道主动发声。开幕式和体育赛事的成功举办，离不开大众传播媒介。主动发声才能避免被动解释。在国际传播中，新闻媒体要抢抓时机，掌握国际舆论主动权和话语权。据统计，北京冬奥会开幕式的观看数据创造了历史新高，在社交平台上更是获得了前所未有的热度。新闻媒体要善于利用短视频等新兴媒介手段，通过传统媒体、社交媒体等多种渠道，讲好中国故事，传播好中国声音，塑造积极正面国家形象①。

第三节　开好艺术节，凸显中国文化特色

奥林匹克运动会是一场体育盛会，更是文化交流和传承的重要载体，体现一个国家的文化软实力。前文已述，现行《奥林匹克宪章》要求奥运会组委会制定文化活动计划，并提交国际奥委会执委会批准。计划包括在奥运村、主办城市举办象征人类文化普遍性和多样性的活动，活动时间至少要贯穿奥运村开放的整个时期。这种文化展示活动就是奥林匹克艺术节②。艺术节的内容一般包括舞蹈、音乐、文学、绘画、雕塑、摄影、戏剧、建筑艺术、体育集邮等。例如，2018年韩国平昌冬奥会期间，以阿里郎文化闻名世界的旌善，借助冬奥会的机会开展一系列以阿里郎为主题的宣传活动，其中包括阿里郎歌曲演出、旌善阿里郎音乐剧、旌善阿里郎舞蹈剧和阿里郎移动博物馆等，打造别样韩式风情，传播了韩国特色文化③。2021年日本东京奥运会期间，为了加深国外受众

① 李蔚：《北京冬奥会开幕式文化传递与价值传播探析》，《新闻论坛》2022年第2期。

② 马连鹏：《北京奥运会的文化战略选择研究》，硕士学位论文，陕西师范大学体育学院，2008年，第37页。

③ 黑迪：《奥运赛事文化活动对2022年冬奥会的启示和可持续发展研究》，硕士学位论文，北京体育大学中国田径运动学院，2019年，第24页。

对日本“和服”“花道”“茶道”“浮世绘”“歌舞伎”等文化符号的深入理解,形成国家好感和文化认同,东京都政府面向外国游客实施了包括“短时间体验”和“地道体验”的日本传统文化体验项目①。

可以看出,奥林匹克艺术节已成为现代奥运会的一个传统活动项目,既是对主办国文化的大展示,也是全世界艺术的大交流。

一、北京冬奥会艺术节的举办方式和呈现内容

(一)北京冬奥会艺术节的举办方式

由于受新冠疫情的影响,北京冬奥会艺术节以网上展示、表演为主,以现场展示、表演为辅。在网上展示方面,通过国内(如微博、微信、抖音、快手等)、国外(如 Twitter,Meta,YouTube,Instagram 等)各种形式的新媒体,对北京冬奥会艺术活动、东道主传统文化、各参赛国独特文化等进行简练、快速的传播,达到影响广泛、印象深刻的效果。在现场表演方面,在北京冬奥村可现场举办小型规模、各种形式的艺术展览和表演活动,在国内其他地方可举办形式多样、丰富多彩的奥林匹克文化、冰雪文化艺术活动。

(二)北京冬奥会艺术节呈现的主要内容

北京冬奥会艺术节可以采用中外共同的艺术形式,如舞蹈、歌曲、朗诵、雕塑、摄影等,也可以采用中国民族特色的表现形式,如戏曲、诗词、书法、绘画、剪纸、皮影等。无论采用哪种形式,其表现主题主要包括但不限于以下三类。

一是冬季奥林匹克文化传播。如冬季奥林匹克运动发展历程、中国冬奥会参与历史、北京冬奥会系列文化与标识等(如会徽、吉祥物、火炬、奖牌、海报、制服、体育图标、纪念钞、邮票、歌曲、宣传短片等)。

---

①　魏然:《2020 年奥运会背景下日本文化形象传播路径及启示》,《体育文化导刊》2019 年第 5 期。

二是东道主文化推介。从时间维度来看，北京冬奥会正值中国春节和元宵节，写春联、放爆竹、打灯笼、猜灯谜、包饺子、滚元宵等节日文化及其创意，应是展示的重点；从空间维度来看，北京冬奥会举办地在北京、张家口，长城文化是最具代表性的地域文化，万里长城的建筑意图、历史沿革、主要作用以及时代价值应予全面介绍，尤其是充分发掘万里长城在爱好和平、防止侵略以及在阐释和平崛起、构建人类命运共同体等方面的文化价值；从特色维度来看，中华文化的典型代表如京剧、舞龙、舞狮、武术、神话传说、最新科技等，在借鉴北京夏季奥运会经验、结合时代发展的基础上，进行新的创意和创作。

三是冰雪文化介绍。我国有丰厚的冰雪历史和文化底蕴。中国是人类滑雪活动起源地，并逐渐形成了赏雪、玩雪、雪爬犁、雪地走、雪地打猎、雪地行军、雪夜泛舟、雪中马技、雪中开宴以及堆雪狮、堆雪象、堆雪马等雪上运动、游戏和文化。冰上活动从采集、狩猎、托运等生存技能，逐渐演变出军事用途，后来转为娱乐方式，在清代又进一步提升为“国俗”。不断改进的装备器材、口口相传的制度规则以及深邃丰厚的文化内涵，构成了我国古老的冰上文化①。艺术节冰雪文化的展示内容主要包括人类滑雪运动发源地文化（阿勒泰滑雪文化），传统冰雪运动文化（如冰嬉、冰上蹴鞠、冰上龙舟、雪地拔河、雪上风筝等），冰雪题材的其他文化（如中国古代关于冰雪的绘画、成语、传说等），以及各地冰雪盛景（如吉林雾凇）和少数民族冰雪文化等（如赫哲族的莫日根等）。

二、关于北京冬奥会艺术节的思考

西方冰雪运动之所以始终处于世界主流位置，关键在于奥林匹克文化的全球传播，且以体育为载体，教育为核心，艺术为重要手段。为办好北京冬奥会艺术节以及其他大型冰雪艺术节，传播中国冰雪文化和艺术，现提出以下思考与建议：

---

① 张磊、谢军：《2022 北京冬奥会背景下冰雪文化传播策略研究》，《西安体育学院学报》2021 年第 1 期。

其一,创新中国传统冰雪运动和冰雪文化的艺术表现形式,增强冰雪文化自信。可搜集和整理中国古代关于冰雪的传说、绘画、诗词歌赋,通过书画展、动画片、视频短片、电影及其他艺术形式,向国内受众推送,传播中国冰雪文化的内涵和价值。如中宣部"学习强国"上海学习平台推送的《诗书画》系列文化节目,先后推出了《诗书画中的传统节日·腊八节》《诗书画中的童真童趣·冬日戏冰》《诗书画中的古代娱乐方式·冰嬉》,把与冰雪相关的诗词、书法、绘画结合起来,形象、生动地推介中国传统冰雪文化,阐发其文化含义,起到了较好的传播效果。央视奥林匹克频道推出的《艺术里的奥林匹克》系列节目,详细介绍了表现体育内容的古代经典名画,形象地揭示了体育与艺术的关系,其中第七期节目《冰嬉图》,向观众赏析了长达563厘米的清代宫廷绘画《冰嬉图》,让大家深入了解了这一传世精品佳作,感受了中国古代冰上运动"嘉年华",生动地传播了中国传统冰雪艺术与文化。

其二,增加面向国外民众的冰雪文化艺术推介和展演活动,讲好中国冰雪故事。要积极克服新冠疫情带来的不便,建好、办好北京冬奥会多语种网站,创编更多制作精良、形式多样的外语视听节目,做好线上冰雪运动文化传播,让更多的国外专业人士和普通民众及时了解、欣赏北京冬奥会各项艺术活动①。在中外文化交流中,我们在做好"英译汉"的同时,更应下大力气做好"汉译英",把中国文化用西方人最容易接受的方式进行传播,以西方人的方式讲中国人的故事,这样会起到事半功倍的效果。近年来,英文纪录片《四季中国》、英文版《中国范儿》、英文版《你好,中国》、BBC纪录片《中国新年》和《体验中国》等节目,把中国传统文化向西方世界进行了很好的传播。尤其是英文纪录片《四季中国·冬至》、英文版《中国范儿·冰嬉》,比较全面地介绍了中国传统冰雪习俗和游戏,值得北京冬奥会进行借鉴。

其三,加强中国传统冰雪文化与西方现代冰雪艺术的交流、融合与创新,

---

① 夏文斌:《积极应对北京冬奥会面临的风险挑战》,《国家治理》2021年第12期。

实现文明互鉴与共享。冬奥会艺术节是充分表达“各美其美,美人之美,美美与共”文化共处理念的重要机会。“各美其美”是指不同文化中的人们首先要对自己的传统文化保持欣赏的态度;“美人之美”是指要充分了解别人文化的优势和美感;“美美与共”是指在“天下大同”的世界里,不同文化中的人们在人文价值上取得共识,并能维持和平共处①。例如,把中国的冰嬉、冰灯、冰雕、雪雕与西方的音乐、舞蹈、杂技、魔术等进行比较、借鉴,各取所长,互相交融,创造出新的表演形式,丰富世界现代冰雪艺术。艺术节要充分表达中国需要世界、世界需要中国的发展态势,诠释中国与世界各国日益形成的利益交汇、休戚与共、生死相依的命运共同体②。

三、北京冬奥会艺术节的举办情况

2022 年 1 月 6 日至 2 月 18 日,北京冬奥会艺术节——“相约北京”奥林匹克文化节暨第 22 届“相约北京”国际艺术节如约举办,一系列丰富多彩的文化艺术活动缤纷绽放,为北京冬奥会成功举办营造了浓郁文化氛围和良好舆论环境。该艺术节由文化和旅游部、国家广播电视总局、北京市人民政府、北京 2022 年冬奥会和冬残奥会组织委员会主办,中国对外文化集团有限公司、北京市文化和旅游局联合承办。艺术节统筹国内外奥运文化和传统艺术资源,运用多种高新技术和呈现方式,通过表演艺术、视觉艺术、电影展映、城市活动和庆典活动五大板块,营造喜迎冬奥的浓厚氛围③。

(一)表演艺术板块

表演艺术板块包括“开幕式演出”“魅力中国”“多彩世界”“点亮青春”

① 费孝通:《论人类学与文化自觉》,华夏出版社 2004 年版,第 209 页。

② 黄莉、万晓红:《北京冬奥会期间中国国家形象的塑造研究》,《武汉体育学院学报》2021 年第 5 期。

③ 网易网:《“相约北京”奥林匹克文化节暨第 22 届“相约北京”国际艺术节开幕》,2022 年 1 月 5 日,见 https://www.163.com/dy/article/GSULA1CJ0517IK9S.html。

“行业聚焦”五部分内容,以“线上+线下”的形式,为观众奉献上来自 22 个国家和地区的近百场演出以及艺术论坛和演出推介会。

1.“开幕式演出”部分。2022 年 1 月 6 日,作为本届艺术节的开幕式演出,“我们北京见”大型综合文艺晚会在北京天桥艺术中心激情上演,通过中国故事与优秀传统文化的创新表达,运用“5G+4K、8K+XR”等全新舞台技术,实现多元融合、连接世界。在节目设置上,力求跨界与“破圈”,为观众带来耳目一新之感,既有歌曲《冰雪奇缘:Let It Go》和“虚拟 XR+琵琶独奏”《冬之韵》等全新演绎冬奥主题的舞台精品,也有歌曲《茉莉花与图兰朵》等展现中西艺术隔空“对话”、彰显艺术交融独特魅力的合作经典,更有女子民乐《北京那些事》等蕴含浓郁传统文化特色的当代新作。

2.“魅力中国”部分。作为集中呈现中国元素的“魅力中国”板块,让世界领略中华优秀传统文化的博大精深与独特魅力。国内精品剧目在线上、线下轮番上演。其中,中国东方演艺集团舞剧《只此青绿》、色达耶吾布美藏戏团藏戏《赛马称王》等线下 9 台舞台艺术精品,与“集光之夜”线上互动音乐嘉年华、四川歌舞剧院话剧《尘埃落定》等线上 17 部精彩剧目,带领中外观众深度体验中华之美。同时,邀请吉林、上海、河北、北京、青海五个省(市)的优秀艺术团体通过“线上展播+线下展演”的方式,举行冬奥主题“省(市)文化周”,展示省(市)艺术特色及冰雪文化魅力。如北京文化周以“魅力京韵共赴冰雪”为主题,凸显冬奥文化的创新和传承;上海主推海派城市文化;吉林展示其得天独厚的冰雪资源,打造冰雪文化旅游品牌;河北作为冬奥举办地之一,节目均以冬奥为主要元素;青海亦展现冰雪旅游资源,同时推介唐卡、青海刺绣等非物质文化遗产内容;苏州的“苏州文化艺术展示周”带来苏剧、昆曲、交响乐、芭蕾及“苏州年味”体验周等。

3.“多彩世界”部分。“多彩世界”板块以国际精品剧目为主,《连狮子》《卡门》《茶花女》《贝多芬》等外国佳作以高清放映的形式相继亮相北京天桥艺术中心,爱尔兰踢踏舞、波兰管弦乐、日本传统太鼓、俄罗斯芭蕾等线上精彩演出也在腾讯视频、爱奇艺视频、优酷视频、哔哩哔哩视频、文旅中国等视频播放平台同步放送。

4.“点亮青春”部分。本届艺术节特设“点亮青春”部分，助力少年在冬奥精神的感召下茁壮成长。“少年中国·全国少儿春节晚会”以“把节日还给孩子、把舞台交给孩子、把快乐送给孩子”为宗旨，围绕北京推动国际友城交往向纵深发展，首发“少年中国文化菜单”，全面推进我国少年儿童才艺展示平台建设。同时开展“一起向未来”青少年街舞展演、“一起向未来”青少年管乐展演。中法联合制作的青少年戏剧展演《镜花缘》则让西方奔放的色彩与中式内敛的水墨在舞台上交相呼应，不仅是一次中法文化对话，也是一次成人世界与儿童世界的平等交流。

5.“行业聚焦”部分。艺术节还设有“行业聚焦”板块，于 2022 年 1 月 14 日至 16 日在北京中间剧场举办“艺术向未来”主题论坛及演出推介会。在为期三天的论坛中，开展以“剧场发展向未来”“艺术教育向未来”“演出市场向未来”为主题的一系列主旨演讲、演出推介、艺术沙龙及配套演出等活动。

（二）视觉艺术板块

视觉艺术板块以丰富的形式、精美的内容让“相约北京”奥林匹克文化节更加异彩纷呈。其中，“中华瑰宝展”展示中国传统工艺美术和非物质文化遗产在传承、保护、创新领域的成就，向世界传递可信、可爱、可敬的中国形象。“生命之光——2022 第九届北京国际美术双年展”，展出 117 个国家和地区近 600 位美术家的 707 件（组）绘画、雕塑、装置及影像作品，展现世界当代艺术的风采，歌颂奥运与抗疫精神，体现人类生命的价值和尊严。“聚焦——2022 北京冬奥会国际版画交流展”，旨在以版画这个国际共享的艺术交流语言庆祝冬奥会在北京的举办。“生·生——杨刚艺术作品展”，将水墨与速写相结合，既有丰富的国际语言，又呈现出独有的东方魅力的冬奥题材。

(三)电影展映板块

在北京冬奥会举办期间,多部冬奥题材影视作品陆续上映,既有冰雪名将的奋斗,又有卡通形象的参与,更有奥运精神的传递,如北京冬奥会和冬残奥会吉祥物动画电影《我们的冬奥》,电视剧《冬奥一家人》等。

(四)城市活动板块

冬奥会期间,通过全国范围内的冬奥文化广场,开展观赛、观演、冬奥知识普及等丰富多彩的文化活动,全面展示国家和城市的历史文化、科技创新、经济发展和风土人情,更好地呈现冬奥元素、扩大冬奥影响力。

(五)庆典活动板块

庆典活动板块包括赛时颁奖广场的庆典演出、新年倒计时活动、春节联欢晚会等,通过各类庆典活动,充分调动社会各界关注冬奥、参与冬奥的积极性,营造喜迎冬奥的热烈氛围。

"相约北京"系列艺术活动坚持以"经典"展示艺术魅力,积极推动文艺创作;以"多元"凸显国际影响,有力配合国家的文化外交工作;以"公益"实现文化共享,体现"人民的节日"特色;以"原创"扶持民族艺术,助推走向世界的初心。正如文化和旅游部国际交流与合作局局长谢金英所讲,"作为冬奥会赛时重大文化活动,艺术节为我们提供了一个将冬奥文化工作与文化繁荣、旅游发展充分结合的平台,我们要利用冬奥会、冬残奥会的有利契机,讲好中国故事、传播好中国声音,展示中华文化魅力和中国对外开放的大国形象,促进不同文明相知相融。相信艺术节将掀起文艺点亮冬奥的高潮,奥运精神也将助力艺术节的未来发展,开启艺术节新的篇章"①。总之,2020 年全球新冠疫情

---

① 网易网:《"相约北京"奥林匹克文化节暨第 22 届"相约北京"国际艺术节开幕》,2022 年 1 月 5 日,见 https://www.163.com/dy/article/GSULA1CJ0517IK9S.html。

肆虐,波及所有生活在“地球村”的人们。面对新的复杂形势,北京冬奥会艺术节不仅要展示光辉灿烂的古代中国,还要展现不断进取的当代中国;不但要展现中华文明的包容性,还要坚守民族文化自信。中华民族和中华文化的发展进入了一个崭新的时代,传统与现代的结合将是构建现代冰雪文化的基础,东方与西方的对话才能奏出世界冰雪文化的新乐章[①]。我们要把北京冬奥会艺术节打造成一个既是民族的也是世界的“中国冰雪文化”展示舞台,建设成为一个“讲述中国、记录时代、欣赏世界”的中华文化传播平台,让中国传统冰雪文化从容地走向国际舞台,使世界现代文化因拥有中华民族特色而更加熠熠生辉。

① 崔乐泉、张红霞:《从传统冰雪到冬奥文化:跨越时空的文化对话》,《体育学研究》2019年第1期。

第九章　对北京冬奥会后中国传统冰雪运动文化的展望

20世纪初，著名教育家张伯苓预言：“奥运举办之日，就是我中华腾飞之时！”从那时起，举办奥运会就被赋予了国家发展、民族复兴的内涵①。2008年北京奥运会的成功举办，让全世界看到了一个和平发展、欣欣向荣的东方大国形象。2022年冬奥会举办前，正是中国共产党成立100周年、中国全面建成小康社会的重要时期。这一背景下的2022年冬奥会，不仅是世界上规模最大、水平最高的冬季运动会，也是一场全世界检阅中国发展成果的盛大仪式，更是一次向全世界传播悠久而灿烂的东方文明的绝佳机会。而2022年冬奥会的成功举办，将有力地传播“尊重、友谊、对话、宽容、公平、团结、和平”等奥林匹克运动价值观，展现中国“世界和平的建设者、全球发展的贡献者、国际秩序的维护者”的大国形象②。

下面，从民族文化更加自信、体育运动更加均衡、民族体育更加繁荣三个方面，对北京冬奥会后中国传统冰雪运动文化予以展望。

---

① 王晓雅、李燕：《传播文化自信　彰显大国风范——浅议构建北京冬奥会的符号价值体系》，《新闻采编》2021年第1期。

② 孙振虎、欧阳赵岚：《观念认同与文化交流：北京冬奥会对外传播的新思路》，《对外传播》2021年第11期。

第一节　民族文化更加自信

2022年北京冬奥会如期举办，北京成为目前世界上唯一一个既举办过夏季奥运会又举办过冬季奥运会的“双奥之城”，中国也成为世界上第9个既举办过夏奥运会又举办过冬奥会的国家，标志着中国的综合国力和国际地位进一步提高，文化自信和文化影响力得到进一步增强。

一、中国发展坚定有力

冬奥会在中国举办，是中国发展成果的集中呈现，展示了中国对全球发展的重要贡献。中国的快速发展和全面进步，赢得了全球多方的高度认可，也造成了国际上一些敌对势力对中国的忌惮和防范，甚至出现了针对中国经济、政治、科技和文化方面的竞争、打压和污蔑，在相当程度上造成了紧张、混乱的国际形势。因此，如何让世界全面了解中国的真实状况，冲破境外反华敌对势力捏造的负面形象和不良氛围，就显得非常重要和十分必要。而北京冬奥会正是这样一个重要契机，能够打破一些国际无良媒体的刻意屏蔽和恶意歪曲，让世界更加全面、深入了解中国的客观情况以及中国对世界的积极贡献。北京冬奥会不仅是运动员的竞技场，而且是主办国真实发展状况的展示场①。北京冬奥会后，中国必将继续承办大型体育比赛，继续为世界体育的发展贡献中华智慧和东方力量。

在全球新冠疫情流行、世界经济衰退的背景下，北京冬奥会的举办为世界抗击疫情、全球经济复苏注入新的生机与活力。全球正经历百年来最严重的传染病大流行，一场世界性的冰雪盛会，极大地振奋了全球民众在后疫情时代的信心，为全球经济再创辉煌起到助力作用②。在全球体育运动受到疫

① 张颐武：《深刻认识北京冬奥会的历史意义和文化价值》，《国家治理》2021年第12期。
② 夏文斌：《积极应对北京冬奥会面临的风险挑战》，《国家治理》2021年第12期。

情影响，处于某种低潮的当下，北京冬奥会展现了全球合作的重大价值和现实意义，体现了全球链接的不可阻挡，也揭示了“全球问题只能依靠全球共同努力才能解决”这一重要命题①。北京冬奥会后，在逆全球化发展趋势和疫情仍在持续背景下，中国的发展更加坚定有力，更加自信有为，将成为引领世界团结、合作和发展的中坚力量和希望所在。

二、中华文化璀璨夺目

北京冬奥会担负着传播中华文化、弘扬民族精神、彰显文化软实力的重任②。北京冬奥会无论是文化理念还是形象体系，无论是场馆设计还是服务水平，都体现了中华文化精神和奥林匹克精神的链接。如北京冬奥会吉祥物“冰墩墩”和冬残奥会吉祥物“雪容融”，在设计中加入了丰富的、具有象征意义和本地特点的元素，受到公众的高度认可和积极肯定；北京冬奥会核心图形的设计灵感来自“道法自然，天人合一”思想；被称为冬奥“小红人”的体育图标源于篆刻艺术巅峰——“汉印”；火炬以祥云纹样“打底”，其自下而上从祥云纹样逐渐过渡到剪纸风格的雪花图案，以及交接时两个火炬的顶部可以紧密相扣的巧妙设计，象征着不同文明交流互鉴、让世界更加相知相融的冬奥愿景③。国家雪车雪橇中心的赛道犹如一条巨龙，蓄势待发；国家速滑馆像 22 条“冰丝带”，蕴含速度、激情与飘逸；国家跳台滑雪中心形似中国传统饰物“玉如意”，勾勒出中华文化的古典之美。从这些设计中我们能够感受到中华文化的独特魅力和内在价值，体现了奥林匹克精神和中国文化之间的深刻关联和相互融合。北京冬奥会是中国精神和全球价值的一次结合，中国精神丰富全球价

---

① 张颐武：《深刻认识北京冬奥会的历史意义和文化价值》，《国家治理》2021 年第 12 期。

② 王晓雅、李燕：《传播文化自信　彰显大国风范——浅议构建北京冬奥会的符号价值体系》，《新闻采编》2021 年第 1 期。

③ 季芳、孙龙飞：《相聚“双奥之城”共赴冰雪之约》，《人民日报·海外版》2021 年 7 月 21 日。

值,全球价值凸显中国精神①。飞扬的“冰丝带”、舞动的“雪如意”、炫彩的“冰立方”、靓丽的“水晶鞋”、飘逸的“雪游龙”等奥运地标,凸显出十分明显的民族文化特征,预示着中华文化的影响力、吸引力、凝聚力将进一步增强。

三、冬奥文化丰富多彩

北京冬奥会是中华优秀文化和中华民族精神的集中展现,更是对冬季奥林匹克文化的杰出贡献。在2008年北京奥运会基础上,2022年冬奥会更加广泛而深入地展示中华文化,进一步丰富和发展奥林匹克文化。从地域维度来看,举办高山滑雪和雪橇雪车项目的延庆区,拥有著名的八达岭长城;承办大部分雪上项目的张家口,则是现存长城最多、时代跨度最大的地区。因此2022年冬奥会被称为长城脚下的冬奥会。为此,中国为世界奉献了又一个独特的奥运文化打卡圣地。从时间维度来看,2022年冬奥会在农历大年初四开幕,正值中国最重要、持续时间最长的传统节日——春节以及随后的元宵节,我们又在奥林匹克文化发展史留下了一段喜庆祥和的中华时段。长城象征中华民族自强不息、热爱和平的精神,春节反映中华民族尊重自然、天人合一的理念。长城文化和春节文化借助冬奥会的影响力,以前所未有的方式呈现在全世界面前,使北京冬奥会显示出不同于任何一届奥运会的文化特质,实现了中国人对全世界的承诺——“努力为世界奉献一场精彩、非凡、卓越的奥运盛会”,也昭示着奥林匹克文化因中国人的参与和努力变得更加多元相融、更加丰富多彩。

第二节　体育运动更加均衡

一、体育运动不均衡的表现

长期以来,由于受自然环境、经济水平、文化传统等因素影响,我国体育发

① 张颐武:《深刻认识北京冬奥会的历史意义和文化价值》,《国家治理》2021年第12期。

展在季节、地域、项目、人员等方面表现出明显的不平衡性特点。第一,从季节来看,我国体育尤其是竞技体育,表现出夏季项目强、冬季项目弱的特点。例如,夏季奥运会我国整体成绩稳居世界前列,但冬季奥运会的成绩一直处于相对落后的位置,和我们建设社会主义体育强国的目标有较大的差距。另外,在冰雪运动项目内部,还存在"冰强雪弱"的特点。第二,从地域来看,无论是世界大赛成绩还是国内比赛成绩,东北、西北和华北地区冰雪运动的普及程度和水平要优于南方和中部地区,而东部发达地区除冰雪运动项目以外的体育竞赛成绩要远优于西部地区。第三,从项目来看,我国开展的体育运动项目中,奥林匹克项目优于非奥林匹克项目,民间体育游戏、体育习俗以及少数民族体育的发展情况明显不如西方竞技运动项目。冰雪运动项目以竞技体育项目为主,丰富多彩的民族民间冰雪游戏和习俗等开展不充分。第四,从人员来看,经常参加运动的人员以城市居民为主,农村及民族地区体育人口占的比例较小,尤其是城市农民工、农村留守人口能参加体育活动的机会更少。特别是北方大多数的人们以"猫冬"方式抵御冬季严寒,能经常在冰天雪地里参加体育活动、享受冰雪运动乐趣的人相对较少。

二、促进体育运动冬夏均衡

世界上的体育强国,一般都能做到竞技体育与大众体育、夏季运动与冬季运动、国际流行运动与本土体育项目的大致平衡。北京冬奥会后,我国的体育运动事业需采取有力举措,逐步走向均衡发展,建成真正的体育强国。

我们要继续发展冰雪运动项目,提高冰雪运动水平,实现我国体育运动项目的冬夏季节平衡。主要建议为:(1)大力发展冬季运动竞赛,提高人们参加体育的积极性。体育比赛可以是冬奥会等竞技体育项目,也可以是冰蹴球、冰上龙舟、拉冰床、雪地走、雪爬犁、打雪仗等民族民间体育项目,充分调动人民群众的积极性,改变在冬季"猫冬"的生活习惯。(2)大力建设简单实用的滑雪、滑冰场地,满足人们就近参加冰雪运动的需求。国家先后发布《中国冰雪运动发展规划(2016—2025年)》《中国冰雪场地设施建设规划(2016—2022年)》,起到了积极作用,冰雪硬件建设欣欣向荣。截至2019年,全国各地在建、拟建的冰雪装备器材产业园区和小镇接近20个,其中河北省就有9个;冰雪旅游相关产业生机勃勃,在2020—2021雪季,全国冰雪旅游人次超过2.3亿,旅游收入超过3900亿①。(3)研发和生产民族品牌冰雪运动器材,降低人们参加冰雪运动的成本。长久以来,冰雪装备器材被国外品牌占据市场。借冬奥会机会,国内品牌正加大力度,开发科技含量高、拥有自主知识产权的冰雪运动产品,吹响“产业”破冰号角。国家发布的《关于以2022年北京冬奥会为契机大力发展冰雪运动的意见》《冰雪装备器材产业发展行动计划(2019—2022年)》等政策,产生了积极的效应。目前,国产首台压雪车、雪蜡车相继问世,国产造雪机、智能滑雪机、索道等已经应用于各大滑雪场。(4)解决现有室外雪场冰场“一季热三季闲”问题。借鉴国外知名滑雪胜地的经验,在雪季过后,滑雪场开展高尔夫、山地自行车、滑索、徒步、缆车观光、滑翔伞等经营项目,甚至组织音乐节、电影节、美食节等活动提高效益。目前,国内雪场正通过开拓青少年冬令营、冰雪赛事、冰雪音乐节等项目,升级消费场景,提升消费者的体验,探索全季运营模式。例如,北京渔阳滑雪场在夏季举办了山地高尔夫和音乐节;吉林北大湖、万达长白山、黑龙江亚布力等滑雪场举办山地越野运动、观光项目等;张家口崇礼的太舞滑雪场通过成立自然学校,设计和引进课程,将雪道变为营地教育场所②。(5)积极响应国家“北冰南展西扩东进”战略,打破气候、区域限制,实现冰雪运动全国各地同步开展的局面。充分发挥北京冬奥会辐射效应,配合冰雪运动发展规划,提高冰雪运动人口数量。携程数据显示,除北京和天津,排名前十位的滑雪爱好者均来自上海、成都、广州、深圳等南方城市。2021年初,成都跻身冰雪爱好者城市狂热度榜单前三,冰

---

① 季芳、孙龙飞:《相聚“双奥之城”共赴冰雪之约》,《人民日报·海外版》2021年7月21日。

② 臧梦璐:《冬奥会带热冰雪运动》,《光彩》2021年第12期。

雪旅游中关于成都的搜索量在短时间内上涨540%①，冬奥会筹办和举办效益初步显现。

三、实现体育运动全面发展

北京冬奥会之后，我国体育事业除了大力促进冬、夏季运动均衡发展外，还要解决地域、项目、人员之间的全面、协调发展。尤其要在欠发达地区和弱势群体中多举办大型、高水平的综合体育赛事或形式多样的单项体育比赛，带动欠发达地区的基础设施建设，保障弱势群体的体育权益。例如，在东北地区继续申办冬奥会，在西部地区申办东亚运动会、亚运会乃至奥运会，在民族地区申办全运会、少数民族体育运动会、综合或单项民俗民间体育竞赛，在城市举办农民工运动会，在农村举办留守人员运动会。充分利用体育赛事的“触媒”作用，提升欠发达地区的现代化发展水平，提高弱势群体的体育运动水平，使我国的体育在地域、项目、人员上实现均衡、协调发展。

总之，通过北京冬奥会的带动作用，使我国的体育发展打破季节限制，消除地域鸿沟，跨越项目隔阂，补足人员短板，获得科学、合理发展，实现“由北及南，溜冰滑雪蔚然成风；从冬到夏，群众体育热潮漫卷”②。经过科学规划，全面实施，合理评价，使我国现代体育体系更加合理、协调和完善，早日成为名副其实的世界体育强国。

第三节　民族体育更加繁荣

奥运会不仅是体育竞技的平台，更是一个话语交流场域和文化传播窗口，具有国家、民族和文化之间的交流价值③。北京冬奥会以全球共通的体育语

① 臧梦璐：《冬奥会带热冰雪运动》，《光彩》2021年第12期。

② 季芳、孙龙飞：《相聚“双奥之城”共赴冰雪之约》，《人民日报·海外版》2021年7月21日。

③ 廖秉宜、温有为：《北京冬奥会国际传播路径与策略创新》，《对外传播》2021年第11期。

言和体育精神，为人类携手抗击新冠疫情照亮了前进的道路，增强了胜利的信心，也为增进世界各国人民紧密团结、构建人类命运共同体提供了十分重要的舞台。在北京冬奥会之后，我们借此东风，乘船出海，进一步传播以冰雪运动为代表的中华民族优秀传统文化。

一、冰雪游戏和民俗：急需发掘的文化宝藏

中国传统冰雪运动文化历史悠久，源远流长，是中华民族优秀文化的基本组成部分。北京携手张家口获得2022年冬奥会的举办权，为全面、深入研究和传播中国传统冰雪运动文化提供了重要机遇。中国传统冰雪运动文化是指中国人自己创造的各种冰雪活动器械、设施，在冰雪上开展的各种游戏、习俗，以及由此形成的规则、制度和相应的观念、思想等①。传统冰雪运动文化主要包括古代冰雪运动文化、近现代民族传统冰雪游戏、冰雪运动习俗三部分内容。古代冰雪运动文化主要包括雪戏类（如赏雪、雪中打猎、雪中马技、雪中游戏以及堆雪狮、雪象、雪马等）、冰嬉类（如抢等、抢球、转龙射球、摆山子、打滑挞、花样滑冰、冰上杂技、冰上蹴鞠等）；近现代民族传统冰雪游戏主要包括滑雪、赛雪爬犁、走雪迷宫、闯雪阵、滑冰、拉冰床、打冰嘎、玩冰磨、跳冰、滑冰车、单腿驴等；冰雪运动习俗主要包括雪地走、滚冰、背冰以及萨满教雪祭、查干淖尔冬捕中的冰雪运动等。

另外，在当代，人们借鉴传统冰雪游戏和民俗，创造了几种新的冰雪运动项目。如北京市西城区近年来挖掘传统冰雪文化资源，开发了“什刹海冰雪十三绝”，其中冰上活动包括冰上木射（木射是唐代类似于保龄球的一种游戏）、冰上捶丸（捶丸是元代类似于高尔夫球的一种游戏）、冰上龙舟、冰上拔河、冰蹴球等。这些新玩法，丰富了冰上运动形式，增加了冰上运动乐趣，是对民族传统冰雪文化的继承和发展，也是对“三亿人上冰雪”号召的支持和实践。

---

① 张宝强：《中国传统冰雪运动文化的内涵与特征研究》，《咸阳师范学院学报》2018年第6期。

上述这些冰雪活动和游戏，是民族冰雪文化瑰宝和冬季体育文化遗产，需要进一步传承、开发和创新，以实现我国体育运动冬夏、南北、民族间的平衡。同时，还要进一步汲取奥林匹克文化、西方先进文化的精华，创新形式，做好包装，把这些独特的中华优秀传统文化推向全世界。

二、冰上龙舟：托起民族体育项目“入奥”的希望

2008年夏季奥运会和2022年冬季奥运会的先后举办，展现了中国的综合实力和体育水平，传播了中华民族文化，极大地振奋了民族精神。为申办、筹办和举办这两届奥运会，相关的组织和人员付出了辛勤汗水和聪明才智，海内外广大中华儿女从不同角度、不同层面给予了关注和支持，对全世界奥林匹克运动的发展做出了积极贡献。

在奥林匹克运动不断发展、影响力不断扩大的背景下，世界各国都力图将本国独具特色、内涵丰富的体育项目纳入奥运会正式比赛项目。韩国的跆拳道，日本的柔道、空手道均进入正式比赛项目。我国政府十分重视建设优秀传统文化传承体系，努力将独具中华文化特色的民族传统体育项目推向奥运会，成为奥运会的比赛项目，以展示我国民族传统体育文化，丰富奥林匹克文化内容。但是，在冬、夏季奥运会的所有项目中，中国到现在还没有一个项目进入奥运会。这与我们体育大国的身份是极不相符的。由体育大国向体育强国的转型，必须加快中国传统体育项目申请进入奥运会的步伐，从“为国争光”走向“中国创造”，推动本土项目更好地发展①。根据奥运会运动项目增设的要求以及我国开展的所有体育运动项目的特点，鉴于夏奥会比赛项目“扩容”难度过大，而申请在冬奥会增加新的运动项目不失为一个值得考虑和重视的策略。

① 吴光远：《论我国竞技体育的危机与改革方向——从“为国争光”走向“中国创造”》，载中国体育科学学会主编：《2015第十届全国体育科学大会论文摘要汇编》（一），2015年，第257—259页。

在我国开展的所有冰雪运动中,申请加入奥运会正式比赛项目(简称"入奥",下同)的,目前比较合适的是冰上龙舟运动。

冰上龙舟运动是我国龙舟文化与冰雪运动相结合的产物,是一项群众喜闻乐见的冬季竞技娱乐活动。冰上龙舟运动在传统水上龙舟运动的基础上加以改进,保留了水上龙舟运动的技巧性和竞技性,打破了冬季对众多运动项目的限制,而且更具速度与激情,是一项融合竞技性、团队性、娱乐性的全新冰上运动。冰上龙舟运动是对民族传统文化传承、创造的产物,赋予了传统水上龙舟运动新的生命,日益受到冰雪运动爱好者和龙舟爱好者的关注和认可①。

申请冰上龙舟运动加入冬奥会正式比赛项目,主要理由有以下几点:

第一,寄予厚望的竞技武术"入奥"难度较大。主要是因为:从文化特征来看,竞技武术具备典型的东方民族传统文化特性,具有追求"天人合一""精气神"等独特气质和特征,与现代奥运会高度重视"强者生存""更快、更高、更强、更团结"等理念具有较大的差异②;从运动特征来看,与跆拳道、柔道、空手道等项目区分度不高,与国际奥委会"胜负容易辨识、非裁判直接判罚胜负"的项目选择倾向有较大差异;从发展程度来看,竞技武术在国内的影响远不及球类运动,在国际化发展上主要集中在个别国家,世界"武术人口"分布区域不广泛;从申请时机来看,奥运会正在推行"瘦身"计划,若增加一个新项目则必须剔除一个项目,竞技武术要跻身奥运会特别困难。

第二,冰上龙舟入奥具有一定的优势。(1)从"入奥"条件来看,申请冬季奥运会项目比申请夏季奥运会项目相对容易。根据《奥林匹克宪章》的规定,只有在至少75个国家或地区和四大洲男子中,以及至少在40个国家和地区和三大洲女子中广泛开展的运动项目才可列入夏季奥林匹克运动会比赛项

---

① 刘龙飞:《"北冰南展"战略下冰雪运动发展的协同机制研究》,《冰雪运动》2020年第4期。

② 杜松健:《从韩国跆拳道发展经验论我国竞技武术入奥思路》,硕士学位论文,郑州大学体育学院,2020年,第30页。

目;只有在至少 25 个国家或地区和三大洲中广泛开展的运动项目才可列入冬季奥林匹克运动会比赛项目①。可以看出,冬季奥运会项目比夏季奥运会项目的申请条件相对要低。(2)从项目特点来看,冰上龙舟比赛的胜负结果一目了然,比赛通俗易懂,更容易推广和普及②。同时,冰上龙舟在户外冰面上开展,亲近大自然,与西方国家普及度较高的水上赛艇、皮划艇等项目较为接近,更容易被其他国家接受。(3)从"入奥"难度来看,冬奥会项目比夏奥会项目少,不存在"瘦身"问题。同时,冬奥会需要扩大它在其他国家和地区的吸引力和影响力,而我国的人口规模、综合实力、国际影响力具有一定的说服力,尤其是 2022 年北京冬奥会的成功举办对国际奥委会及世界冰雪运动爱好者产生了良好的印象。(4)从发展基础来看,冰上龙舟在我国和全世界具备一定的发展基础和实力。冰上龙舟是第十四届全国冬季运动会正式比赛项目,近年来我国举办了一系列冰上龙舟竞赛,扩大了在国内的影响。2016 年 1 月国际冰上龙舟联合会成立,制定了冰上龙舟竞赛章程、竞赛规则以及冰上龙舟运动技术规范,在世界各地主办冰上龙舟赛事,逐步扩大了冰上龙舟在全世界的影响。

第三,夏季项目"入奥"和冬季项目"入奥"目标一致,并行不悖。无论是武术"入奥"还是冰上龙舟"入奥",主要目的都在于推动该项目的普及与提高,为国家获取更多的比赛荣誉;增加我国在国际体育界的话语权,提升我国体育的影响力;展现民族优秀文化,提升我国的国际影响力和文化软实力。

冰上龙舟是一项能够充分表现民族精神、展示中华文化的新兴体育运动项目,十分有必要不断地进行发展、完善。从目前情况来看,武术"入奥"的文化价值和世界影响更大,但难度也大。冰上龙舟的文化影响力虽然不及武术,但它"入奥"的难度相对较小。只要充分做好器材的设计和改进、规则的统一

---

① 国家体育总局:《什么样的运动项目能出现在奥运会赛场上》,2021 年 8 月 30 日,见 https://www.sport.gov.cn/n323/n10459/c23492548/content.html。

② 杨阳:《关于龙舟是否入奥的思考》,《体育文化导刊》2017 年第 7 期。

和完善、赛事的普及和推广、文化的开发和传播，作为民族特色和国际时尚兼具的冬季项目，冰上龙舟有更高的概率被奥运会大家庭接纳，很可能成为中国第一个进入奥运会正式比赛的体育项目。

三、冰上蹴鞠：点燃中国体育运动发展新的梦想

蹴鞠，即我国古代的足球运动。根据现有史料记载，一般认为蹴鞠兴起于春秋战国时期的临淄，发展于汉代，繁荣于唐宋，落寞于明清①。蹴鞠在我国流传了两千多年，是一项古老的民族传统体育活动，2006 年获批为国家级非物质文化遗产。正因为拥有悠久而独特的蹴鞠文化，中国被亚洲足联、国际足联等机构认定为世界足球的发源地。到了清代，由于统治者禁止等原因，蹴鞠逐渐走向衰落。但是，蹴鞠在这一时期出现了一种新的活动形式——冰上蹴鞠，成为我国古代蹴鞠文化落幕时的灵光一现和精彩片段。

《中共中央关于党的百年奋斗重大成就和历史经验的决议》指出，中华优秀传统文化是中华民族的突出优势，是我们在世界文化激荡中站稳脚跟的根基，必须结合新的时代条件传承和弘扬好②。下面通过相关历史文献、文学作品等资料，对清代冰上蹴鞠开展情况进行分析，以管窥这一时期中国的社会风尚、文化气象以及民俗式样，初步探讨其时代价值。

（一）冰上蹴鞠的起源

冰上蹴鞠源自古代东北地区的蹴鞠游戏——“踢行头”。在古代，东北地区的满族人每次猎得虎、熊，都认为是山神所赐。他们将兽头摆放在树墩上，众人围着树桩拜祭山神，之后烤食兽肉，饮酒祝贺，唱歌跳舞，最后抓起兽头奋

① 李亚群、马国庆：《从临淄足球博物馆藏蹴鞠文物浅析蹴鞠运动的发展演变》，《文物天地》2019 年第 4 期。

② 中国政府网：《中共中央关于党的百年奋斗重大成就和历史经验的决议》，2021 年 11 月 16 日，见 http://www.gov.cn/zhengce/2021-11/16/content_5651269.htm。

起踢之，称“踢熊头”。该活动历经沿革，现在叫作“踢行头”。行头用熊皮或猪皮等缝制成球，内装绵软之物，大小似今天的足球。满族人一般在每年春节举行“踢行头”活动①。

清代太素生在其诗集《沈阳百咏》中写道：“蹴鞠装成月样圆，青鞋忙煞舞风前。足飞手舞东风喜，赢得当场羡少年。”这首诗形象地描写了当时的蹴鞠情况：圆形蹴鞠，青色鞋子，欢快少年，足飞手舞、令人羡慕……尤其值得关注的是，作者在诗后加了注释：“土人好为蹴鞠之戏，率呼之曰踢行头，每岁正月之间，三五成群，携带蹴鞠，择地面空阔处，团团列阵演施技，迎来送往，一气奔腾，色舞眉飞，遥遥望之，令人心羡少年而不能忘。”②说的是东北少数民族把蹴鞠称作“踢行头”，并揭示了活动的时间（每岁正月之间）、地点（地面空阔处）、人物（少年）、人数（三五成群）以及场景（令人心羡）。该诗及其注释表明，“踢行头”是在陆地上开展的蹴鞠活动，很可能是冰上蹴鞠的源头。

（二）清代冰上蹴鞠的开展情况

所谓冰上蹴鞠，狭义的可理解为在冰上用脚踢球。但在清代的诸多文献中，常常看到作者用踢、踏、蹴、抢、掷、抛、打等词描绘冰上的玩球游戏，尤其是玩者所用身体部位或具体技术动作，作者未做清楚说明，因此本文把这一类游戏统称为冰上蹴鞠，用作其广义概念。

清代冰上蹴鞠是怎么开展的？有哪些形式？下面从时间、地点、人员、用球、玩法等方面予以简介。

1. 开展时间。相关资料显示，清代冰上蹴鞠开展的时间主要是在农历冬月、腊月，有时在正月。清代李声振在《百戏竹枝词·踢鞠》一诗的注释中写

---

①　黑龙江非物质文化遗产网：《满族踢行头》，2017 年 6 月 6 日，见 http://fy3.1788.cn/addons/cms/channel/show_dataacceptance.html? f=98。

②　雷梦水等主编：《中华竹枝词》，北京古籍出版社 1997 年版，第 617 页。

道:"(蹋鞠)俗名'踢球'。……恒于冬月,冰上逐之"①,反映了冰上蹴鞠举行的时间是在冬月。清代吴振棫的《养吉斋丛录》和于敏中等人的《日下旧闻考》均揭示了冰上蹴鞠是在农历十二月,而清代额尔德尼等人的《满文老档》说是在正月。很显然,冰天雪地的冬季,是冰上蹴鞠开展最适宜的季节。

2. 活动地点。清代开展冰上蹴鞠的地方,由史料看,主要在太液池(又叫西苑或西苑三海,即今天北京的北海、中海、南海)、什刹海以及护城河、太子河的冰面上举行,有时在举行冰嬉的五龙亭、阐福寺、瀛台等地举行。清代高士奇《金鳌退食笔记》记载:"太液池旧名西海子……积雪残云,景更如画。又于冰上作掷球之戏,每队数十人……"②清代吴振棫的《养吉斋丛录》记载:"岁十二月,西苑三海层冰坚沍。于是择令辰,圣驾御冰床临观焉。或五龙亭,或阐福寺,或瀛台等处……继曰抢球。兵分左右队,左衣红,右即衣黄……"③可以看出,北京等地的湖面、河面等结冰之地,是冰嬉、冰上蹴鞠开展的主要场所。冰上蹴鞠的时间、空间特点,反映了自然地理环境对体育文化的决定性影响。

3. 参与人员。清代参加冰上蹴鞠的人包括军士、八旗人员以及普通百姓、闲散人员等。清代潘荣陛的《帝京岁时纪胜》记载:"金海(今北京北海)冰上作蹙鞠之戏,每队数十人,……将士用以习武。"④清代东岩居士的《帝京岁时纪胜补笺》记载:"冰上蹙鞠,即今之足球,皇帝亦观之,盖尚武也。如什刹海、护城河上蹙鞠,则皆人民练习者。武备院各侍卫护军营人员,皆须习此。"⑤乾

---

① (清)杨米人等:《清代北京竹枝词》(13 种),路工编选,北京古籍出版社 1982 年版,第 170 页。

② (明)刘若愚、(清)高士奇等:《明宫史　金鳌退食笔记　昌平山水记　京东考古录》,北京出版社 2018 年版,第 118—119 页。

③ (清)吴振棫:《养吉斋丛录》(卷十四),北京古籍出版社 1983 年版,第 158—159 页。

④ (清)潘荣陛、富察敦崇:《帝京岁时纪胜·燕京岁时记》,北京古籍出版社 1981 年版,第 38 页。

⑤ 张次溪等:《老北京岁时风物:〈北平岁时志〉注释》,北京日报出版社 2018 年版,第 335 页。

隆帝《瀛台雪景》诗注:“每冬太液冰坚,令八旗与内务三旗简习冰嬉之技,分棚掷彩球,互程矫捷……”①从众多文献来看,冰上蹴鞠的参与人员还是比较广的。

4. 蹴鞠材质。清代冰上蹴鞠用的球一般用铁质、皮革等材料制成,有的还有色彩。李声振《百戏竹枝词·踢鞠》描写道:“踢鞠场中浪荡争,一时捷足趁坚冰。铁球多似皮球踢,何不金丸逐九陵。”该诗后有一注释说:“(踢鞠)俗名‘踢球’。置二铁丸,更相踏蹴……”②表明当时用的是铁球。高士奇《金鳌退食笔记》记载:“又于冰上作掷球之戏,每队数十人,各有统领,分伍而立,以皮作球,掷于空中……”③;潘荣陛的《帝京岁时纪胜》记载:“金海冰上作蹙鞠之戏,每队数十人……以革为球,掷于空中……”④,清楚表明用的是皮球。康熙时的大臣曹寅的《冰上打球诗》写道:“青靴窄窄虎牙缠,豹脊双分小队圆。整结一齐偷著眼,彩团飞下白云边。”⑤清乾隆帝《瀛台雪景》诗注云:“每冬太液冰坚,令八旗与内务三旗简习冰嬉之技,分棚掷彩球,互程矫捷……”⑥,均反映了当时用的是彩色球。当然,清代蹴鞠许多时候用石球,但冰上蹴鞠尚未发现相关资料记载。

5. 主要玩法。清代冰上蹴鞠的玩法,大致分为踢球、蹴球、抛球、抢球等形式。第一,踢球。前文已述,清代额尔德尼等人的《满文老档》较详细地记载了清太祖努尔哈赤在盛京(今沈阳)太子河观看冰上踢球的情景。至于当时

---

① 黄兴涛等主编:《清代皇家园林研究》(第1辑),北京联合出版有限责任公司2019年版,第118页。

② (清)杨米人等:《清代北京竹枝词》(13种),路工编选,北京古籍出版社1982年版,第170页。

③ (明)刘若愚、(清)高士奇等:《明宫史　金鳌退食笔记　昌平山水记　京东考古录》,北京出版社2018年版,第118—119页。

④ (清)潘荣陛、富察敦崇:《帝京岁时纪胜·燕京岁时记》,北京古籍出版社1981年版,第38页。

⑤ (清)曹寅:《楝亭集笺注》,胡绍棠笺注,北京图书馆出版社2007年版,第407页。

⑥ 黄兴涛等主编:《清代皇家园林研究》(第1辑),北京联合出版有限责任公司2019年版,第118页。

踢的是什么材质的球，这段资料没有明确说明。第二，蹴球。李声振在《百戏竹枝词·蹋鞠》的注释中说道："（蹋鞠）俗名'踢球'。置二铁丸，更相踏蹴，以能互击为胜，无赖戏也，恒于冬月，冰上逐之。"①说明玩这种游戏时，是用脚蹴动或推动铁球，使两个球相互碰击，以击中多者为胜。后来在蒙、满、回等少数民族中流行的蹴球运动，与此有些相似，可能借鉴或传承了这种玩法。第三，抢球。吴振棫的《养吉斋丛录》中有关于"抢球"记载："继曰抢球。兵分左右队，左衣红，右即衣黄。既成列，御前侍卫以一皮球猛踢之，至中队，众兵争抢，得球者复掷，则复抢焉。有此已得球，而彼复夺之者。或坠冰上，复跃起数丈，又遥接之……"②上述"以一皮球猛踢之""众兵争抢""复跃起数丈，又遥接之"等描写，不但说明这是一种冰上抢球的游戏，还表明该游戏比较激烈，有一定的对抗性。第四，抛球（或掷球）。乾隆帝《瀛台雪景》诗中的注释说："每冬太液冰坚，令八旗与内务三旗简习冰嬉之技，分棚掷彩球，互程矫捷……"③《乾隆御制诗》中的注释又说："（冰嬉之典）树旗门，整编伍，士皆缇衣齿履，鹄立以俟。驾前分棚掷鞠，健步争先，意注手承……"④另外，清代无名氏在《燕台口号一百首》中描写道："河头冻合坐冰床，偷得舟行陆地方。更有抛球人夺彩，一双飞舄欲生芒。"作者在注释中说："冬月冰坚……又尝于冰上弄球掷彩，为冰嬉。"⑤这些资料均说明，冰上的抛球或掷球，是宫廷或民间冰嬉活动的一种形式。上述冰上"抢球""抛球"或"掷球"，与现代手球、橄榄球、篮球等球类运动中的某些技术动作有些相似。

---

① （清）杨米人等：《清代北京竹枝词》（13种），路工编选，北京古籍出版社1982年版，第170页。

② （清）吴振棫：《养吉斋丛录》（卷十四），北京古籍出版社1983年版，第158—159页。

③ 黄兴涛等主编：《清代皇家园林研究》（第1辑），北京联合出版有限责任公司2019年版，第118页。

④ 李世瑜：《社会历史学文集》，天津古籍出版社2007年版，第742页。

⑤ （清）杨米人等：《清代北京竹枝词》（13种），路工编选，北京古籍出版社1982年版，第32页。

（三）清代冰上蹴鞠出现的原因

清代出现冰上蹴鞠这种独特的运动形式，主要有以下原因：

一是当时冰嬉等冰上运动发展的产物。高士奇《金鳌退食笔记》记载："又于冰上作掷球之戏，每队数十人，各有统领……所著之履，皆有铁齿，行冰上不滑也。"①以及吴振棫的《养吉斋丛录》记载："岁十二月，西苑三海层冰坚沍……冰鞋以一铁直条嵌鞋底中，作势一奔，迅如飞羽……"②，均描写了当时出现的滑冰器具——带有铁齿的滑冰鞋。这种冰鞋的出现，再加上高超的冰嬉技艺，是冰上蹴鞠出现的物质和技术原因。

二是发展本民族文化和练兵的需要。元朝刘因的诗句"万里河山有燕赵，百年风气自辽金"③，反映了辽金等少数民族文化对东北地区的影响。清军入关后，又大力倡导狩猎、骑射、冰嬉等满族文化，以提高、巩固统治者的政治和社会地位。同时，朝廷又把冰嬉、冰上蹴鞠作为练兵的手段。东岩居士的《帝京岁时纪胜补笺》记载："冰上蹙鞠，即今之足球，皇帝亦观之，盖尚武也……武备院各侍卫护军营人员，皆须习此。"④高士奇《金鳌退食笔记》记载："又于冰上作掷球之戏，每队数十人……以便捷勇敢为能，本朝用以习武……"⑤发展本民族文化和练兵，是冰上蹴鞠出现的主观原因。

三是御寒、娱乐的需要。游戏由于其独特的作用而成为社会文化中不可或缺的组成部分。德国学者席勒曾说："只有当人充分是人的时候，他才游

---

① （明）刘若愚、（清）高士奇等：《明宫史　金鳌退食笔记　昌平山水记　京东考古录》，北京出版社2018年版，第118—119页。

② （清）吴振棫：《养吉斋丛录》（卷十四），北京古籍出版社1983年版，第158—159页。

③ （清）于敏中等：《日下旧闻考》，北京古籍出版社1985年版，第2330页。

④ 张次溪等：《老北京岁时风物：〈北平岁时志〉注释》，北京日报出版社2018年版，第335页。

⑤ （明）刘若愚、（清）高士奇等：《明宫史　金鳌退食笔记　昌平山水记　京东考古录》，北京出版社2018年版，第118—119页。

戏;只有当人游戏的时候,他才完全是人。”①荷兰学者赫伊津哈进一步指出:“文明是在游戏中并作为游戏而产生和发展起来的”“真正的文明离开游戏乃是不可能的。”②在冬季冰天雪地的情况下,人们需要御寒取暖,也需要放松娱乐。清代于敏中等人的《日下旧闻考》较为详细地记载了当时的蹴鞠游戏:“是月(十二月),小儿及贱闲人,以二石球置前,先一人踢一令远,一人随踢其一,再踢而及之、而中之,为胜……其法初为趾踵苦寒设,今遂用赌,如博然,有司申禁之,不止也③。”从这段资料可以看出,蹴鞠先是冬季的一种御寒游戏,后来成为一种赌博活动,而且屡禁不止。清代李静山的竹枝词《增补都门杂咏·冰鞋》曰:“往来冰上走如风,鞋底钢条制造工。跌倒人前成一笑,头南脚北手西东”④,则描写了冰上运动的乐趣。这些资料揭示了冬季蹴鞠游戏御寒取暖、休闲娱乐的性质。

(四)冰上蹴鞠的性质和意义

冰上蹴鞠是我国古代蹴鞠文化衰落时期的一种特殊形式。探讨冰上蹴鞠的形成、发展及其特点,具有一定的文化价值和现实意义。第一,清代冰上蹴鞠是我国古代蹴鞠文化演化的新形式,是古代东北地区少数民族踢行头游戏和冰嬉习俗的结合,是一项独特而有趣的非物质文化遗产。第二,冰上蹴鞠或踢、或蹴、或抢、或抛,形式多样,变化多端,是一种综合性的冰上球类运动,比现代的足球运动要复杂的多。第三,冰上蹴鞠是清代宫廷或民间冰嬉的内容之一,在当时具有一定的先进性,具备了部分现代球类运动项目的动作雏形。第四,冰上蹴鞠反映了我国传统冰雪运动和足球运动的个性特点。它既展现了中国传统冰雪运动丰富多彩的形式,又体现了古代足球军事性、技术性、娱

① [德]席勒:《美育书简》,徐恒醇译,中国文联出版公司 1984 年版,第 90 页。
② 赵庆伟等:《游戏风情》,湖北教育出版社 2001 年版,第 35—36 页。
③ (清)于敏中等:《日下旧闻考》,北京古籍出版社 1985 年版,第 2368 页。
④ 雷梦水等主编:《中华竹枝词》,北京古籍出版社 1997 年版,第 232 页。

乐性等文化基因，为我们发展现代冰雪运动、振兴足球运动提供一定历史启示。

一曲终了，余韵犹存。冰上蹴鞠作为冰上运动和蹴鞠的巧妙结合，虽然已经消失在人们的视野中，但它给我们留下了无尽的思考与遐想。《中共中央关于党的百年奋斗重大成就和历史经验的决议》强调，文化自信是更基础、更广泛、更深厚的自信，是一个国家、一个民族发展中最基本、最深沉、最持久的力量，没有高度文化自信、没有文化繁荣兴盛就没有中华民族伟大复兴①。北京冬奥会的召开，带动三亿人上冰雪，极大地促进中国冰雪运动的普及与提高。冬奥会之后，我们必将全面解决足球运动发展面临的窘境，早日实现从“冰上”到“蹴鞠”的转换。只要按照体育运动项目发展规律办事，我国冰雪运动水平就能够提高，足球运动水平也一定会提高。精妙的“冰上蹴鞠”在昭示我们：冬奥会来了，世界杯还会远吗？

---

①　中国政府网：《中共中央关于党的百年奋斗重大成就和历史经验的决议》，2021 年 11 月 16 日，见 http://www.gov.cn/zhengce/2021-11/16/content_5651269.htm。

第十章 结 语

本书从基本概念和研究意义、中国古代冰雪运动文化的历史沿革、中国近现代民间冰雪运动游戏和习俗、中国传统冰雪运动文化的基本特征和时代价值、中国传统冰雪运动文化的传承与发展、历届冬奥会主办国对本国文化的推介、北京冬奥会与中国传统冰雪运动文化的传播、北京冬奥会后中国传统冰雪运动文化的展望八个方面,对北京冬奥会与中国传统冰雪运动文化的发展进行了较为全面的论述,为北京冬奥会举办前、举办期间以及举办后中国传统冰雪运动文化的传播与发展提供了一定的借鉴。具体研究内容和观点为:

第一,明确了中国传统冰雪运动文化的基本概念和内容。中国传统冰雪运动文化即中国人自己创造的在冰雪上活动的各种器械、设施,在冰雪上开展的各种游戏、习俗,以及由此形成的规则、制度和相应的观念、思想等的总和。中国传统冰雪运动文化主要包括古代冰雪运动文化、近现代民间冰雪游戏、冰雪运动习俗三部分内容。

第二,总结了本书研究的理论价值和现实意义。从学科发展来看,该书可以丰富体育史的研究内容;从民族情怀来看,有助于民族传统体育文化的认同和保护;从国家需要来看,可以为北京冬奥会及冰雪运动的发展提供历史与文化支持;从国际视野来看,有利于加强中外体育文化交流。

第三,对中国古代冰雪运动文化的历史沿革进行梳理。通过史料、文学作品等资料,对远古时期至清代以前的冰雪运动文化进行梳理,揭示了中国古代冰雪运动文化的基本脉络。以中国古代冰上运动的发展巅峰——清代“冰嬉”为个案,从器物、制度、精神三个层面,全面揭示其基本特点和文化价值;提出“雪戏”的概念,并对古代的“雪戏”进行了分析,揭示了我国古代冰雪运动文化“冰强雪弱”的特点。

第四,对我国近现代形式多样、内容丰富的民间冰雪运动游戏和习俗进行了总结。以“滚冰”和“背冰”为个案,对其发展历史及现状进行分析,展示中国民间冰雪运动游戏和习俗的民族特色和文化内涵。

第五,对中国传统冰雪运动文化的基本特征和时代价值进行分析。认为中国传统冰雪运动文化具有地域性和季节性、民族性和民俗性、娱乐性和技巧性、濒危性和紧迫性等特征。中国传统冰雪运动文化的时代价值主要体现在:发展民族传统体育文化,增强文化自信;保护体育非物质文化遗产,保障文化安全;繁荣体育史学和民族传统体育学研究,促进体育学学科建设;发展运动项目文化,提升冰雪运动和冰雪产业的文化内涵;关注少数民族体育文化,增进民族团结与文化交流;丰富冬季奥林匹克文化,提升中国体育文化国际影响力等。

第六,对中国传统冰雪运动文化的开发与利用进行研究。结合冬奥会的举办、大众冰雪运动及其产业的发展等现实,提出中国传统冰雪运动文化传承与发展的原则、场域和策略。中国传统冰雪运动文化传承与发展的原则主要包括科学性原则、主体性原则、健身性原则、群众性原则和创新性原则;传承与发展的场域主要有家庭场域、学校场域、社区场域、公共空间场域和大众传媒场域;传承与发展的策略主要包括生活化策略、制度化策略、竞技化策略、产业化策略和国际化策略。

第七,分析历届冬奥会主题作品、主要标识、大型活动的基本情况和特点,总结各届冬奥会传播主办国文化的做法和经验,为北京冬奥会传播中国传统冰雪运动文化提供借鉴。

第八,结合历史上各届冬奥会主办国的优秀案例和我国冰雪运动的发展实际,认为在北京冬奥会举办前,应从“提出特色鲜明的冬奥会赛事理念、设计具有民族风格的冬奥会文化标识、开展蕴含传统文化的宣传活动”等方面传播和发展中国传统冰雪运动文化。

第九,结合上述论述,认为在北京冬奥会举办期间,应从“做好东道主,体现东方待客之道;办好开幕式,展现华夏文明睿智;开好艺术节,凸显中国文化特色”等方面传播中国传统冰雪运动文化。

第十,根据历届冬奥会主办国的基本经验、北京冬奥会的筹备情况以及我国冰雪运动的开展现状,从“民族文化更加自信、体育运动更加均衡、民族体育更加繁荣”等方面,对北京冬奥会后中国传统冰雪运动文化的前景进行了展望。特别提出了“冰雪游戏和民俗是急需发掘的文化宝藏、冰上龙舟托起民族体育项目‘入奥’的希望、冰上蹴鞠点燃了从‘冬奥会’走向‘世界杯’的中国体育运动发展的新梦想”等观点和命题。

总之,北京冬奥会传承奥林匹克精神,弘扬中华优秀传统文化,为世界各国的相互沟通和中国的对外宣传提供了一个国际大舞台,对我国及世界其他国家产生了积极影响。我们要利用北京冬奥会东风,深入实施全民健身和健康中国两大国家战略,继续争取中国体育项目“入奥”,积极着手申办足球亚洲杯、世界杯,在体育战线讲好中国故事、展现文化自信、丰富文明成果,早日把我国建设成为一个具有中国特色的社会主义体育强国。

附　录　中国古代冰雪运动文化资料汇编

（一）历史类

1. 汉代史料

[**1**]《**淮南万毕术**》：

“削冰令圆，举以向日，以艾承其影，则火生。”

2. 唐代史料

[**2**]《**隋书**》：

“南室韦北行十一日至北室韦，……气候最寒，雪深没马。……地多积雪，惧陷坑阱，骑木而行。俗皆捕貂为业，冠以狐狢，衣以鱼皮。”

3. 五代史料

[**3**]《**开元天宝遗事**》：

“冬至日大雪，至午雪霁，有晴色，因寒，所结檐溜，皆为冰条。妃子使侍儿敲下二条看玩。帝自晚朝视政回，问妃子曰：‘所玩何物耶？’妃子笑而答曰：‘妾所玩者，冰箸也。’帝谓左右曰：‘妃子聪惠，比象可爱也。’”

4. 宋代史料

[**4**]《**新唐书**》：

“拔野古一曰拔野固，或为拔曳固，漫散碛北，地千里…俗嗜猎射，少耕获,乘木逐鹿冰上……”“东至木马突厥三部落,曰都播、弥列、哥饿支,其酋长皆为颉斤。桦皮覆室,多善马,俗乘木马驰冰上,以板藉足,屈木支腋,蹴辄百步,势迅激……”

[**5**]《**梦溪笔谈**》:

“信安、沧景之间……冬月作小坐床,冰上拽之,谓之凌床。予尝按察河朔,见挽床者相属,问其所用,曰:‘此运使凌床’‘此提刑凌床’也。闻者莫不掩口。”

[**6**]《**江邻几杂志**》:

“雄、霸沿边塘泊,冬月载蒲苇,悉用凌床,官员亦乘之。”

[**7**]《**武林旧事**》:

“禁中赏雪,多御明远楼。后苑进大小雪狮儿,并以金铃彩缕为饰,且作雪花、雪灯、雪山之类,及滴酥为花及诸事件,并以金盆盛进,以供赏玩。”

[**8**]《**梦粱录**》:

“豪贵之家,如天降瑞雪,则开筵饮宴,塑雪狮,装雪山,以会亲朋,浅斟低唱,倚玉偎香,或乘骑出湖边,看湖山雪景,瑶林琼树,翠峰似玉,画亦不如。诗人才子,遇此景则以腊雪煎茶,吟诗咏曲,更唱迭和。”“遇大雪亦有富家玩雪船。”

[**9**]《**南村辍耕录**》:

“高丽以北名别十八,华言连五城也……其地极寒,海亦冰,自八月即合,至明年四五月方解,人行其上,如履平地。征东行省每岁委官至奴儿干给散囚粮,须用站车,每车以四狗挽之。”

5. 明代史料

[**10**]《**酌中志**》:

“是河(指护城河)也……至冬冰冻,可拖床。以木板上加交床或藁荐,一人前引绳,可拉二三人,行冰如飞,积雪残云,点缀如画。世庙晚年尚玄修,多居西内。嘉靖壬寅正月十六日,皇太子自宫中往见,绝河冰而过。……”“神庙临御久稀，禁网疏阔，每于河冰冻后，近京贫民于皇城内外，凡有冰处，拉拖床以糊口。遇雪满林皋，坐拖床者艳素杂遝，交拉如织，亦有兴豪乘醉，而频往来者。”

[**11**]《**陶庵梦忆**》：

“崇祯五年十二月，余住西湖。大雪三日，湖中人鸟声俱绝。是日更定矣，余拏一小舟，拥毳衣炉火，独往湖心亭看雪。雾凇沆砀，天与云、与山、与水，上下一白。湖上影子，惟长堤一痕，湖心亭一点，与余舟一芥，舟中人两三粒而已。到亭上，有两人铺毡对坐，一童子烧酒，炉正沸。见余大喜，曰：‘湖中焉得更有此人！’拉余同饮。余强饮三大白而别。问其姓氏，是金陵人，客此。及下船，舟子喃喃曰：‘莫说相公痴，更有痴似相公者！’”

“天启六年十二月，大雪深三尺许。晚霁，余登龙山，坐上城隍庙山门，李岕生、高眉生、王畹生、马小卿、潘小妃侍。万山载雪，明月薄之，月不能光，雪皆呆白。坐久，清冽，苍头送酒至，余勉强举大觥敌寒。酒气冉冉，积雪欱之，竟不得醉。马小卿唱曲，李岕生吹洞箫和之，声为寒威所慑，咽涩不得出。三鼓归寝。马小卿、潘小妃相抱从百步街旋滚而下，直至山趾，浴雪而立。余坐一小羊头车，拖冰凌而归。”

6. 清代史料

[**12**]《**养吉斋丛录**》：

“冬日得雪，每于养心殿庭中堆成狮、象，志喜兆丰，常邀宸咏。乾隆壬申、乙酉，以雪狮、雪象联句。嘉庆戊寅，又堆为卧马二，东西分列，有与内廷翰林联句诗。”“岁十二月，西苑三海层冰坚冱，于是择令辰，圣驾御冰床临观焉。或五龙亭，或阐福寺，或瀛台等处，无定地。冰鞋以铁直条嵌鞋底中，作势一奔，迅如飞羽。始曰‘抢等’。去上御之冰床二三里外，树大纛，众兵咸列。驾既御冰床，鸣一炮，树纛处亦鸣一炮应之。于是众兵驰而至。御前侍卫立冰上，抢等者驰近御座，则牵而止之。至有先后，分头等二等，赏各有差。”“乾隆间，岁奉皇太后观冰嬉。道光间，亦尝奉皇太后观冰嬉。”

[13]《乡言解颐》:

“京师前三门外……冬月,河冰结实,则乘冰床。中间遇闸,须换床易人,不若乡间之顺河路直达某处也。廿年前,故友郭位公每岁至达子馆小有经营,必携雉兔,乘冰床,来寓小话。尝有句云:‘一岁一相过,凌爬载雉兔。两鬓拂霜华,倾尊话迟暮。’盖乡言谓之拖床,又谓之凌爬云。”

[14]《柳边纪略》:

“十六日,满洲妇女,群步平沙,曰‘走百病’,或连袂打滚,曰‘脱晦气’,入夜尤多。”

[15]《吉林外记》:

“耙犁用两辕木作底,立插四柱,高三寸许,上穿二横木,或铺板,或搪木。坐人、拉运货物皆可,前辕上弯,穿以绳套,二马服驾,轻捷于车,若驰驲更换马匹,冰雪之地可以日行三四百里。并有作车上棚,于耙犁底上设旁门,套鹿皮围,谓之暖耙犁。”

[16]《黑龙江外记》:

“扒犁,国语曰法喇,制如凌床,而不施铁条,屈木为辕,驾二马,行雪上,疾如飞鸟。”

[17]《竹素园丛谈》:

“索伦以北有所谓使狗鄂伦春、使鹿鄂伦春两种族,其部落大小与索伦相若,其地早寒,咸以鹿狗驾冰撬载物,驰行冰上绝速,其部落以所使之物而别称之。”

[18]《燕都丛考》:

“若天时届严冬,万籁萧瑟,游人既多敛足,而近年漪澜堂、五龙亭左右各设冰场,以为滑冰之戏,事实沿旧,不知者乃以为欧美高风,青年之人趋之若骛,化装竞走,亦足以倾动一时,较之他处人造之冰场,乎胜矣。”

[19]《燕京岁时记》:

“冬至以后,水泽腹坚,则十刹海、护城河、二闸等处皆有冰床。一人拖之，其行甚速。长约五尺，宽约三尺，以木为之，脚有铁条，可坐三四人。雪晴日暖之际，如行玉壶中，亦快事也。至立春以后，则不可乘，乘则甚危，有陷入冰窟者，而拖者逃矣。近日王公大臣之有恩命者，亦准于西苑门内乘坐拖床，床甚华美，上有宀如车篷，可避风雪。”

“冰鞋以铁为之，中有单条缚于鞋上，身起则行，不能暂止，技之巧者，如蜻蜓点水，紫燕穿波，殊可观也。”

［**20**］**《燕京杂记》**：

“东西二濠，冬月冰结，设木榻渡人，谓之冰床。床上可坐数人，一人挽之，疾于车马。有好事者联属数床，置酒其上，东西往来，如泛银湖。”

［**21**］**《榆巢杂识》**：

“冬日液池，上御拖床。其制似榻无足，似车无轮，以人挽行冰雪中，至便。有施毡幄及饰以龙凤者。”

［**22**］**《帝京岁时纪胜》**：

“金海冰上作蹙鞠之戏，每队数十人，各有统领，分位而立，以革为球，掷于空中，俟其将坠，群起而争之，以得者为胜。或此队之人将得，则彼队之人蹴之令远。欢腾驰逐，以便捷勇敢为能。将士用以习武。昔黄帝作蹙鞠之戏以练武，盖取遗意焉。”

“太液池之五龙亭前，中海之水云榭前，寒冬冰冻，以木作床，下镶钢条，一人在前引绳，可坐三四人，行冰如飞，名曰拖床……更将拖床结连一处，治酌陈肴于上，欢饮高歌，两三人牵引，便捷如飞，较之坐䩞乘车，远胜多矣。”

“积雪残云，景更如画，冰上滑擦者所着之履皆有铁齿流行冰上，如星驰电掣，争先夺标取胜，名曰溜冰。”

［**23**］**《竹叶亭杂记》**：

“（黑津）冬时水冻，坐爬犁驾狗而行，或五、或七、或十一、或十三，日行可六七百里。”

［**24**］**《满文老档》**：

“汗(努尔哈赤)率众福晋、八旗诸贝勒、福晋、蒙古诸贝勒、福晋、众汉官及官员之妻,至太子河冰上,玩赏踢球之戏。诸贝勒率随侍人等玩球二次之后,汗与众福晋坐于冰之中间,命于二边等距离跑之,先至者赏以金银,头等各二十两,二等各十两。先将银置于十八处,令众汉官之妻跑往取之。落后之十八名妇人,未得银,故每人赏银三两。继之,将每份二十两银置于八处,令蒙古众小台吉之妻跑往取之。落后之八名妇人,各赏银十两。继之,将每份银二十两、金一两置于十二处,令众女儿、众小台吉之妻、福晋及蒙古之众福晋等跑之,众女儿、众贝勒之妻及福晋等先至而取之,蒙古众福晋落于后,故赏此十二名女儿金各一两,银各五两。跑时摔倒于冰上者,汗观之大笑。遂杀牛羊,置席于冰上,筵宴……”

［**25**］**《皇朝文献通考》**：

“冰戏,每岁十月咨取八旗及前锋统领、护军统领等处,每旗照定数各挑选善走冰者二百名,内务府预备冰鞋、行头、弓箭、球架等项。至冬至后,驾幸瀛台等处,陈设冰嬉及较射天球等伎。分兵丁为二翼,每翼头目十二名,服红、黄马褂,余俱服红、黄齐肩褂。射球兵丁一百六十名,幼童四十名,俱服马褂、背小旗,按八旗各色,以次走冰、较射。陈伎毕,恩赏银两,头等三名各赏银十两,二等三名各赏银八两,三等三名各赏银六两,其余兵丁各赏银四两,俱由内务府广储司支给。”

［**26**］**《清朝野史大观》**：

“又继以转龙射球,走队时按八旗之色,以一人执小旗前导,二人执弓矢随于后。凡执旗者一二百人,执弓矢者倍之。盘旋曲折行冰上,远望之蜿蜒如龙。将近御座处设旌门,上悬一球,曰天球,下悬一球,曰地球。转龙之队疾趋至,一射天球,一射地球,中者赏。复折而出,由原路盘曲而归其队。其最后执旗者一幼童,若以为龙尾也。”

［**27**］《**郎潜纪闻**》：

“禁中冬月，打滑挞。先汲水浇成冰山，高三四丈，莹滑无比。使勇健者着带猪皮履，其滑更甚，从顶上一直挺立而下，以到地不仆者为胜。”

［**28**］《**清稗类钞**》：

“高宗阅冰嬉水围：年例，十二月于西苑三海阅冰嬉，御前侍卫率八旗兵队奔驰，张弓挟矢，分树五色旗，以为次第。乾隆间，高宗岁奉孝圣后阅视于三海中。冬令乘坐冰床，亦谓之拖床，上用者以黄缎为幄，如轿式然。”

“禁中冬月打滑挞，先汲水浇地使冰，遂成冰山，高三四丈，莹滑无比。乃使勇健兵士著带毛猪皮履，其滑更甚，自其颠挺立而下，以到地不仆者为胜。”

［**29**］《**津门杂记**》：

“冰床又名托床，俗呼冰排子……每到天寒水冻，冰排盛行，往来密如梭织，四通八达，攸往咸宜。撑排者例备皮袄一袭，无客则自衣御寒，有客则奉客铺垫。随地雇坐，其价甚廉，如去一二十里之遥，所费不过京蚨数十文而已。”

［**30**］《**藤阴杂记**》：

“东便门至西便门，三冬冻合，设拖床坐人，比车较省。鲍西冈诗云：‘寥色起城隍，坚冰致用良。陆行宜殿脚，匡坐称车箱。方马虞颠覆，浮槎叹渺茫。何如溱洧上，满载一床床。’吴白华《消寒赋冰床联句》，蒋苕生有《冰床乐府》。”

［**31**］《**金鳌退食笔记**》：

“（太液池）寒冬冰冻，以木作平板，下用二足，裹以铁条，一人在前引绳，可坐三四人，行冰如飞，名曰拖床。积雪残云，景更如画。又于冰上作掷球之戏，每队数十人，各有统领，分伍而立，以皮作球，掷于空中，俟其将堕，群起而争之，以得者为胜。或此队之人将得，则彼队之人蹴之令远，喧笑驰逐，以便捷勇敢为能，本朝用以习武。所著之履，皆有铁齿，行冰上不滑也。”

［**32**］《**日下旧闻考**》：

“冬月则陈冰嬉，习劳行赏，以简武事而修国俗云。”

7. 外国史料

[**33**]《**朝鲜王朝实录**》:

“二十一日,皇帝于瀛台,观冰戏。当日晓头,臣等到西华门外,暹罗使臣,序臣等之次。须臾,銮舆出,问国王平安。臣等对曰:“平安。”臣等步随至瀛台边。有顷,皇帝乘冰床,状如龙舟。左右牵拽,沿冰而行,冰上设红箭门,悬红心。使八旗兵丁,各着其方色衣,靴底着木片铁刃,持弓箭跪冰,而仰射红心,有若我国之骑刍。”

[**34**]《**马可·波罗游记**》:

“大家应当知道,有许多鞑靼人住在世界的北方各地。他们的领袖叫宽彻,他是成吉思汗的后裔,与忽必烈大汗的血缘关系很接近,他不隶属于其他藩王。这里的人们保持着他们祖先的习俗和生活方式,所以被看成是纯正的鞑靼人……为了能够在结冰的路面上行进,人们制造了一种交通工具,这和我国附近山区的土著人用来在崇山峻岭中使用的车子差不多,称作拽轱拉或雪橇。这种交通工具没有车轮,底部平直,而前端翘起呈半弧型,这种结构特别适合在冰上轻松行驶……他们用来拉橇的狗,有毛驴般大小,这种狗非常强壮,并且习惯于拉雪橇。每架雪橇需要六条狗成对地拖拉,雪橇上只载着驾狗的车夫和一个携带货物的商人,车夫走完一天的路程后,便带着狗一同回去。至于商人则在到达目的地后购买一些毛皮,再带回我们的世界出售。”

(二)文学类

1. 唐诗

[**35**]**杜荀鹤《送僧赴黄山沐汤泉兼参禅宗长老》**:

“野老祷神鸦噪庙,猎人冲雪鹿惊林。”

[**36**]**张籍《征西将》**:

“黄沙北风起,半夜又翻营。战马雪中宿,探人冰上行。”

[37]**路德延《小儿诗》**：

“嫩苔车迹小，深雪履痕全。”

[38]**白居易《洛下雪中频与刘李二宾客宴集》**：

“水南水北雪纷纷，雪里欢游莫厌频。”

[39]**贯休《塞上曲二首》**：

“锦袷胡儿黑如漆，骑羊上冰如箭疾。”

[40]**舒元舆《履春冰》**：

“投迹清冰上，凝光动早春。兢兢愁陷履，步步怯移身。乌照微生水，狐听或过人。细迁形外影，轻蹑镜中轮。咫尺忧偏远，危疑惧已频。愿坚容足分，莫使独惊神。”

[41]**王维《观猎》**：

“风劲角弓鸣，将军猎渭城。草枯鹰眼疾，雪尽马蹄轻。”

[42]**柳宗元《江雪》**：

“千山鸟飞绝，万径人踪灭。孤舟蓑笠翁，独钓寒江雪。”

[43]**张祜《猎》**：

“残猎渭城东，萧萧西北风。雪花鹰背上，冰片马蹄中。臂挂捎荆兔，腰悬落箭鸿。归来逞馀勇，儿子乱弯弓。”

[44]**齐己《己卯岁值冻阻归有作》**：

“河冰连地冻，朔气压春寒。开户思归远，出门移步难。”

2. 宋诗

[45]**杨万里《稚子弄冰》**：

“稚子金盆脱晓冰，采丝穿取当银钲。敲成玉磬穿林响，忽作玻璃碎地声。”

3. 元杂剧

[46]**张国宾《相国寺公孙合汗衫》中张员外的《混江龙》**：

“正遇着初寒时分，您言冬至我言春。既不沙可怎生梨花片片、柳絮纷纷。梨花落,砌成银世界;柳絮飞,妆就玉乾坤。俺这里逢美景、对良辰、悬锦帐、设华裀、簇金盘,罗列着紫驼新;倒银瓶,满泛着鹅黄嫩。”

4. 清代诗歌

[**47**]**乾隆帝《御制太液冰嬉诗十二韵》**:

“顺时陈国俗,择地试雄观。号令传河若,威仪纪水官。光凝元玉浦,声咽碎珠滩。散处云驰宇,纷来雪喷湍。端因智独胜,奚必力俱殚。疾以徐斯疾,安其危乃安。御风列应让,逐日夸无难。迅似岩飞电,温知犀辟寒。超群殊闪耀,作势更蹩躠。拟议弦催箭,形容镜舞鸾。一时夸夺帜,独步早登坛。妙义韬钤外,凭人着眼看。”

[**48**]**乾隆帝《坐冰床至悦心殿》**:

“�冲赐宴有余闲,琼岛韶光暖镜间。尚可翠鸾轻舵试,徐过玉虹一桥弯。冻酥岸觉看波漾,春到物知听雁还。今日悦心真恰当,窗凭积素慰开颜。”

[**49**]**嘉庆帝《清仁宗御制诗初集》**:

“万顷液池玉鉴凭,八旗劲旅竞超腾。雷轰三叠齐呈技,电掣千夫各奏能。飞矢射时全命中,彩球抛处又分堋。嘉平行赏羽林遍,习武昆明例事仍。”

[**50**]**梁诗正《恭和御制太液冰嬉元韵》**:

“习武罗群旅,临冬试大观。制因沿国俗,职不隶虞官。冻合银成界,流凝玉漱滩。招摇回瞥电,坌涌骇飞湍。乍可严装结,争夸妙技殚。怵先还恐后,履险却趋安。目眩惊飙疾,心怀夺锦难。长絙横浦阔,圆弹蹴霜寒。旋折同环转,殷辚掩佩珊。陆行嗤騕马,云驭陋翔鸾。呈巧太微座,酬庸上将坛。肄戎家法旧,天笑几回看。”

[**51**]**宝竹坡《偶斋诗草》**:

“朔风卷地河水冻,新冰一片如砥平。何人冒寒作冰戏,炼铁贯韦当行縢。铁若剑脊冰若镜,以履踏剑摩镜行。其直如矢矢逊疾,剑脊镜面刮有声。

左足未住右足进，指前踵后相送迎。有时故意作欹侧，凌虚取势斜燕轻。飘然而行陡然止，操纵自我随纵横。是耶洛仙非例子，风胡能御波能凌。侧闻冰戏本故事，水嬉仿佛传西京。隆冬景物液池好，翠华莅止山水荣。旧典不举越十稔，宵旰衣食游幸停。闲人游手恣戏谑，年年结队戏郊垧。临深履薄亦何益，蹈险行乐忘战兢。”

［**52**］**曹寅《冰上打球诗》**：

“青靴窄窄虎牙缠，豹脊双分两队园。整洁一齐偷着眼，彩云飞下白云间。”“万顷龙池一镜平，旗门回出寂无声。争先坐获如风掠，殿后飞迎似燕轻。”

“开疆争捷论功多，绿酿葡萄金叵罗。自是勤劳防逸乐，西南兵甲渐消磨。”

［**53**］**崔旭《津门百咏》**：

“织箔安床四角平，铁头篙子划冰声；坐来恰受人三两，绝胜中流自在行。”

［**54**］**缪润绂《沈阳百咏》**：

“蹴鞠装戊月样圆，青鞋忙熬舞风前。足飞手舞东风喜，赢得当年美少年。”

［**55**］**顾森《燕都杂咏》**：

“太液冰初坚，冰嬉队连连，弯弧兼肄武，仰射采球园。”

［**56**］**峒山《冰车》**：

“短缆一肩侧手挽，乘风何藉轻帆张。”

［**57**］**永忠《初试冰床》**：

“徐换无多力，飞行不动尘。舟车难设处，羡尔独通津。”

［**58**］**英和《冰床二十四韵》**：

“长绳牵两行，寸铁缚双屐。容膝喜平坐，立脚免倾踣。可鉴虽异车，印轨每留迹。一夫负以趋，数里恣所历。”

［**59**］**颜缉祜《汴京宫词》**：

“瑞雪缤纷盛上天，堆狮持象戏阶前。”

[60]**杨静亭《都门杂咏·冰床》**：

“十月冰床遍九城，游人曳去一毛轻。风和日暖时端坐，疑在琉璃世界行。”

[61]**何耳《燕台竹枝词·冰床》**：

“玉虹一道縠纹平，过处皆闻细碎声。短绠独牵停不住，往来宛在镜中行。”

[62]**李声振《百戏竹枝词·走冰鞋》**：

“捷足行看健步纷，寒流趁冻雪花春。铁鞋踏破奔驰甚，悔作银河冰上人。”

[63]**李声振《百戏竹枝词·蹋鞠》**：

“蹋鞠场中浪荡争，一时捷足趁坚冰。铁球多似皮球踢，何不金丸逐五陵。”

[64]**得硕亭《草珠一串·游览》**：

“一番风雪一番凉，徒步行人渐履霜。诗思不须驴子背，沿河处处有冰床。”

[65]**文昭《京师竹枝词·十一月》**：

“城下长河冻已坚，冰床仍着缆绳牵；浑如倒拽飞鸢去，稳便江南鸭嘴船。”

[66]**宝竹坡《偶斋诗草·冰鞋》**：

“朔风卷地河水凝，新冰一片如砥平……闲人游手恣戏谑，年年结队戏郊坰。”

[67]**李静山《增补都门杂咏·冰鞋》**：

“往来冰上走如风，鞋底钢条制造工。跌倒人前成一笑，头南脚北手西东。”

[68]**姚燮《西沪棹歌一百二十首》之一**：

“拖肩红帽绿叉裈，放学儿童闹满村。弟打冰锣哥觱篥，刍龙盘过贴邻门。”

[69]**沈兆禔《吉林纪事诗·岁时》**：

“鱼龙曼衍夜张灯，雪月交辉淑景增。联袂踏歌归兴好，脱除晦气应休徵。”

[70]**朱馀庭《海陵竹枝词》**：

“飞雪成堆紧北风，削来狮子借人工。那知雄状殊难久，牙爪虚张怕火烘。”

[71]**彭蕴章《幽州风土吟·拽冰床》**：

“拽冰床，城濠下，疾如帆，驶如马。朱轩绣毂黄尘中，凌床十里生清风。泠泠踏遍白玉宫。白玉宫，芒鞋路，几日东风吹烟雾，提壶挈榼公无渡。”

[72]**杨米人《都门竹枝词》**：

“金鳌玉栋画图开，猎猎风声卷地回，冻合琉璃明似镜，万人围看跑冰来。”

[73]**杨米人《都门竹枝词》**：

“宣武门前看象房，慈云寺外坐冰床。逛来二闸无多日，丫髻山头又进香。”

[74]（**清**）**佚名《燕台口号一百首》**：

“河头冻合坐冰床，偷得舟行陆地方。更有抛球人夺彩，一双飞舄欲生芒。”

[75]**张子秋《都门竹枝词》**：

“辘轳双轮簸不休，天街地冻滑于油。爱他数里冰床坐，稳似春江一叶舟。”

[76]**张子秋《都门竹枝词》**：

“泽腹严冬到底凝，招邀童伴兴飞腾。儿嬉不道凭河险，滑汰青鞋好溜冰。”

[77]**蒋超伯《都门新年词》**：

“宣武城南冻欲消，冰床不敢过河桥。计春儿女车如织，金纸飞蛾夹路飘。”

[78]褚维垲《燕京杂咏》：

“引河一道冻城根，寒玉能坚沏底痕。唤坐冰床载人去，顺成门到前门。”

[79]张朝墉《燕京岁时杂咏》：

“奎翰冰嬉绝妙词，溜冰佳趣几人知。趋朝不畏风霜烈，御赏拖床太液池。”

[80]子鸿《燕京竹枝词·中南海》：

“风雨阴晴乐极天，骚人探幽意快然。冬日也能滑冰去，夏日纳凉在海边。”

[81]子鸿《燕京竹枝词·拖床》：

“破腊风光日日清，冰床来往沿京城。游人闲乘实乐事，疑在玻璃世界行。”

[82]春潭《北海公园杂感》：

“楼阁排云亦壮哉，銮舆何事不重来。游观士女多于鲫，海上冰嬉日几回。”

[83]春潭《北海公园杂感》：

“天然琼岛水中央，四面波光照画廊。天子当年巡幸地，而今都作滑冰场。”

[84]崔旭《念堂竹枝词》：

“织箔安床四角平，铁头篙子划冰声。坐来恰受人三两，绝胜中流自在行。”

[85]唐尊恒《津门竹枝词》：

“鹞子高低冬便放，冰床来往夜无停。客中莫忘尝萝菔，煤火熏蒸未易醒。”

[86]冯文洵《丙寅天津竹枝词》：

“上下天光铸水晶，冰床稳坐一篙撑。如飞冲破寒烟去，权作乘风万里行。”

[87]沈兆禔《吉林岁时记》：

“玲珑剔透放光明，一片心同彻底清。仙佛镂空谁得似，美人狮象雪雕成。”

[88]释敬安《题寒江钓雪图》：

“垂钓板桥东，雪压蓑衣冷。江寒水不流，鱼嚼梅花影。”

5. 清代小说

[89]《红楼梦》：

第三十一回“撕扇子作千金一笑，因麒麟伏白首双星”：

林黛玉说：“……前年正月里接了他来，住了两日，下起雪来……他就拿了条汗巾子拦腰系上，和丫头们在后院子里扑雪人儿玩。一跤栽倒了，弄了一身泥！”（林黛玉说的“他”指的是史湘云）。

第五十六回《敏探春兴利除宿弊，识宝钗小惠全大体》：

薛宝钗笑道：“……他们虽不料理这些，却日夜也是在园中照看当差之人，关门闭户，起早睡晚，大雨大雪，姑娘们出入，抬轿子，撑船，拉冰床。一应粗糙活计，都是他们的差使。一年在园里辛苦到头，这园内既有出息，也是分内该沾带些的。”（薛宝钗说的“他们”指的是服侍姑娘们的众婆子）。

[90]《品花宝鉴》（第四回）：

“春喜道：‘这月里我们八个人，在怡园三日一聚，作消寒会，今日是第五会了。每一会必有一样顽意儿，或是行令，或是局戏。今日度香要叫我们做诗，出了个《冰床》题目，各人做七律一首，教苏媚香考了第一。’”

[91]《孽海花》（第十四）：

“没事时，便领着次芳等游游蜡人馆，逛逛万生院，坐瓦泥江冰床，赏阿尔亚园之亭榭，入巴立帅场观剧，看萄蕾塔跳舞。”

（三）绘画类

[92]南宋　马远《晓雪山行图》

[93]明代　沈周《骑驴赏雪图轴》

[94]清代　郎世宁、沈源等《弘历雪景行乐图》

[95]清代　金昆、程志道等《冰嬉图》

[96]清代　姚文瀚《紫光阁赐宴图》中的冰嬉

[97]清代　金廷标《冰戏图》

[98]清代　唐岱、丁观鹏等《清院本十二月令图轴·十二月》

[99]清代　傅恒、董诰等《皇清职贡图》中赫哲族的狗拉冰床

（四）文物及其他类

[100]新疆阿勒泰的敦德布拉克彩绘“滑雪”岩画

[101]清代的冰鞋

[102]清代　乾隆帝的《御制冰嬉赋》

主要参考文献

古籍

[1](唐)令狐德棻等:《隋书》第八十四卷,中华书局 1973 年版。

[2](宋)欧阳修等:《新唐书》,中华书局 1975 年版。

[3](宋)李昉:《太平御览》第 2 册,中华书局 1960 年版。

[4](宋)周密:《武林旧事》,山东友谊出版社 2001 年版。

[5](宋)吴自牧:《梦粱录》,三秦出版社 2004 年版。

[6](宋)沈括:《梦溪笔谈》,吉林摄影出版社 2004 年版。

[7](宋)江休复:《江邻几杂志》,载上海古籍出版社编《宋元笔记小说大观》(一),上海古籍出版社 2001 年版。

[8](宋)周密:《武林旧事》,浙江人民出版社 1984 年版。

[9](宋)周密:《增补武林旧事》,当代中国出版社 2014 年版。

[10](宋)孟元老:《东京梦华录》,中国画报出版社 2013 年版。

[11](元)陶宗仪:《南村辍耕录》,载上海古籍出版社编《宋元笔记小说大观》(六),上海古籍出版社 2001 年版。

[12](明)刘若愚:《酌中志》,北京古籍出版社 1994 年版。

[13](明)张岱著,林邦钧注评:《陶庵梦忆注评》,上海古籍出版社 2014 年版。

[14](明)刘若愚、(清)高士奇、(清)顾炎武:《明宫史　金鳌退食笔记　昌平山水记　京东考古录》,北京出版社 2018 年版。

[15](清)吴振棫:《养吉斋丛录》第十四卷,浙江古籍出版社 1985 年版。

[16](清)郑文焯:《医故》,中医古籍出版社 2015 年版。

[17](清)杨米人等撰,路工编选:《清代北京竹枝词》(13 种),北京古籍出版社

1982 年版。

[18](清)潘荣陛、富察敦崇:《帝京岁时纪胜 · 燕京岁时记》,北京古籍出版社 1981 年版。

[19](清)曹寅著,胡绍棠笺注:《楝亭集笺注》,北京图书馆出版社 2007 年版。

[20](清)额尔德尼等撰,中国第一历史档案馆等译注:《满文老档》,中华书局 1990 年版。

[21](清)嵇璜:《皇朝文献通考》(文渊阁四库全书本第 635 册),上海古籍出版社 1987 年版。

[22](清)陈康祺:《郎潜纪闻》第十二卷,中华书局 1984 年版。

[23](清)英廉等:《钦定日下旧闻考》第二十一卷,北京古籍出版社 1981 年版。

[24](清)高士奇:《金鳌退食笔记》,北京古籍出版社 1980 年版。

[25](清)曹雪芹、高鹗:《红楼梦》,人民文学出版社 2022 年版。

[26](清)杨宾:《柳边纪略》,中华书局 1985 年版。

[27](清)陈宗蕃:《燕都丛考》,北京古籍出版社 1991 年版。

[28](清)福隆安等编纂,李洵等校点:《钦定八旗通志》第一册,吉林文史出版社 2002 年版。

[29]国家清史编纂委员会:《清代诗文集汇编》第十册,上海古籍出版社 2010 年版。

[30]故宫博物院:《清仁宗御制诗初集》第八卷,海南出版社 2000 年版。

[31]故宫博物院:《清仁宗御制诗》第十六卷,海南出版社 2000 年版。

译著

[32][波斯]拉施特:《史集》,余大钧等译,商务印书馆出版 1982 年版。

[33][德]席勒:《美育书简》,徐恒醇译,中国文联出版公司 1984 年版。

[34][德]黑格尔:《美学》第一卷,朱光潜译,商务印书馆 1979 年版。

[35][法]布尔迪厄、[美]华康德:《反思社会学导引》,李康等译,商务印书馆 2015 年版。

[36][法]P.布尔迪约、[法]帕斯隆:《再生产——一种教育系统理论的要点》,邢克超译,商务印书馆 2002 年版。

[37][俄]马林诺夫斯基:《文化论》,费孝通译,华夏出版社 2002 年版。

[38][意]马可 · 波罗:《马可 · 波罗游记》第四卷,余前帆译,中国书籍出版社 2009 年版。

[39][韩]春秋馆史官:《朝鲜王朝实录·正祖实录》第十九卷,韩国国史编纂委员会 1986 年版。

[40][美]阿兰·邓蒂斯:《世界民俗学》,陈建宪等译,上海文艺出版社 1990 年版。

[41][美]弗兰兹·博厄斯:《原始人的心智》,项龙等译,国际文化出版社 1982 年版。

[42][美]戴维·斯沃茨:《文化与权力:布尔迪厄的社会学》,陶东风译,上海译文出版社 2006 年版。

著作

[43]《习近平著作选读》第一卷,人民出版社 2023 年版。

[44]习近平:《在文艺工作座谈会上的讲话》,人民出版社 2015 年版。

[45]习近平:《论坚持人与自然和谐共生》,中央文献出版社 2022 年版。

[46]习近平:《决胜全面建成小康社会　夺取新时代中国特色社会主义伟大胜利——在中国共产党第十九次全国代表大会上的报告》,人民出版社 2017 年版。

[47]中共中央党史和文献研究院编:《习近平关于社会主义精神文明建设论述摘编》,中央文献出版社 2022 年版。

[48]中央文献研究室编:《习近平总书记重要讲话文章选编》,中央文献出版社 2016 年版。

[49]张次溪纂,尤李注:《老北京岁时风物:〈北平岁时志〉注释》,北京日报出版社 2018 年版。

[50]小横香室主人:《清朝野史大观》第二卷,上海书店 1981 年版。

[51]蒲泉等选编:《明清民歌选》(甲集),古典文学出版社 1957 年版。

[52]北京大学古文献研究所编:《全宋诗》,北京大学出社 1998 年版。

[53]范之麟编:《全宋词典故辞典》(上),湖北辞书出版社 2001 年版。

[54]瞿兑之:《燕都览古诗话》,辽宁教育出版社 1998 年版。

[55]来新夏:《津门杂记》,天津古籍出版社 1986 年版。

[56]杨英杰:《清代满族风俗史》,辽宁人民出版社 1991 年版。

[57]万依等编:《清代宫廷生活》,人民美术出版社 2014 年版。

[58]费孝通:《论人类学与文化自觉》,华夏出版社 2004 年版。

[59]李世瑜:《社会历史学文集》,天津古籍出版社 2007 年版。

[60]黄兴涛等主编:《清代皇家园林研究》(第一辑),北京联合出版有限责任公司 2019 年版。

[61]唐豪:《我国兄弟民族古、近代体育史料》,载中华人民共和国体育运动委员会运动技术委员会主编:《中国体育史参考资料》第四辑,人民体育出版社1958年版。

[62]单兆鉴编著:《滑雪运动指南》,人民体育出版社2004年版。

[63]单兆鉴等主编:《人类滑雪起源地——中国·新疆·阿勒泰》,人民体育出版社2011年版。

[64]赵杏根选编:《历代风俗诗选》,岳麓书社1990年版。

[65]黄聪:《中国古代北方民族体育史考》,人民出版社2009年版。

[66]徐玉良编著:《中国少数民族传统体育史》,民族出版社2005年版。

[67]王永强主编:《中国少数民族文化史图典》第一卷(东北卷),广西教育出版社1999年版。

[68]赵庆伟等著:《游戏风情》,湖北教育出版社2001年版。

[69]卞秉利编:《中国美术鉴赏》,辽宁美术出版社2007年版。

[70]丁世良等主编:《中国地方志民俗资料汇编》东北卷,书目文献出版社1989年版。

[71]黄泽等主编:《赫哲族:黑龙江同江市街津口乡调查》,云南大学出版社2004年版。

[72]张嘉宾主编:《赫哲族研究》,哈尔滨出版社2003年版。

[73]白希智:《"轱辘冰"与滑冰运动》,载《满族风情录》,四川民族出版社1994年版。

[74]王娟:《民俗学概论》,北京大学出版社2002年版。

[75]宋抵著,林仲凡汇释:《东北岁时节俗研究·东北农谚汇释》,吉林文史出版社1992年版。

[76]宋德胤编著:《黑龙江民俗》,甘肃人民出版社2004年版。

[77]张君:《神秘的节俗——传统节日礼俗禁忌研究》,广西人民出版社2004年版。

[78]乔继堂等主编:《中国岁时节令辞典》,中国社会科学出版社1998年版。

[79]马跃等编:《满族民间文学与民俗文化研究》,东北林业大学出版社2008年版。

[80]钟敬文主编:《民俗学概论》,上海文艺出版社1998年版。

[81]肖向东等主编:《中国语文》(艺术类专业版),重庆出版社2007年版。

[82]康启昌等编:《心心集》,春风文艺出版社1987年版。

[83]汪玢玲等主编:《长春市志·民俗方言志》,吉林文史出版社1995年版。

[84]陈瑞林:《中国民间美术与巫文化》,新华出版社 1991 年版。

[85]王怀中等编著:《山西关隘大观》,山东画报出版社 2012 年版。

[86]徐凤:《甘肃非物质文化遗产概论》,甘肃人民出版社 2014 年版。

[87]刘旭青:《文化视野下浙江歌谣研究》,浙江大学出版社 2009 年版。

[88]陈华文:《民俗文化学新修》,浙江工商大学出版社 2014 年版。

[89]王景富:《世界五千年冰雪文化大观》,黑龙江人民出版社 2007 年版。

[90]王利器等辑:《历代竹枝词》,陕西人民出版社 2003 年版。

[91]雷梦水等编:《中华竹枝词》,北京古籍出版社 1997 年版。

[92]胡朴安:《中华全国风俗志》(下编),河北人民出版社 1986 年版。

[93]潘倩菲主编:《实用中国风俗辞典》,上海辞书出版社 2013 年版。

[94]中共新疆维吾尔自治区委员会宣传部编:《"四个认同"学习读本》,新疆人民出版社 2011 年版。

[95]吴宓:《论新文化运动》,载孙尚扬等编:《国故新知论:学衡派文化论著辑要》,中国广播电视出版社 1995 年版。

[96]王敏:《王敏平面设计二十年》,黑龙江科学出版社 2003 年版。

[97]诸葛铠:《设计艺术学十讲》,山东画报出版社 2006 年版。

[98]贺幸辉等著:《奥运官方电影史》,北京体育大学出版社 2017 年版。

[99]孔繁敏:《奥林匹克文化研究》,人民体育出版社 2005 年版。

[100]牛静等著:《现代奥运会开幕式历史演进的研究》,中国出版集团 2013 年版。

[101]韩延明:《大学理念论纲》,人民教育出版社 2003 年版。

[102]罗时铭等主编:《奥林匹克学》,高等教育出版社 2007 年版。

[103]任海主编:《奥林匹克运动读本》,人民体育出版社 2005 年版。

[104]易剑东主编:《百年奥运史》,百花洲文艺出版社 2008 年版。

学位论文

[105]倪依克:《论中华民族传统体育的发展》,博士学位论文,华南师范大学体育科学学院,2004 年。

[106]饶平:《中国民族传统体育文化生态研究》,博士学位论文,湖南师范大学体育学院,2015 年。

[107]周娜:《现代夏季奥运会开幕式主题曲研究》,博士学位论文,山西大学体育学院,2009 年。

[108]谭有进:《平面设计的民族化表现》,博士学位论文,中央民族大学美术学

院,2013 年。

[109]肖淑婷:《宋代咏雪诗研究》,硕士学位论文,湖南科技大学人文学院,2019 年。

[110]陆冰:《清代节日诗歌专题研究》,硕士学位论文,苏州大学文学院,2016 年。

[111]雒瑜:《永济背冰亮膘的艺术特色及传承发展研究》,硕士学位论文,山西大学音乐学院,2017 年。

[112]雷旭婷:《山西背冰民俗的活态传承对策研究》,硕士学位论文,山西财经大学文化传播学院,2018 年。

[113]焦磊:《山西挠羊摔跤传播现状研究》,硕士学位论文,上海体育学院体育人文学院,2009 年。

[114]李澍:《赫哲族传统体育文化发展现状及对策研究》,硕士学位论文,东北师范大学体育学院,2014 年。

[115]肖天雨:《外来艺术力量介入乡村公共文化空间重构研究》,硕士学位论文,西南大学经济管理学院,2020 年。

[116]买应君:《非物质文化视野下沁阳查拳的传承研究》,硕士学位论文,中南民族大学民族学与社会学学院,2018 年。

[117]李开:《文化空间视野下民俗体育的传承与发展研究——以清明上河园为例》,硕士学位论文,华中师范大学体育学院,2015 年。

[118]赵琛琛:《新疆哈萨克族节庆体育研究》,硕士学位论文,新疆师范大学体育学院,2014 年。

[119]覃永贞:《近现代日本柔道发展研究》,硕士学位论文,北京体育大学人文学院,2006 年。

[120]李叶军:《现代夏季奥林匹克运动会宣传口号演变的分析》,硕士学位论文,湖南师范大学体育学院,2014 年。

[121]孙程:《孔子学院在中国武术国际化推广中的作用研究》,硕士学位论文,宁波大学体育学院,2017 年。

[122]孙愉:《俄罗斯国家形象传播研究》,硕士学位论文,哈尔滨师范大学斯拉夫语学院,2016 年。

[123]夏金莹:《东京、首尔和北京奥运官方电影的对比研究》,硕士学位论文,成都体育学院新闻系,2015 年。

[124]张梦佳:《奥运会对举办城市规划影响的历史研究》,硕士学位论文,北京体育大学人文学院,2007 年。

[125]姜佳昕:《索契冬奥会的文化创意研究》,硕士学位论文,哈尔滨体育学院体育教育训练学院,2015年。

[126]任亚娟:《山西运城市“背冰亮膘”的研究》,硕士学位论文,山西师范大学文学院,2012年。

[127]唐娜:《现代奥运会海报设计的本土性研究》,硕士学位论文,西北师范大学美术学院,2008年。

[128]邹硕:《温哥华冬奥会对城市发展影响研究》,硕士学位论文,北京体育大学人文学院,2017年。

[129]黄金霞:《现代奥运会邮票设计研究》,硕士学位论文,苏州大学艺术学院,2005年。

[130]董燕圆:《媒体奇观视野下冬奥赛事传播的研究》,硕士学位论文,南京体育学院体育教育与人文学院,2019年。

[131]孙春萌:《奥运会开幕式多元文化及价值探讨》,硕士学位论文,安徽工程大学体育学院,2010年。

[132]房然:《北京奥运会与索契冬奥会纪念钞比较研究》,硕士学位论文,华中师范大学体育学院,2014年。

[133]王成:《奥林匹克圣火传递的历史研究》,硕士学位论文,南京师范大学体育科学学院,2008年。

[134]韩双:《冬奥会火炬传递仪式研究》,硕士学位论文,北京体育大学人文学院,2016年。

[135]高芳婿:《奥运会开幕式解说风格创新研究》,硕士学位论文,北京体育大学人文学院,2015年。

[136]黑迪:《奥运赛事文化活动对2022年冬奥会的启示和可持续发展研究》,硕士学位论文,北京体育大学中国田径运动学院,2019年。

[137]程治华:《北京奥运会火炬传递路线研究》,硕士学位论文,首都体育学院休闲与社会体育学院,2012年。

[138]马连鹏:《北京奥运会的文化战略选择研究》,硕士学位论文,陕西师范大学体育学院,2008年。

[139]杜松健:《从韩国跆拳道发展经验论我国竞技武术入奥思路》,硕士学位论文,郑州大学体育学院,2020年。

[140]黄丹娜:《冬奥官方电影的影像表征研究——以札幌、盐湖城、索契三部冬奥官方电影为例》,硕士学位论文,河北大学新闻传播学院,2019年。

期刊论文

[141]韩丹:《冰上运动文化史述略——人在冰面上争得自由活动权史述》,《哈尔滨体育学院学报》1996 年第 1 期。

[142]韩丹:《乾隆〈冰嬉赋〉及其它冰诗解读》,《哈尔滨体育学院学报》1999 年第 4 期。

[143]韩丹:《论乾隆创造了古代世界滑冰的辉煌》,《哈尔滨体育学院学报》1999 年第 3 期。

[144]韩丹:《论我国古代滑冰的巅峰——清代冰嬉活动盛衰考述》,《哈尔滨体育学院学报》1997 年第 1 期。

[145]崔乐泉、张红霞:《从传统冰雪到冬奥文化:跨越时空的文化对话》,《体育学研究》2019 年第 1 期。

[146]唐云松、国梁:《满族传统体育项目——八旗冰嬉的历史考证》,《满语研究》2007 年第 1 期。

[147]唐云松:《满族传统体育变迁及其价值》,《满语研究》2011 年第 2 期。

[148]张宝强:《中国古代击壤文化初论》,《成都体育学院学报》2013 年第 3 期。

[149]张宝强、陈彦:《清代冰上运动文化研究》,《武汉体育学院学报》2014 年第 12 期。

[150]张宝强、陈彦:《清代冰嬉文化及其时代价值》,《咸阳师范学院学报》2016 年第 1 期。

[151]张宝强:《滚冰民俗的文化内涵与价值》,《咸阳师范学院学报》2021 年第 1 期。

[152]付奋奎:《近代的冰雪运动工具——冰床》,《咸阳师范学院学报》2012 年第 2 期。

[153]黄聪:《中国古代北方少数民族体育文化研究》(下),《体育科学》2008 年第 9 期。

[154]吕春辉、张大伟:《满族传统体育活动——冰戏》,《兰台世界》2014 年第 6 期。

[155]费薇娜:《清朝乾隆时期的冰嬉运动》,《兰台世界》2013 年第 1 期。

[156]姜广义:《我国古代冰雪运动发展分析》,《体育文化导刊》2012 年第 5 期。

[157]郭淑云:《满族萨满教雪祭探析——兼论原始萨满教的社会功能》,《内蒙古社会科学》(文史哲版)1992 年第 5 期。

[158]贾春佳、李双玲、朱宝峰等:《我国冰雪体育文化的本源、特征与发展对策》,

《哈尔滨体育学院学报》2017 年第 3 期。

[159]贾瑞光:《鄂伦春族体育项目表演艺术性开发及其健身运用研究》,《黑龙江民族丛刊》2017 年第 2 期。

[160]董宇:《冬奥会开幕式探究》,《体育文化导刊》2015 年第 5 期。

[161]高维国:《滚冰》,《神州民俗》2016 年第 1 期。

[162]刘中平:《传统岁俗节日中的满族特色》,《满族研究》2009 年第 4 期。

[163]王胜楠、孙洪斌:《清代东北流人诗歌中的长白山风物民俗》,《现代交际》2019 年第 20 期。

[164]暴丽霞:《河东民间背冰运动的体育文化研究》,《河北体育学院学报》2010 年第 1 期。

[165]王武民:《河东匼河背冰体育价值研究》,《体育文化导刊》2010 年第 6 期。

[166]姚姬娥:《匼河背冰》,《文史月刊》2002 年第 9 期。

[167]刘阳:《浅议中国北方冰雪文化艺术》,《上海艺术家》2010 年第 4 期。

[168]王凤强、姜森森:《中国北方冰雪文化艺术及其发展》,《冰雪运动》2017 年第 2 期。

[169]孙艳君、崔晓磊:《浅谈冰雪艺术在热带地区发展的可行性》,《艺术教育》2014 年第 12 期。

[170]徐稳、曹宏:《论中国优秀传统文化安全》,《观察与思考》2014 年第 10 期。

[171]郭炯:《中西民族非物质文化遗产保护研究》,《贵州民族研究》2017 年第 1 期。

[172]亓海燕:《非物质文化遗产的多元价值》,《唯实》2017 年第 11 期。

[173]吴艳东:《浅谈川剧的文化价值与活态传承》,《戏剧之家》2018 年第 1 期。

[174]吴保占:《论武术表演文化的价值功能及其实现》,《体育文化导刊》2017 年第 9 期。

[175]徐稳:《论中国特色社会主义理论体系的开放性发展——基于中国传统文化的视角》,《东岳论丛》2017 年第 11 期。

[176]赖雄麟、李健:《习近平传统文化观的思想内涵与时代价值》,《人民论坛·学术前沿》2017 年第 22 期。

[177]周吴:《曲新艺:黑龙江冰雪体育旅游产业发展略论》,《冰雪运动》2008 年第 2 期。

[178]高贯发:《论武术拳种的文化特征及其生存发展问题》,《体育研究与教育》2014 年第 6 期。

[179]谢惠媛:《传承弘扬中华优秀传统文化的逻辑进路、视域选择和实践原则》,《学术研究》2018 年第 12 期。

[180]董德福、朱小颖、吴俐:《转化创新中国传统文化的典范》,《江苏大学学报》2019 年第 5 期。

[181]齐梦雪、李珂:《新时代中华优秀传统文化传承》,《合作经济与科技》2020 年第 21 期。

[182]史友宽:《体育文化国际传播的实践考察与理念创新》,《体育科学》2013 年第 5 期。

[183]刘茂昌:《裕固族民间传统体育传承场域嬗变研究》《吉林体育学院学报》2017 年第 5 期。

[184]石蓉蓉:《我国人口较少民族文化传承调查研究——以甘肃积石山县保安族为例》,《兰州文理学院学报》2019 年第 2 期。

[185]史志强:《“冰雪+”文体旅融合发展的实践探索》,《人民论坛》2020 年第 35 期。

[186]冷晓君:《推进平安家庭创建社区化的思考》,《中国妇运》2008 年第 9 期。

[187]余培敏:《提升杭州公共文化空间软实力的思考与对策》,《浙江艺术职业学院学报》2019 年第 2 期。

[188]孙岭军:《中国传统文化走出去与国家软实力的提升——兼论孔子学院的重要作用》,《山东行政学院学报》2012 年第 5 期。

[189]巢巍:《文化向外交的跃变——印度瑜伽软外交之路初探》,《南京师大学报》2018 年第 3 期。

[190]王静:《体育促进中国文化对外传播的研究》,《体育文化导刊》2012 年第 10 期。

[191]李红梅:《“嘉庚杯”“敬贤杯”海峡两岸龙舟赛的传承与发展路径》,《厦门理工学院学报》2020 年第 2 期。

[192]孙大光:《与时俱进推动体育文化大发展》,《体育文化导刊》2012 年第 1 期。

[193]金元浦:《奥林匹克运动与国家形象提升》,《电视研究》2012 年第 9 期。

[194]王根:《奥运会主题口号内涵特征研究》,《西安体育学院学报》2013 年第 6 期。

[195]吴国生:《历届奥运会主题口号解析》,《体育文化导刊》2008 年第 7 期。

[196]张铁民、张海波:《冬奥会主题口号的社会学解读》,《体育文化导刊》2016 年第 12 期。

[197]李丹:《奥运会主题歌的文化内涵与北京冬奥会主题歌曲创作研究》,《广州

体育学院学报》2020 年第 2 期。

[198]范哲明:《长歌一曲　四海唱和——奥运会经典主题歌曲回顾》,《音乐生活》2014 年第 5 期。

[199]李国、孙庆祝:《试论奥运会主题歌曲》,《体育文化导刊》2009 年第 4 期。

[200]李向、孙庆祝:《传承奥运历史、传播奥运文化的重要载体——奥运会官方电影》,《山东体育学院学报》2009 年第 3 期。

[201]单万里、贺幸辉:《奥运官方电影简史》,《当代电影》2008 年第 8 期。

[202]贺幸辉:《表征奥运:后格林斯潘时代奥运官方电影的影像建构》,《体育与科学》2017 年第 2 期。

[203]陈清洋:《冬奥官方电影的发展概述》,《当代电影》2008 年第 8 期。

[204]于涛:《体育之美——奥运官方电影〈奥林匹亚〉与〈东京奥运会〉中蒙太奇艺术特点的比较分析》,《影视制作》2020 年第 2 期。

[205]吴伟:《奥运会会徽设计主体精神的历史动态解读》,《西安体育学院学报》2007 年第 2 期。

[206]石晶:《冬奥会视觉文化的传播价值研究——以都灵、温哥华、索契三届冬奥会为例》,《冰雪运动》2015 年第 3 期。

[207]赵继荣:《论现代标志设计发展的新趋势》,《甘肃联合大学学报》2006 年第 2 期。

[208]赵荣:《索契冬奥会吉祥物与俄罗斯传统文化和价值》,《文学教育》2014 年第 5 期。

[209]石晶:《审美视域下第 22 届冬奥会吉祥物设计的衍变及启示》,《冰雪运动》2013 年第 3 期。

[210]阚军常、张宏宇、董宇等:《都灵、温哥华、索契冬奥会文化创意的比较分析》,《首都体育学院学报》2015 年第 6 期。

[211]秦杰:《魅力独特的奥运会海报》,《北京档案》2008 年第 6 期。

[212]阿夫斯罕 · 豪雅、陈哲、蒋国旻:《奥运会海报》,《体育文化导刊》2006 年第 9 期。

[213]李金龙、张志学、索笑雯等:《现代奥运会项目图标的特征研究》,《北京体育大学学报》2011 年第 4 期。

[214]索笑雯、张志学、郭瑞华:《奥运会运动项目图标的典型风格分析》,《沧州师范专科学校学报》2007 年第 4 期。

[215]仇琛:《图形语言之美与奥运元素传承——奥林匹克运动项目体育图标设计

对比研究》,《长春教育学院学报》2014 年第 20 期。

[216]尚山江:《体育赛事类视觉形象设计的革新——2014 索契冬奥会视觉形象设计分析》,《装饰》2014 年第 4 期。

[217]邵梓耕、易晓丽、王瑾:《冬奥会运动项目图标设计研究》,《体育文化导刊》2018 年第 5 期。

[218]郭振山、姚览:《大型体育赛事运动项目图标的艺术风格分析》,《美术大观》2017 年第 7 期。

[219]王沂、董宇:《冬奥会邮票文化研究》,《湖北理工学院学报》2016 年第 3 期。

[220]邹小亮:《冬奥会的由来及主办国发行的邮票》,《集邮博览》2006 年第 7 期。

[221]裴雨:《俄罗斯、韩国冬奥会纪念钞欣赏》,《集邮博览》2020 年第 6 期。

[222]朱冀:《奥林匹克圣火传递的人类学意义》,《河南教育学院学报》2008 年第 3 期。

[223]张亮:《冬奥会体育文化创新对比分析——以都灵、温哥华、索契冬奥会为例》,《黑河学院学报》2017 年第 9 期。

[224]陈鸿斌:《二十世纪最后一次五环盛典——长野冬奥会》,《国际展望》1998 年第 4 期。

[225]程其练、周美芳、胡红梅等:《论 2006 都灵冬奥会展现出的奥林匹克精神》,《江西教育学院学报》2006 年第 3 期。

[226]胡杨:《索契冬奥会开幕式中集体记忆的符号化建构》,《视听》2015 年第 2 期。

[227]郑国华:《北京奥运会中的民族精神观照》,《江西师范大学学报》2006 年第 4 期。

[228]王军:《盐湖城冬奥会文化计划实施解读》,《体育文化导刊》2003 年第 3 期。

[229]孙葆丽、宋晨翔、杜颖等:《温哥华冬奥会遗产工作研究及启示》,《北京体育大学学报》2017 年第 10 期。

[230]刘正:《2018 平昌冬奥会奥林匹克教育研究》,《北京体育大学学报》2019 年第 2 期。

[231]徐子齐、孙葆丽、董小燕:《北京 2022 年冬奥会赛事理念从申办到筹办嬗变探究》,《体育文化导刊》2018 年第 6 期。

[232]王润斌、肖丽斌:《新发展理念下北京冬奥会举办理念的贯彻与前瞻》,《上海体育学院学报》2019 年第 1 期。

[233]吴志菲:《北京奥运会主题口号趣闻》,《福建党史月刊》,2013 年第 11 期。

[234]刘立春:《多模态话语意义建构——以2022年北京冬奥会会徽为例》,《现代交际》2019年第1期。

[235]白铂、印文晟、金喜添:《冬奥会会徽设计的审美价值研究》,《哈尔滨体育学院学报》2013年第5期。

[236]黄二青、孙继龙:《2022年北京冬奥会会徽的话语诠释》,《安徽师范大学学报》2021年第3期。

[237]曾诚、邓星华:《体育国际话语权与中国国家形象构建》,《体育学刊》2016年第2期。

[238]刘蕾、王瑾:《2022年北京冬奥会吉祥物的设计分析》,《艺术教育》2021年第6期。

[239]尹少淳、刘晓文:《北京冬奥会吉祥物的儿童趣味》,《美术观察》2019年第12期。

[240]杨兆芬:《保护生物学在中国的发展》,《武夷科学》2003年第1期。

[241]张红华、刘伟娜:《〈易经〉智慧与中国传统水墨画美学思想》,《长江大学学报》2010年第3期。

[242]新华社:《冰雪晶莹点亮梦想——北京冬奥会冬残奥会吉祥物诞生记》,《工会博览》2019年第29期。

[243]吉林艺术学院"雪容融"设计团队:《谈北京2022年冬残奥会吉祥物"雪容融"的创意设计与文化内涵》,《吉林艺术学院学报》2019年第6期。

[244]牛克诚:《卷首语》,《美术观察》2019年第11期。

[245]刘子昱:《奥运会主题曲〈我和你〉之音乐文化分析》,《黄河之声》2015年第12期。

[246]吴鹏娟:《〈2022去北京〉:用原创动画讲述中国故事》,《中国广播影视》2020年第16期。

[247]莫谨榕:《北京2008申奥片中的中国形象:看申奥片如何通过表征系统构建中国形象》,《文学界》2011年第3期。

[248]石晶:《奥运宣传片的视觉文化诉求解析——以2022北京冬奥会申奥片为例》,《冰雪运动》2017年第1期。

[249]吕方舟:《网络宣传片中的文化记忆——以我国申冬奥会宣传片为例》,《新媒体与社会》2015年第2期。

[250]常涛:《浅析北京申办冬奥会宣传片中的中国文化力量的体现》,《新闻研究导刊》2016年第13期。

[251]孙新:《"冰雪"中的"国家与民族"范式——基于 2022 年北京冬奥会申奥片的视觉文化传播研究》,《卫星电视与宽带多媒体》2019 年第 11 期。

[252]专栏编辑:《创新表演为世界顶级体育盛典添光溢彩——松下投影机助力"东京 2020 奥运会倒计时一周年庆典"》,《广播与电视技术》2019 年第 8 期。

[253]本刊记者:《为奥运祝福——奥运倒计时 100 天系列活动纪实》,《体育教学》2008 年第 5 期。

[254]编辑部:《河北体育学院举办"百校万人传冬梦"2022 年北京冬奥会倒计时 500 天庆典系列活动》,《河北体育学院学报》2020 年第 6 期。

[255]马宁:《石景山区职工志愿者喜迎 2022 年冬奥会倒计时 500 天》,《工会博览》2020 年第 31 期。

[256]本刊记者:《北京冬奥会倒计时 300 天——"大手拉小手"北京市中小学生模拟冬奥会冰上展示活动在首都体育学院举行》,《体育教学》2021 年第 4 期。

[257]唐东军、秦明硕、曾庆凯:《冬奥倒计时 300 天:1 万尾大规格"子二代"中华鲟放归长江》,《中国三峡》2021 年第 4 期。

[258]都都:《奥运火炬传递的起源》,《老同志之友》2016 年第 15 期。

[259]本刊编辑:《丰富多彩的奥运会火炬传递方式》,《百姓》2008 年第 8 期。

[260]刘慧玲、张英:《北京奥运火炬传递中西媒体报道框架构建及表现技巧的研究》,《新闻知识》2009 年第 7 期。

[261]潘磊:《新冠肺炎疫情对 2022 北京冬奥会的影响研究》,《科技智囊》2020 年第 4 期。

[262]王莉:《疫情背景下北京冬奥会与国家形象塑造:理论逻辑与实践路径》,《河北体育学院学报》2021 年第 5 期。

[263]董宇、孙玉巍、石晶等:《奥运圣火点燃仪式的文化解析》,《冰雪运动》2013 年第 1 期。

[264]魏然:《2020 年奥运会背景下日本文化形象传播路径及启示》,《体育文化导刊》2019 年第 5 期。

[265]张磊、谢军:《2022 北京冬奥会背景下冰雪文化传播策略研究》,《西安体育学院学报》2021 年第 1 期。

[266]夏文斌:《积极应对北京冬奥会面临的风险挑战》,《国家治理》2021 年第 12 期。

[267]黄莉、万晓红、陈蔚等:《北京冬奥会期间中国国家形象的塑造研究》,《武汉体育学院学报》2021 年第 5 期。

[268]王晓雅、李燕、秦瑜斌:《传播文化自信彰显大国风范——浅议构建北京冬奥会的符号价值体系》,《新闻采编》2021 年第 1 期。

[269]孙振虎、欧阳赵岚:《观念认同与文化交流:北京冬奥会对外传播的新思路》,《对外传播》2021 年第 11 期。

[270]张颐武:《深刻认识北京冬奥会的历史意义和文化价值》,《国家治理》2021 年第 12 期。

[271]臧梦璐:《冬奥会带热冰雪运动》,《光彩》2021 年第 12 期。

[272]廖秉宜、温有为、狄鹤仙:《北京冬奥会国际传播路径与策略创新》,《对外传播》2021 年第 11 期。

[273]刘龙飞:《"北冰南展"战略下冰雪运动发展的协同机制研究》,《冰雪运动》2020 年第 4 期。

[274]杨阳:《关于龙舟是否入奥的思考》,《体育文化导刊》2017 年第 7 期。

[275]李亚群、马国庆、朱淑菊:《从临淄足球博物馆藏蹴鞠文物浅析蹴鞠运动的发展演变》,《文物天地》2019 年第 4 期。

报纸文章

[276]《习近平对办好北京冬奥会作出重要指示》,《人民日报》2015 年 11 月 25 日。

[277]《习近平考察冬奥,首次部署这项任务》,《新民晚报》2021 年 1 月 21 日。

[278]陈凤军:《元宵节——沈阳历史上的"狂欢节"》,《沈阳日报》2012 年 2 月 6 日。

[279]学亮:《东北满族冰嬉雪趣》,《中国艺术报》2013 年 2 月 8 日。

[280]郑承军:《文化自信:更基本更深沉更持久的力量》,《深圳特区报》2016 年 7 月 5 日。

[281]向志强、袁星洁:《把握国际传播"基本盘""重点盘"》,《人民日报》2015 年 5 月 14 日。

[282]姬烨:《平昌的启示　北京冬奥会如何讲好中国故事》,《中国体育报》2018 年 3 月 20 日。

[283]新华社:《北京奥运会主题口号问世:同一个世界,同一个梦想》,《楚天都市报》2005 年 6 月 27 日。

[284]王静:《北京承诺节俭办赛》,《中国体育报》2015 年 8 月 3 日。

[285]危春勇:《"冷"题材"热"处理——张强博士谈〈北京 2022 年冬奥会—冰上

运动〉纪念邮票的设计》,《中国邮政报》2021 年 1 月 12 日。

[286]杨黎炜:《历届奥运会火炬的风采》,《中国邮政报》2008 年 6 月 24 日。

[287]王建新、曹玲娟、徐元锋等:《全国各地欢庆活动丰富多彩》,《人民日报》2007 年 8 月 9 日。

[288]中秋:《奥运会倒计时一周年庆祝活动丰富多彩》,《大众科技报》2007 年 8 月 5 日。

[289]林瑞华:《五大活动庆祝北京奥运会倒计时百天》,《中国文化报》2008 年 4 月 26 日。

[290]汪雪梅:《〈新京报〉推倒计时特刊展望冬奥盛会》,《中国新闻出版广电报》2019 年 5 月 21 日。

[291]丘勋锐、罗荧:《迎奥运会倒计时一百天——公安部消防局部署开展奥运消防宣传活动》,《人民公安报·消防周刊》2008 年 4 月 23 日。

[292]本报记者:《海外华侨华人和中国留学生举行活动——庆祝北京奥运会倒计时一百天》,《人民日报》2008 年 5 月 2 日。

[293]郑轶、季芳、孙龙飞:《冰雪展画卷　一起向未来——写在北京冬奥会开幕倒计时 100 天之际》,《人民日报》2021 年 10 月 27 日。

[294]季芳、孙龙飞、李洋:《相聚"双奥之城"共赴冰雪之约》,《人民日报·海外版》2021 年 7 月 21 日。

[295]周文丽、汪丹:《北京奥运会倒计时五百天活动丰富多彩——近百万市民将参与数十项庆祝和纪念活动》,《北京日报》2007 年 3 月 24 日。

[296]危春勇:《每个细节都为突出主题——访〈北京 2022 年冬奥会——竞赛场馆〉纪念邮票设计者郭志义》,《中国邮政报》2021 年 7 月 27 日。

网络文献

[297]中国政府网:《中共中央办公厅 国务院办公厅印发〈关于以 2022 年北京冬奥会为契机大力发展冰雪运动的意见〉》,2019 年 3 月 31 日,见 http://www.gov.cn/zhengce/2019-03/31/content_5378541.htm。

[298]中国政府网:《"共迎未来"中外人文交流小使者迎冬奥倒计时 200 天活动在张家口举办》,2021 年 7 月 19 日,见 http://www.gov.cn/xinwen/2021-07/19/content_5625899.htm。

[299]中国政府网:《中共中央关于党的百年奋斗重大成就和历史经验的决议》,2021 年 11 月 16 日,见 http://www.gov.cn/zhengce/2021-11/16/content_5651269.htm。

[300]新华网:《〈北京申办2022年冬奥会成功纪念〉邮票首发仪式在京举行》,2015年7月31日,见 http://www.xinhuanet.com/politics/2015-07/31/c_1116108443.htm。

[301]新华网:《2018年韩国平昌冬季奥运会暨冬季残奥会吉祥物首公开》,2016年6月2日,见 http://korea.xinhuanet.com/2016-06/02/c_135407939.htm。

[302]新华网:《中共中央办公厅 国务院办公厅印发〈关于以2022年北京冬奥会为契机大力发展冰雪运动的意见〉》,2019年3月31日,见 http://www.xinhuanet.com/politics/2019-03/31/c_1124307852.htm。

[303]中国政府网:《以运动员为中心、可持续发展、节俭办赛——北京申奥三大理念》,2014年11月7日,见 http://www.gov.cn/xinwen/2014-11/07/content_2776251.htm。

[304]新华社新媒体:《展现韩国科技文化 奥运圣火照亮未来——平昌冬奥会火炬传递》,2018年2月8日,见 https://baijiahao.baidu.com/s?id=1591808055934194522&wfr=spider&for=pc。

[305]中国政府网:《抓住北京冬奥机遇,推动全民健身和体育强国建设》,2021年8月8日,见 http://www.gov.cn/xinwen/2021-08/08/content_5630185.htm。

[306]光明网:《北京拥抱世界》,2008年7月8日,见 https://www.gmw.cn/01gmrb/2008-07/08/content_801832.htm。

[307]光明网:《北京冬奥火炬揭开神秘面纱 历届冬奥会火炬都长啥样?》,2021年2月5日,https://m.gmw.cn/baijia/2021-02/05/1302093295.html。

[308]光明网:《海陀儿女共庆建党百年,长城脚下喜迎冬奥盛会——京张两地携手共迎冬奥会倒计时200天》,2021年7月18日,见 https://topics.gmw.cn/2021-07/18/content_35012612.htm。

[309]人民网:《索契奥运火炬传递创冬奥会之最》,2013年11月19日,见 http://sports.people.com.cn/n/2013/1119/c22176-23593333.html。

[310]人民网:《北京冬奥会首届冬奥优秀音乐作品发布》,2020年7月14日,见 http://bj.people.com.cn/n2/2020/0714/c82846-34153913.html。

[311]中国新闻网:《精简规模、创新形式、公众参与——解读北京2022年冬奥会火炬接力计划》,2021年10月20日,见 https://www.chinanews.com.cn/gn/2021/10-20/9590601.shtml。

[312]中国新闻网:《冬奥火炬标志、火种台和火炬手服装长啥样?》,2021年10月20日,见 https://www.chinanews.com.cn/gn/2021/10-20/9590669.shtml。

[313]人民铁道网:《百年圆梦看京张——写在北京冬奥会开幕倒计时100天之

际》,2021 年 10 月 27 日,见 https://www.peoplerail.com/rail/show-2020-471730-1.html。

[314]央广网:《北京 2022 年冬奥会运动员菜单发布》,2021 年 11 月 14 日,见 http://news.cnr.cn/2021zt/bxzg/jjda/20211114/t20211114_525660388.shtml。

[315]人民日报网:《北京 2022 年冬奥会和冬残奥会体育图标发布》,2020 年 12 月 31 日,见 https://baijiahao.baidu.com/s? id=1687603844636099879&wfr=spider&for=pc。

[316]中国日报网:《第二届"相约 2022"冰雪文化节盛大开幕》,2019 年 12 月 26 日,见 https://baijiahao.baidu.com/s? id=1653981185765814106&wfr=spider&for=pc。

[317]中国日报网:《〈北京 2022 年冬奥会会徽和冬残奥会会徽〉纪念邮票今日首发》,2017 年 12 月 31 日,见 https://baijiahao.baidu.com/s? id=1588289565227018200&wfr=spider&for=pc。

[318]中国非物质文化遗产网:《背冰》,2020 年 7 月 19 日,见 http://www.nmchzg.com/read.asp? cmsid=2540。

[319]中国网:《北京 2022 年冬奥会和冬残奥会火炬"飞扬"发布》,2021 年 3 月 18 日,见 http://sports.china.com.cn/xinandiqu/yejiezixun/detail2_2021_03/18/2687848.html。

[320]国家体育总局:《关于进一步做好运动项目文化建设的通知》,2015 年 11 月 17 日,见 http://www.sport.gov.cn/n16/n1077/n1227/7301355.html。

[321]中国邮政集团公司:《发行通告》,2018 年 11 月 8 日,见 http://www.chinapost.com.cn/html1/stamp/181430/9046-1.htm。

[322]中国邮政集团公司:《发行通告》,2019 年 12 月 19 日,见 http://www.chinapost.com.cn/html1/stamp/2001/2761-1.htm。

[323]中国邮政集团公司:《发行通告》,2020 年 10 月 29 日,见 http://www.chinapost.com.cn/html1/stamp/2011/344-1.htm。

[324]北京 2022 年冬奥申委:《北京 2022 年冬季奥林匹克运动会申办口号征集》,2012 年 8 月 11 日,见 https://www.beijing2022.cn/product/khzj/index.htm。

[325]北京 2022 冬奥会官方网站:《谈北京申奥:3 亿人上冰雪,这前景真诱人》,2015 年 7 月 7 日,见 http://www.beijing-2022.cn/a/20150707/038425.htm。

[326]北京冬奥组委:《北京 2022 年冬奥会会徽——冬梦》,2017 年 12 月 15 日,见.https://www.beijing2022.cn/a/20171215/044650.htm。

[327]北京冬奥组委:《北京 2022 年冬奥会会徽和冬残奥会会徽诞生记》,2017 年 12 月 15 日,见 https://www.beijing2022.cn/a/20171215/045252.htm。

[328]北京冬奥组委:《北京 2022 年冬奥会会徽和冬残奥会会徽揭晓》,2017 年 12

月 15 日，见 https://www.beijing2022.cn/a/20171215/045031.htm。

[329]北京市西城区人民政府网:《冰雪什刹海　魅力冰蹴球》,2019 年 1 月 14 日，见 https://www.bjxch.gov.cn/xcdt/xcb/xxxq/pnidpv601914.html。

[330]北京市石景山区人民政府网:《北京 2022 年冬奥会倒计时 200 天——欢乐冬奥行系列群众文化活动在石景山区成功举办》,2021 年 7 月 19 日，见 http://www.bjsjs.gov.cn/gongkai/zwgkpd/zdly_1960/whzd_2603/202107/t20210719_41256.shtml。

[331]搜狐网:《冬奥记忆 · 回顾历届冬奥火炬，你们最喜欢的是?》,2021 年 2 月 7 日，见.https://www.sohu.com/a/449457954_120055157。

[332]搜狐网:《激情冰雪　唱响冬奥——〈2022 去北京〉》,2019 年 8 月 23 日，见 https://www.sohu.com/a/335798486_114731。

[333]搜狐网:《〈北京 2022 年冬奥会会徽和冬残奥会会徽〉纪念邮票在京首发》,2018 年 1 月 3 日，见 https://www.sohu.com/a/214299111_812031。

[334]网易网:《"相约北京"奥林匹克文化节暨第 22 届"相约北京"国际艺术节开幕》,2022 年 1 月 5 日，见 https://www.163.com/dy/article/GSULA1CJ0517IK9S.html。

[335]上观网:《雪孩子、孙悟空助力冬奥，〈中国冰雪大扩列(第二季)〉将在卫视平台播出》,2022 年 1 月 20 日，见 https://export.shobserver.com/baijiahao/html/443736.html。

[336]黑龙江省文化和旅游厅:《满族踢行头》,2017 年 6 月 6 日，见 http://wlt.hlj.gov.cn/index.php/home/detail/id/3537/type/70.html。

[337]呼伦贝尔市人民政府网:《〈筑梦:辉煌与永恒——中华体育文物暨冰雪运动特展〉入选国家文物局 2020 年"弘扬优秀传统文化、培育社会主义核心价值观"重点推介主题展览》,2020 年 8 月 27 日，见 http://www.hlbe.gov.cn/News/show/187255.html。

[338]辽宁民族宗教事务委员会网:《辽宁省少数民族传统体育项目简介》,2014 年 8 月 15 日，见 http://www.lnmz.gov.cn/mzgz/mzzs/201612/t20161222_2626765.html。

[339]松原市群众艺术馆:《查干淖尔冬捕习俗——第二批国家级非物质文化遗产项目》,2016 年 4 月 25 日，见 http://www.weixinnu.com/v/00Av2c。

[340]91 邮票网:《历届冬奥会主办国邮票介绍》,1970 年 1 月 1 日，见 http://www.91youpiao.com/stamp/show.asp? id=771。

[341]崇礼信息网:《"三大理念"助力北京申办 2022 年冬奥会》,2015 年 6 月 9 日，见 http://www.chonglitong.com/article-view-808.html。

[342]搜狐网:《北京 2022 年冬奥会和冬残奥会体育图标发布》,2021 年 1 月 4

日，见 https://www.sohu.com/a/442472115_120209831。

[343]冯立:《话说经堂庙:杨柳青经典的历史人文建筑群落之三》,2018 年 1 月 25 日，见 http://blog.sina.com.cn/s/blog_6241925d0102xli6.html。

[344]范博韬、周超、任一陆等:《民俗专家:少数民族将冰雪运动传入京城》,2015 年 1 月 21 日，见 http://www.chinanews.com/cul/2015/01-21/6991731.shtml。

[345]张守生:《"滚冰节"的由来》,2018 年 1 月 30 日，见 http://blog.sina.com.cn/s/blog_e495f4270102xe5u.html。

[346]刘国林:《松花江上的滚冰节》,2017 年 5 月 8 日，见 http://www.wenzizhan.com/article/8542.html。

[347]单兆鉴:《坚持我国冰雪运动的文化自信》,2017 年 6 月 26 日，见 http://sports.people.com.cn/n1/2017/0626/c412458-29361830.html。

[348]金淼:《赛速滑、赛抽冰尜……市民争办"家庭冰上运动会"》,2006 年 1 月 3 日，见 https://heilongjiang.dbw.cn/system/2006/01/03/050226932.shtml。

[349]孟晓驷:《文化不仅是感召力而且也是生产力》,2008 年 1 月 5 日，见 http://finance.sina.com.cn/hy/20080105/10454370240.shtml。

[350]最设计:《冰天雪地:历届冬奥会会徽(1932—2018)》,2016 年 8 月 4 日，见 http://blog.sina.com.cn/s/blog_68f02f1a0102wqi4.html。

[351]央视网:《第十八届长野冬季奥运会奖牌》,2011 年 12 月 21 日，见 http://sports.cntv.cn/20111221/122936.shtml。

后　　记

记得是在 2023 年 8 月 20 日一个比较热的上午，我把该书稿发给了出版社的编辑；经过 N 轮 N 次反复修改、校对，直到寒气袭人的 12 月得以出版，算是一经寒暑了。

对于写文章来说，最惬意的就是标注参考文献了，可以听着音乐轻松完成；对于著书而言，最舒服的莫过于写后记了，能够随心所欲，不拘泥于条条框框的限制。全书的写作是一个艰苦的磨砺过程，时而山穷水尽、殚精竭虑，时而柳暗花明、茅塞顿开。该书是我 2018 年获批的国家社科基金西部项目的最终成果。从开始研究到定稿、结题乃至修改、出版，整整花了 6 年时间，几乎伴随着北京冬奥会的筹办、举办、总结全过程。该书算是对个人这 6 年学业反思、总结后的一个交代，或者一个小小的 milestone。

该选题的最终确定，到获批立项，再到顺利出版，是有一定因缘的。首先，要感谢崔乐泉、陈彦两位先生给予我接触冰雪运动文化的机会。正是参加他们课题组的研究，我才有机会与学界名家们交流，获得他们的指点和帮助。在研究过程中，周登嵩先生一直在给我全方位的鼓励，不断叮咛我要珍惜时光，致力学术，不可懈怠，让我感念不尽。其次，课题组成员咸阳师范学院陈小龙教授、梁安和教授、马竹英副研究馆员，西安体育学院袁金宝教授、于俊利教授，东北师范大学王邵励教授，哈尔滨师范大学隋东旭教授，北京师范大学王琪教授，以及咸阳师范学院相关部门的领导和老师等，在课题、著作的完成过程中给予了众多支持和协助，在此表示感谢！在写作过程中，参考了体育、风俗、文化等领域相关学者的研究成果，在此一并致谢！

人民出版社的汪逸女士等对本书的出版给予了专业指导和编校，付出了辛勤的汗水，让我体会到国家级大社的严谨、细心与热情，在此表示衷心的感谢！

崔乐泉先生热情地为本书写了序，并对全书给予了积极的肯定，在此对崔乐泉先生表示特别的感谢！

冰雪运动领域的研究方兴未艾。因为作为人类冰雪运动发源地，我国北方有优厚的冰雪运动资源，冬令时节人们有外出参与冰雪运动的需求，亚洲冬运会乃至下一次冬奥会的申办，以及冰雪文化产业的发展和冰雪运动强国的建设，都需要学界的回应和参与。趁此机会，祝愿我国的冰雪运动更加发达，人们能充分享受冰雪运动的乐趣，更希望中国的传统冰雪运动文化进一步走向世界！

最后，由于水平有限，该书肯定还有诸多疏漏和不当之处，敬请各位有缘人及时批评和指正。

张宝强

2023 年 12 月

责任编辑：汪　逸　乔　欣
封面设计：石笑梦
版式设计：胡欣欣

图书在版编目(CIP)数据

北京冬奥会背景下中国传统冰雪运动文化研究/张宝强 著. —北京:人民出版社，2023.12
ISBN 978-7-01-026129-4

Ⅰ.①北…　Ⅱ.①张…　Ⅲ.①冰上运动-体育文化-文化研究-中国 ②雪上运动-体育文化-文化研究-中国　Ⅳ.①G862②G863

中国国家版本馆 CIP 数据核字(2023)第 225720 号

北京冬奥会背景下中国传统冰雪运动文化研究
BEIJING DONG'AOHUI BEIJINGXIA ZHONGGUO CHUANTONG BINGXUE YUNDONG WENHUA YANJIU

张宝强　著

人民出版社 出版发行
(100706　北京市东城区隆福寺街 99 号)

北京九州迅驰传媒文化有限公司印刷　新华书店经销

2023 年 12 月第 1 版　2023 年 12 月北京第 1 次印刷
开本:710 毫米×1000 毫米 1/16　印张:18.25
字数:260 千字

ISBN 978-7-01-026129-4　定价:79.00 元

邮购地址 100706　北京市东城区隆福寺街 99 号
人民东方图书销售中心　电话 (010)65250042　65289539